JN272471

Brand Strategy Casebook

ブランド戦略・ケースブック

編著 田中 洋

——ブランドはなぜ成功し、失敗するのか——

同文舘出版

まえがき
―なぜ本書が書かれたのか―

　本書は10のブランドを取り上げ，その成功や失敗の背景にどのような戦略があったのかを，その市場背景とともに分析・記述したものである。本書が明らかにしようとしたクエスチョンとは，まさに副題のとおり，「ブランドはなぜ成功し，失敗するのか」である。

　これまでにブランド関係の書物は数多く出版されている。しかし本書のように，日本と世界のブランドのケース，それも特徴のあるブランドを取り上げて，詳細にその発展過程を記述した書物は数少ない。またここに取り上げたブランドはいずれも，学ぶに値する「何か」をもったブランドばかりであり，その意味では，ブランド戦略を学ぼうとするマーケターや学生にとって有用な書物である。

　たとえば，世界のBMWはなぜ強大なブランド力があるのか，また，三ツ矢サイダーはなぜ復活できたのか，R25ブランドの秘密とはなにか，セブン銀行は短期間でなぜトップブランドになれたのか，高級そうめんである「揖保の糸」や海産物「由比桜えび／駿河湾桜えび」は地域ブランドとしてなぜ高価格を維持できているのか，これらの興味深い疑問に本書は答えようとしている。

　本書の第1の特色とは，本書の執筆陣全員がブランドやマーケティング実務に携わった経験があり，しかもMBA修了者によって書かれたという点である。執筆者の全員が修士論文あるいはそれに準じた論文を執筆した経験があり，理論と実務経験に裏付けられた記述がなされている。

　本書の2番目の特色は，すべてのブランドストーリーが，執筆者自身による関係者へのインタビューや証言に基づいて書かれていることだ。ある章（KUROと揖保乃糸）は，実際にそのブランドマネジメントに直接関わった本人によって執筆されている。単に，既存資料だけに頼ることなく，関係者

の証言を丹念に集め，そこから，ブランドの発展ストーリーを抽出してきた。こうしてよりリアルな事実に基づいたブランドケースを集めてできたのが本書である。

　本書の3番目の特色は，モノのブランドだけでなく，サービスブランドや地域ブランドという，より現代的な戦略課題をもったブランドのケースを収集できたことである。さまざまに異なったブランド事例に触れることで，読者がより豊かなブランドマネジメント経験を得ることができることはいうまでもない。

　本書はどう活用したらいいだろうか。

　まず実務家にとっては，自分と関係がある業界やビジネスのブランド事例を読んで学ぶことができる。あるいは自分と関係ない業界であっても，あらたなヒントを得ることができるだろう。学部や大学院で経営学やマーケティング論を専門に学ぶ学生にとっては，ブランドの基礎理論を学んだうえで，本書を読むことでさらに深い学習に進むことができる。そして一般の読者にとっても，ブランドがどのようにつくられ，実際に運営されているのかを知ることで，社会や経済についてさらに深い認識を得ることができるだろう。

　本書を手に取る機会のある方々へのメッセージ，それは，本書からブランドマネジメントの追体験をしていただきたい，というものである。人間が一生の間で経験できる実務の量はたかが知れている。本書の意味とは，読者が自分では経験できないブランドマネジメントの追体験を得ることで，より優れたブランド実務やブランド研究の機会を提供する点にある。本書がブランド論を学ぶ人たちに少しでも役に立つことを祈ってやまない。

　なお，本書が刊行されるまでに，執筆者と編集担当の私との連絡を緊密にするお手伝いをしてくださったのは，小宮山聖花さんである。また同文舘出版編集局長の市川良之さんには最初から最後までお世話になってしまった。ここにお二人の名前を記して執筆者一同の感謝に代えたいと思う。

　　2012年5月28日

　　　　　　　　　　　　　　　　　　　　　　　　　　　田中　　洋

目　次

まえがき ─────────────────────── (1)
　─なぜ本書が書かれたのか─

第Ⅰ部　ブランド戦略編

第1章　ブランドとは何か ───────────── 3

　第1節　現代におけるブランド……………………………… 3
　第2節　ブランド小史……………………………………… 7
　第3節　ブランドの定義…………………………………… 10
　第4節　ブランド・エクィティとは……………………… 12

第2章　ブランドをどう理解するか ─────────── 16

　第1節　ブランドはなぜ重要なのか……………………… 16
　第2節　ブランドはなぜ「今」重要なのか……………… 22

第3章　強いブランドをいかに創るか ──────────── 25

　第1節　強いブランドはどのように生まれるのか……… 25
　第2節　強いブランドづくりのための経営戦略………… 27
　第3節　強いブランドづくりのためのマーケティング戦略………… 29

第4節　強いブランドづくりのためのブランド・エクィティ戦略……32
　第5節　まとめ―ブランド創発型企業を目指して―………………34

第Ⅱ部　ブランド・ケース編

第4章　モノ・ブランドの戦略ケース ─────── 39

＜CASE1＞「三ツ矢サイダー」：老舗ブランドの復権 …………40
　本ケースのねらい ………………………………………………… 40
　1．どのように誕生したのか …………………………………… 40
　2．原点回帰へ …………………………………………………… 42
　3．品質を訴求する ……………………………………………… 45
　4．なぜ復権できたのか ………………………………………… 50
　この事例からの学び ……………………………………………… 54

＜CASE2＞「BMW」：プレミアムカー創造10の手法 …………56
　本ケースのねらい ………………………………………………… 56
　1．誕生からアイデンティティ確立まで ……………………… 56
　2．ブランドマネジメントの構造 ……………………………… 61
　3．なぜブランディングが可能なのか ………………………… 76
　この事例からの学び ……………………………………………… 77

＜CASE3＞パイオニア「KURO」：幻のグローバルテレビブランド …79
　本ケースのねらい ………………………………………………… 79
　1．日本の家電市場の特徴 ……………………………………… 79
　2．プラズマディスプレイ事業への取り組み ………………… 82
　3．グローバルへの展開 ………………………………………… 84
　4．その後のプラズマディスプレイ事業 ……………………… 95
　この事例からの学び ……………………………………………… 100

目　次

第5章　サービス＆カルチャーブランドの戦略ケース ── 103

<CASE 4＞「花キューピット」：
　　　　　　協同組合がつくるサービスブランド ……………… 104
　本ケースのねらい ………………………………………………… 104
　1．生い立ち ……………………………………………………… 104
　2．ブランド戦略を導入する …………………………………… 106
　3．ブランド活動を実行する …………………………………… 111
　4．なぜ成長したのか …………………………………………… 118
　この事例からの学び ……………………………………………… 121

<CASE 5＞「R25」：ネット時代のフリーペーパーブランド…… 123
　本ケースのねらい ………………………………………………… 123
　1．どのように構想されたか …………………………………… 123
　2．ブランドをつくりだす ……………………………………… 128
　3．ブランド価値を高める ……………………………………… 135
　4．ブランド再構築への課題 …………………………………… 142
　この事例からの学び ……………………………………………… 143

<CASE 6＞「フラット35」：独立行政法人がつくったブランド … 145
　本ケースのねらい ………………………………………………… 145
　1．どのように商品が生まれたのか …………………………… 145
　2．ブランディングはどう行われたか ………………………… 150
　この事例からの学び ……………………………………………… 153

<CASE 7＞「セブン銀行」：小売グループ発の銀行ブランド …… 157
　本ケースのねらい ………………………………………………… 157
　1．銀行業界の今 ………………………………………………… 157
　2．セブン銀行のビジネスモデル ……………………………… 159
　3．セブン銀行発展のプロセス ………………………………… 167
　4．今後の課題─法改正への対応─ …………………………… 176
　この事例からの学び ……………………………………………… 176

(5)

第6章　地域ブランドの戦略ケース ── 179

<CASE 8＞「由比桜えび／駿河湾桜えび」：高価格を維持する
　　　　　地域ブランド …………………………………………… 180
　　本ケースのねらい ……………………………………………… 180
　　1．ブランドの源流 …………………………………………… 180
　　2．ブランド化はどう進められたか ………………………… 184
　　この事例からの学び …………………………………………… 194

<CASE 9＞「熱海」：老舗温泉ブランド活性化への道 ………… 197
　　本ケースのねらい ……………………………………………… 197
　　1．熱海の誕生・発展・衰退 ………………………………… 197
　　2．なぜ斜陽化したのか ……………………………………… 201
　　3．行政はどう動いたか ……………………………………… 204
　　4．新住民が活躍する ………………………………………… 207
　　5．地域ブランドに必要なもの ……………………………… 209
　　この事例からの学び …………………………………………… 212

<CASE10＞「揖保乃糸」：協同組合が育てたプレミアムブランド … 215
　　本ケースのねらい ……………………………………………… 215
　　1．歴史と課題 ………………………………………………… 215
　　2．どう品質を管理したのか ………………………………… 219
　　3．需給調整はどう行われたか ……………………………… 227
　　4．特約店制度と価格政策 …………………………………… 228
　　5．組合はなぜ必要なのか …………………………………… 232
　　この事例からの学び …………………………………………… 234

```
第Ⅲ部　エピローグ編
―ブランドはなぜ成功し，失敗するのか―
```

第7章　ブランド戦略とは何か ── 239

第1節　ブランド戦略の定義………………………………………… 239

第 2 節　ブランド戦略の在り様とは……………………………………… 240
第 3 節　ブランド価値を高めるとは……………………………………… 241
第 4 節　ブランド戦略は何を目指すのか………………………………… 242
第 5 節　まとめ……………………………………………………………… 243

第 8 章　ブランドはなぜ失敗するのか ───── 245

第 1 節　パイオニア事例のふりかえり…………………………………… 245
第 2 節　失敗の隠された要因……………………………………………… 247

第 9 章　ブランドはなぜ成功するのか ───── 249

第 1 節　経営戦略レベルでの成功………………………………………… 249
第 2 節　マーケティング戦略レベルでの成功…………………………… 251
第 3 節　コミュニケーション戦略レベルでの成功……………………… 252
第 4 節　まとめ……………………………………………………………… 252

あとがき ──────────────────────── 255

第Ⅰ部
ブランド戦略編

第1章
ブランドとは何か

第1節　現代におけるブランド

　ブランドとはどのようなものなのでしょうか。この疑問に答えるため，まず，ブランドが重要視されるようになった現在の状況を簡単に振り返ってみることにしましょう。

　ブランドという用語は今日ではさまざまな場面や機会で使われる言葉になりました。「ブランド強化」を重要な経営課題として考える企業は数多くあります。ブランドという概念を言い出したのは明らかにマーケティングの関係者たちなのですが，1990年代以来この20年間でブランドはビジネスに関わる人たちだけでなく，すっかり市民権を得た用語となりました。

　筆者（田中）の個人的な記憶によれば，90年代中頃までブランドは日本ではさほど注目される概念ではありませんでした。筆者が属した広告会社の中ですら，90年前後の時代にはブランドの重要性について語る人は多くなかったのです。

　90年代でもっとも早くブランド構築に着手した事例の1つとして，サントリーの缶コーヒーBOSSをあげることができます。BOSSは当時，ブランド構築を意識して新製品を立ち上げて成功した数少ない好例でした。しかし少数の例を除いては，90年代の前半はまだまだブランドが日本のマーケターに意識されることは多くなかったのです。しかし同じ時期，欧米のマーケターはすでに80年代からブランド構築を意識したマーケティングを実行していま

した。

　90年代の初頭，デビッド・アーカーなどのブランド理論家たちは「ブランド・エクィティ」（ブランド資産）という概念を基軸として，さまざまな著作や研究成果をアウトプットするようになっていました。80年代末からブランド・エクィティのマネジメントが実務家たちから話題になり，要請されてもいたからです。このようにしてブランド概念は，マーケターの間では徐々に受け入れられていきました。

　ブランドが「公式的」にマーケティング・マネジメントの体系に組み入れられた最初のステップは，ケビン・ケラーが『戦略的ブランド・マネジメント』（邦訳・東急エージェンシー）を出版した1998年と考えることができます。大学用のテキストとして書かれたこの本ではブランド・マネジメントが体系化され，教育機関で「教えることのできる」教科として示されたのでした。

　ブランドが，マーケティング戦略の中核をなす概念と受け止められるようになった次のステップは，2005年です。この年にフィリップ・コトラーの定評あるマーケティングの教科書『マーケティング・マネジメント』に，ケビン・ケラーが共著者として迎えられたのです。この出来事は，ブランドが決定的にマーケティング・マネジメントの体系の重要な一部となったことを示しています。つまり，大学やビジネススクールの大学院などで，教えるに値する，あるいは学ばなければいけないテーマとしてブランドが認められたということなのです。

　こうしてマーケティング界でブランドという考え方が一般化するだけでなく，ブランドという用語は社会全般に浸透するようになりました。

　今日では企業だけでなく，さまざまな団体，組織，個人もブランドという用語で自分の活動をマネジメントしようと考えるようになっています。たとえば，パーソナルブランディングという用語は，自分自身をどのような「ブランド」にするかを考えることを意味しています。あるいは「地域ブランド」という用語のもとに地域おこしを考えているグループが全国のあちらこ

ちらに存在します。

　また国家もブランドを重要視する時代になりました。2011年10月28日にロシアのモスクワにあるボリショイ劇場が大幅な改装工事を終えて装いもあらたになり，こけら落とし公演が開かれました[1]。その冒頭でロシアのメドベージェフ大統領は，「ボリショイ劇場は，ロシア国民を１つにする，数少ない国家ブランドだ」と述べています。また韓国は「国家ブランド委員会」を2009年に立ち上げ，韓国ブランドのイメージや国格を向上させるための活動に取り組んでいます。

　このようにブランドは，すでにマーケティングの１つの考え方という以上に各方面で使われる用語となっています。しかし，直観的にこのようなブランドの言葉の使われ方は理解できるけれども，ブランドとは具体的にどのようなものなのか，ともすれば意味が不明なことも多くあります。ブランドを構築したり強くするとはどのようなことなのでしょうか。「ブランドイメージを良くする」ことと，それは同義なのでしょうか。

　その一方で，ブランドに対する反対の意見を聞くこともあります。ブランドという考え方に反対する理由は，「ブランドという表面的なものではなくて，実質をよくするべきではないか」という言い分があります。日本の産業が得意とする「モノづくり」を推進する立場の人からも「ブランドなどは問題ではない。中身を重視すべきだ」という意見が聞かれることはまれではありません。あるいはブランドを気にする消費者を批判する意見もあります。ブランドイメージだけに囚われて，彼ら消費者は商品の本当の良さをみることができないのだ，というような批判です。

　たとえば，最近米国で発表されたストラディバリウスというバイオリンの名器についての興味深い研究成果があります[2]。この研究結果によれば，ストラディバリウスとガルネリ（両方ともバイオリンの名器とされてきたもので

---

1 「ボリショイ劇場，改装工事終えこけら落とし公演」『読売新聞』
　〈http://www.yomiuri.co.jp/world/news/20111029-OYT1T00384.htm〉（2011.11.1）
2 Fritz, et al [2012].

す)と,新しい高級バイオリンとを比較して,バイオリンの専門家21人に聞かせました。むろんどれが古典的古楽器か,新しい楽器かはわからないようにして,認められている科学的手続き(二重盲検法)によってバイオリンの音色を聞かせたのです。

　その結果,次のことがわかりました。

① もっとも好かれた楽器は新しいバイオリンであった。

② もっとも好かれなかった楽器はストラディバリウスであった。

③ 楽器の年代と金額価値と,知覚された価値との間には相関はみられなかった。

　つまり,ストラディバリウスの音色とされてきたものは,素人だけでなく,玄人も評価することができなかったということになります。ストラディバリウスは18世紀につくられたバイオリンの古楽器で,世界に650挺しか現存していないということです(Wiki)。2011年に日本音楽財団によって,あるストラディバリウスが12億7,500万円という価格で落札されました。[3] もしかするとある人は,何億円もするストラディバリウスの名前のもつ「ハロー効果」によるものだ,と考えるかもしれません。ハロー効果とは,その評価対象のもつ一部の属性に全体的評価が左右されることを意味します。つまり値段やブランドを聞いただけで,その音色はスバラシイと評価してしまうことがこれまでに起こっていたのかもしれないのです。

　確かに「これは何億円もする18世紀の希少な楽器なんだ」と事前に聞かされた聴衆はその情報を基に,「やはりストラディバリウスは素晴らしい」と思うかもしれません。これはまさにブランドの効果といえるでしょう。こうしたブランドの効果を,どのように我々は考えるべきなのでしょうか。ブランドとは,実際に大した品質でないものを,だまして買わせるためにあるのでしょうか。また,ブランドを高める,あるいは強化するという考え方は,

---

[3] 「ストラディバリウス12億円で売却　収益で被災地支援へ」朝日.com
　　<http://www.asahi.com/special/10005/TKY201106210519.html> (2012.1.9)

こうしたブランド批判とどのように折り合っていくべきなのでしょうか。ブランドを高めるという考え方は，単にブランドイメージを高めることと同義語なのでしょうか。

第2節 ブランド小史

こうした疑問に答えるためにも，ブランドの歴史的背景を考察してみましょう。

ブランドがいつどのように成立したのかについて，定まった説があるわけではありません。ブランドというものは現代的な存在ですが，古代や中世の世界にもブランドと同じような機能を果たした記号が存在していました。

商品ブランドは，歴史的にはまず「産地ブランド」として現れたように考えられます。つまり，これはどこどこの土地でできた商品だという認知が生まれて，人々はその商品を買い求める習慣が形成されるようになったのです。

古代ローマ時代の紀元前50年代，シーザー（カエサル）はガリア地方（現在のフランス）を武力で平定しましたが，その際にローマ帝国からワインが広がりました。シーザーは，ガリア地方にワイン用のぶどうを栽培することを奨励しました。ガリア地方から産出されたワインは，ローマで大きな評判をとったということです。それが現在のフランスワインにつながっています[4,5]。

古代日本にもブランドがあったという説があります。約3万年前の旧石器時代には，黒曜石が石器の材料として普及していました。黒曜石は石器をつくるための重要な素材ですが，良好な黒曜石が産出される地域は限定されて

---

4 鷲田［2005］484-496頁。
5 「ワインの歴史」＜http://www.winespiral.com/entrance/history.html＞（2012. 1. 9.）

おり，いくつかの産地が知られています。関東では伊豆七島の神津島から産出された黒曜石が，伊豆南東海岸の河津町にある見高段間で陸揚げされていました。縄文時代に流通した黒曜石の原産地は当時，主に信州産か神津島産の2つが代表的な産地でした。

　縄文時代の前期，神津島産の黒曜石は見高段間で加工され，関東一円に石器として流通していました。ある考古学者はこうした石器を「見高段間ブランド」と呼んでいます。撥型という独特の形状をしたのが，神津島産・見高段間製造の石器ブランドとして，「威信財」の扱いを縄文人から受けていたのではないかと推測されています。違った言い方でいえば，見高段間産の石器は縄文時代の「高級ブランド」であったということになります。この高級ブランドである石器を所持する人物は，ほかの人たちにそれを見せびらかすようにして所有していたのかもしれません。

　中世から近世の時代にかけて，ブランドは産業の発達と歩調を合わせて，進化を進めてきました。中世の西洋では，パン職人が自分たちでつくったパンに，印を押すことで自分たちのパンとして売ることが行われていました。ニセものと区別するためのブランドといえるでしょう。

　近世になると，タバコやお酒などの嗜好品ブランドが発達してきました。たとえば，江戸時代後期，「国分たばこ」「服部たばこ」「舞留たばこ」はそれぞれ地名から由来したブランドとして人気を博していました。このほかに，江戸期には醤油やお酢などの調味料のブランドが発達しました。それらのブランドのいくつかは，現在でもキッコーマンやミツカンというブランドで引き続き発展しています。

　さらに現代になると，ブランドの概念はますます発展してきました。今日我々がみるようなブランドが出現したのは，19世紀の半ばから終わり頃にかけて，連続工程によって消費者用の大量生産が可能になり，いわゆる消費者

6　池谷［2005］。
7　たばこと塩の博物館編［2008］。

用パッケージ財がさまざまな形で出現したからです。

　代表的な例は，米国の世界有数の消費財企業として知られるプロクター・アンド・ギャンブル社が1879年に発売した，アイボリー石鹸です[8]。このころ，石鹸は近代的な産業の産物としてそれまで，店頭で切り売りされていたものが，「小分け」された形で，しかもパッケージやブランドネームを付して発売されるようになったのです。P&G社ではアイボリー石鹸を1882年から，それまでの小売店や卸に向けた広告ではなく，消費者に直接向けた広告活動を開始しました。アイボリー石鹸の広告スローガンは「この石鹸は浮きます（It Floats）」「99.44％ピュアです」というものだった。今日でいう差別化やポジショニングという考え方が，すでに実践されていたと考えられます。この19世紀という時代には，このアイボリー石鹸と同じようにタバコや薬品・食品などが，消費者用パッケージ財として次々と市場に発売され，ブランド化が行われるようになりました。

　そして現代。冒頭にも述べたように，あらゆる商品ジャンルでブランド化が進行しています。消費財のみならず，ビジネス財の分野でもブランド化は進行しています。たとえば，オフィスで使用されるコピー機やパソコン，サーバー，各種のソフトもそうです。また通信やITの分野においても，ブランドが重要な役割を果たすようになりました。アップル社はこうした分野での典型的な成功例としてみることができます。さらに，カタチのない無形財である，サービス財でもブランドはより重要になっています。輸送のFedEx（フェデックス）や外食ではスターバックス，さらにオンラインでのサービス業である楽天やGoogleなどの成功例をみればこうした事態は明らかでしょう。

8　History of Ivory Soap
　＜http://www.essortment.com/history-ivory-soap-21051.html＞（2012.1.9）

第3節 ブランドの定義

　ここまでは，ブランドという概念をとくに定義することなく使ってきました。それではブランドとはどのようなものかをあらためて考えることにしましょう。
　アメリカマーケティング協会の定義では，ブランドは次のように定義されています。

　　「ひとつあるいは複数の売り手の商品やサービスを同定化し，競争相手のそれから差異化する，名前・用語・記号・象徴，またそれらが統合されたものである。」（筆者訳）

　こうした定義を眺めてみると，それ自体格別に問題はないようにみえます。確かにブランドとはある商品がどこの会社の商品であり，ほかの商品とは違うことをわからせてくれるブランド名やロゴやキャラクターだったりするからです。
　ただしここで考えてみたいことは，商品の表面に付された記号だけがブランドだろうか，ということなのです。考えてみると我々のまわりには，ブランドが付されていても，ブランドとして機能していないブランドも多数存在します。たとえば，自分が学校の教室にいると仮定して，その教室にあるもののどれだけがブランドとして認識されているでしょうか。机や椅子，また教室のガラスや黒板など，これらがどこのブランドの製品であるかを私たちは，よほど問題があるときを除いて，ふだんほとんど意識しません。
　同じことは，スーパーマーケットの商品についてもいえます。もちろんブランド名を知っている商品も少なくないのですが，我々が日常で買い求める野菜・肉・魚などの生鮮食料品には（産地表示はあるにしても）ブランドはとくにないのがふつうです。また食品や日用生活用品として売られている商

品であっても，私たちはブランド名を知らないか，意識していない商品が多く存在します。実はブランド化が商品流通全般に浸透しつつあるといいましたが，ブランドは商品世界のすべてをおおいつくしているわけではないのです。

　ここでいいたいことは，つまりブランド名がついているからといって，それが自動的に商品の販売者を同定化したり，競合との差別化を行ってくれるわけではない，ということなのです。我々の住まいの近所にある小規模な商店も同様です。彼らの多くはブランドで商売しているわけではなく，近所という場所＝立地で勝負していることになります。つまりブランドは，企業が事業を遂行するときに用いる数多くのパワーの中の１つに過ぎません。ただし我々は第Ⅱ部のケース編で，そうした数多くのパワーの中でブランドが，今日有力な競争手段としてあることを示したいと思います。

　ここでブランドの定義として必要なことは，消費者にとってのブランドを定義することです。そうすることで私たちはより的確にブランドのことを把握できるように思えるのです。

　消費者の立場に立って，ブランドは次のように定義できます。

　『ブランドとは，「特定の商品とその表象について消費者がもつ認知システムとしての知識」である。』

　ここで，「商品」といっている中には，サービス商品も当然のことながら含みます。「表象」とは，特定の商品に関連する心的な像または何らかの記憶のことです。たとえば，味の素の「ほんだし」はこういうパッケージをしていたなとか，マクドナルドはこんな雰囲気の店だなというような記憶のことです。

　「認知システム」とは，私たちが何かの対象を認識するとき，用いる認知資源のことです。私たちの感覚器官や神経・大脳には，外部の対象を「それはリンゴである」と認識する能力をもっています。認知システムとはそのよ

うな能力の総称です。

さらに「知識」とは，まとまりがあり一貫性のある情報という意味です。またブランドとは商品名やロゴのことだけでなくて，ある意味でその商品が特定の商品であることをわからせてくれるならばそれがブランドであるということになります。またその「商品表象」から得られる連想（≒「イメージ」）や記憶，さらに反応や評価なども含みます。

別の言い方でいえば，商品を店頭で見たとき，「ああ，この商品は使ったことがある」とか「この商品は前に買って失敗した」とか思うことも含めた消費者の「認知」「反応」「知識」がブランドということなのです。この意味ではブランドとは静的な概念ではなく，常にゆれうごく動的な概念です。消費者のアタマの中にある特定商品の知識の体系がブランドなのですが，私たちは日々こうしたブランド知識を使いながら生活しているのです。

第4節　ブランド・エクィティとは

ブランド・エクィティとは，1990年代以降ビジネスの世界で広まった考え方です。それは「企業にとってブランドは資産である」ことを意味します。企業の資産であるということは，企業にとって得にくい希少な存在である，ということのほかに，管理することが必要だし，よりよく管理することで資産を増やすことができることをも意味しています。

企業はさまざまな資産をもっています。たとえば，オフィス用の土地や建物，あるいは工場とその設備などです。こうした有形の資産は比較的たやすく資産の評価を行うことができます。しかし企業がもつ，目に見えないカタチの無い資産の重要性が近年指摘されてきました。無形資産という存在です。企業のもつ，ノウハウ，特許，商標，あるいは取引関係なども含めると，企業がもつ知的財産，人的・組織的・情報的資産など膨大な数の無形資産があります。ただし，無形資産がどのようなものであるかについては，財

務会計の立場からさまざまな議論があるようです[9]。

　ブランド・エクィティが，企業の無形資産の重要な1つであることは疑いがないようにも思えます。それではブランド・エクィティは，無形資産としてどのような特徴をもっているでしょうか。

　第1の特徴は，ブランド・エクィティが，市場＝消費者に根差した資産であるということです。ノウハウのような無形資産は，企業の従業員がもっていることが多く，もしその従業員が転職してしまったり，いなくなってしまえば，もはや資産ではなくなってしまいます。これに比較して，ブランド・エクィティは，企業が不祥事を起こさなければ，また適正に管理されれば，比較的長期にわたってその企業にとっての資産であり続けてくれます。ブランド資産は，消費者のマインドの中に存在しているからです。

　ブランド・エクィティの第2の特徴は，適正な管理さえ行われれば，いったん成立したエクィティは長期的に保持されることが多いという点です。消費者のそのブランドについての記憶や態度はふつうは劇的には変わりません。私たちが子供のころにおぼえたブランドの記憶は，大人になって使わないまでも，年をとっても記憶の中に保持され続けていることが多いのです。仮に何か事故や不祥事を起こしたとしても，もともとの消費者のブランド記憶が大変ポジティブなものであれば，また復活することも可能です。

　ブランド・エクィティの第3の特徴はそれが希少であり，摸倣が困難な点です。先にブランドを消費者の立場から定義したのですが，このように多くの消費者に記憶され，使用された経験があり，またポジティブな記憶が残っているブランドというものは市場の中でも希な存在です。

　消費者は，もしチョコレートのブランドについて思い出すブランドをすべて挙げてくださいといわれたときに，いくつのブランドを記憶から呼び出すことができるでしょうか。同じカテゴリーで思い出すことのできるブランド

---

[9] 公益財団法人　財務会計基準機構　企業会計基準委員会［2008］「無形資産に関する論点整理」＜https://www.asb.or.jp/asb/asb_j/documents/summary_issue/intangible_assets/intangible_assets.pdf＞（2012.1.9）

は，多くても7つ前後といわれています。実際に消費者が頭の中に記憶して，また記憶を再生することのできるブランドはさほど多くないのです。このため，もしも強力なブランド・エクィティを築くことができれば，競争上優位に立つことができます。

　なぜブランド・エクィティが希少なのかといえば，それだけのエクィティを築けるだけのマーケティング投資を継続的に遂行できる企業は限られているからです。花王やP&G，ライオンという日用品を製造販売している会社は，多くの広告費や販促費をこれまでに市場に投下してきました。こうした多くの広告費はブランド・エクィティを育成するために，必要不可欠の投資と考えられてきたのです。

　こうしたマーケティング投資を可能にするためには，企業は巨大な製造設備や，製造材料の調達能力，さらには，完成品を全国津々浦々まで送り届け小売店の店頭に並べることができる営業力と実績が必要になります。こうした力は，どの企業ももつことができるわけではありません。

　このような結果として，ブランド・エクィティは摸倣が困難になります。同じ無形資産である製造ノウハウなどはもしかすると流出して摸倣されてしまうかもしれませんし，取引先との取引関係なども競合がより有利な取引条件を提示することで簡単にひっくり返ってしまうかもしれないのです。もちろん，競争相手が類似した商標を用いたり，似たパッケージを採用することでブランド・エクィティを毀損する恐れがないわけではありません。

　しかしこうして摸倣した結果，競合ブランドがもともとのブランドを凌駕した，というケースは実際さほど多くはありません。もちろん類似したブランド・エクィティを採用してただ乗りすることで得をしようとするブランドは後を絶ちませんので，こうした類似ブランドへの対策は日々行っていく必要性があることはいうまでもありません。

　「カルピス」というブランドは，日本では飲用経験率が99.7％に上ります。日本人のほとんどが一度は生涯の中で口にしたことがあり，しかも多くの消費者がカルピスに対してポジティブな評価や記憶をもっています。こうした

強力なブランドをもっている企業はさほど多くありません。しかもカルピスは製造上摸倣が困難な製造工程をもっており，こうした意味でもブランドと製造工程の二重の壁に守られながら競争の厳しい飲料市場において，長期間生き延びてこられたのがカルピスというブランドなのです。

　このようにみてくると，ブランドとは企業にとって継続的に投資し，管理すべき資産であり，活用することによって，長期的に大きなリターンを得ることができる存在です。また，ブランドはその企業固有の資産でありながらも，実際は消費者の頭の中にある資産であるという特殊性があります。これをさまざまなマネジメントスキルによって適正に管理し，資産として成長させていくことが企業に求められているのです。

【参考文献】

Fritz, C., Curtin, J., Poitevineau, J., Morrel-Samuels, P. and F-C. Tao [2012] *Player preferences among new and old violins*, Proceedings of National Academy of Sciences of the United States of America.
　＜http://www.pnas.org/content/early/2012/01/02/1114999109.abstract＞（2012. 1. 6）

池谷信之［2005］『黒潮を渡った黒曜石－見高段間遺跡』新泉社。

たばこと塩の博物館編［2008］『ことばによる江戸のたばこ』山愛書院。

鷲田睦朗［2005］「ローマ期イタリアにおけるワイン産地ブランドの誕生」，古代学協会編『古代文化』57（9）（通号560）．

第2章
ブランドをどう理解するか

第1節　ブランドはなぜ重要なのか

　このように考えてみると，ブランドを構築し，資産としてのブランドを保有することは企業にとって重要であることは疑いがないようにみえます。

　しかしながら，事態はさほど単純ではありません。先ほどもみてきたように，ブランドが重要な理由は実は必ずしも自明なことではありません。「なぜブランドが重要なのか」という問いはブランドの本質に触れる問いかけでもあります。

　そしてこの問いは実は2つの部分に分けて考えることができます。それは，ブランドが重要であるという本質的な理由と，もう1つ，"今"なぜ重要か，つまり時代的・状況的に重要な理由です。なぜ，このように2つに分けて考えなければいけないのでしょうか。それはブランドが常に重要な存在としてマーケティングの実務で考えられてきたわけではない，という理由に基づいています。ブランドが大事でないとは誰もいわないのですが，1990年以前，ブランドという考え方は少なくとも日本のマーケティング界では少数の論者を除いてほとんど無視されてきたといえます。筆者の個人的経験では，日本にある外資系企業ではすでに1980年代からブランドが重要であるという認識をもっていました。

　まずここでは，ブランドが重要であるという本質的な理由から考えてみたいと思います。ブランドが時代的な理由でなぜ重要かは，第2節で述べるこ

とにします。

　そもそもなぜブランドが，マーケティングにとって重要なのでしょうか。それはマーケティングが本質的に「交換」と「関係」という概念からできているからです。マーケティングは多くの場合，企業と消費者，あるいは企業対企業の交換（取引）関係を問題にしています。交換とは，売り手である企業が商品という「ベネフィットの束」を買い手である消費者に提供します。そして買い手＝消費者は，代価として貨幣を支払います。

　こうした交換関係は，一見すると透明であるかのようにみえます。しかし実際はこのような交換関係は，根底において困難な性格を帯びています。提供される商品がその価格で売れる保証はなく，また消費者も自分が欲しい商品をみつけることができるのかどうかさえ，よくわからないのです。インフレーションの際，商品の価格は高騰し，人々の関心は商品に向かいます。欲しい商品でも価格がつりあがり，買いたい商品がなくなってしまうこともしばしばあります。逆に，現在の日本のようなデフレーションの場合，商品価格は下落し，人々の関心は貨幣の貯蔵に向かい商品は売れなくなります。

　またちょうどITや電気製品がアナログからデジタルに変わったときのように，技術革新が起こり，それまでの商品体系が更新されて，商品と価格の関係がすっかり入れ替わってしまうことも起こります。資本主義の世界では，常に価格と需要とが不均衡な関係に置かれ，不安定な取引関係が続くのです。

　こうした取引環境においては，当然のことながら安定を求めようとする動きが生じます。そこで，信用（trust）がこうした不安定な交換関係にとって本質的に重要なものとなるのです。信用とは，「他人の意図や行動に対するポジティブな期待を基に，相手を受け入れようとする意思」[1]のことです。つまり信用とは，相手はおそらく私に害のあることをしないだろう，という期待のもとに，相手を受け入れようとする態度のことです。私たちが毎日何の

1　McEvily［2006］.

疑いもなくいつものスーパーに買い物に行くのは，そのスーパーが突然蒸発してしまったり，私たちを騙す商売をしているとはまさか思わないためです。私たちはそのスーパーを信用しているので，毎日の買い物という行為が成立しているのです。

こうした信用という概念がないところでは，近代的な取引や資本主義は効率的に発展することができません。安定的な交換関係が保証されてこそ，人々は安心して長期的な見通しをもって取引を行うことができます。

たとえば，発展途上国でみられる小売形態，中東におけるバザールのような形態を考えてみればよいでしょう。バザールでは小売価格は買い手に示されておらず，その都度価格交渉して買い手は買わなければなりません。買い手は本当に適正な価格で買わされているのか，疑問をもたざるを得ないのです。こうしたバザールのような場では，相手を信用して長期的な交換関係を築くのは困難です。したがってこのような「ボッタクリ」形態の小売業しかもちえない場合，小売業態は近代的な形では決して発展しません。近代的な小売業が成立するためには価格を明確に表示し，どのお客にも公平な商売をすることが求められるのです。

ブランドもこうした資本主義の発展に不可欠な信用の1つと考えることができます。買い手はブランドをみて，信用がおける中身かどうかを判定することで，専門的知識がなくても，あるいは商品購買経験が少なくても，購買の意思決定をすばやく行うことができるのです。

しかし話はこれで終わりません。では，前に書いたように，ブランドがさほど必要ないような商品はどうなのかという問題が，ここで浮かび上がってきます。たとえば，生鮮食料品の場合は，購買するために，ブランドはあまり必要とされません。

ここで，ブランドの必要性を理解するために，次のような3つの商品の区分を導入してみたいと思います。それは，①探索財，②経験財，③信頼財の区別です。

まず①探索財とは，買い手が買う前にその商品の属性を判定できることを

意味しています。買い手にある程度の知識や経験がある場合，商品の品質を適正に判定して，その商品を買う決定をすることができます。生鮮食料品の購買はまさにこうした探索財に当たります。毎日買い物をする消費者ならば，その野菜を買っても大丈夫かどうかは，比較的簡単に店頭で商品を吟味することでわかります。家具などもここに当たります。

　次に，②経験財という区分は，買い手が購入以前には属性の品質を判定することができないが，購入後には判定できる，というカテゴリーの商品を指しています。消費者パッケージ財の多くはこのカテゴリーに属します。パッケージされた飲料は（ラベルを見ない限り）買う前に中身の品質はわかりません。しかし実際に飲んでみればある程度買って損はなかったかを判定できます。

　さらに，③信頼財とは，買う前にも，買った後にも，買い手は属性を判定できない商品です。プロフェッショナルが関わるような高度なビジネス財，たとえば，ビジネスコンサルティングなどはここに当たります。消費財では，高級なファッションや美術品，骨董などがここに当たります。前衛的なファッションを目にしたとき，それが一体買うにふさわしいものなのか，迷うことが多いはずです。あるいは美術品を高いお金で買う時も，やはりそれがそれほどの価格に値するものか，疑念を抱くことも少なくないはずです。こうしたカテゴリーの商品の場合，買い手が正しく品質を見極めることは買った後でも困難なのです。

　このように商品を3つに分けてみたとき，ブランドが必要とされるのは，②と③のケースです。①の場合，ブランドは全く必要ないとはいえませんが，ブランドよりも他の商品属性が購買意思決定には効いてきます。たとえば価格です。

　ごくコモディティに近い粉砂糖や小麦粉のような①の商品の場合，消費者にとってブランドはさほど問題ではありません。それよりも価格が消費者にとっては問題なはずです。しかし同じ小麦粉でも，ケーキミックスのようなより高度な加工食品になれば，ブランドが多少は効いてくるはずです。ま

た，同じ砂糖でも，パルスィート（味の素）のようにより低カロリーという付加価値をもった商品になればブランドが非常に重要になります。

このように，①②③の商品区分は，その商品カテゴリーで絶対変化しないものではありません。むしろ上記の例でみたように，商品がコモディティからより高度な付加価値商品になるに従って，ブランドが必要とされるようになるのです。

ではなぜ②・③の商品の場合，ブランドが必要とされるのでしょうか。それは消費者にとって購買前に属性の品質を確かめることができない，という制約があるからです。こうしたとき，ブランドが知られているものであれば，購入意思決定をしやすくなります。ミネラルウォーターのような商品ではラベルがなければ，どれが良いか決めるのは困難です。しかし「い・ろ・は・す」や「ボルヴィック」「コントレックス」「ペリエ」「エビアン」「クリスタルガイザー」などと聞けば，それぞれのブランドの特徴が浮かび上がってくるはずです。

私たち消費者は購買意思決定の判断をあまり時間や労力をかけないで行おうとします。そこで参照するのは主に，自分のこれまでの経験で得た知識です。「このブランドにしておけば間違いない」こうした判断のことをヒューリスティックスと呼んでいます。ヒューリスティックスとは意思決定のための簡単な規則のことです。ブランドを用いたヒューリスティックスとは，たとえば「有名なブランドの商品を買っておけば間違いない」，このような判断です。ブランドは私たちの判断に伴うエネルギーの負荷を軽減してくれているということができます。

ここで実際のビジネスへのインプリケーションを述べてみましょう。先ほども触れたように，商品のテクノロジーがより高度になり，またサービスが商品の一部に組み込まれているような場合，ブランドがいっそう重要になるということなのです。たとえば，低価格の半導体の場合はブランドはさほど必要ではありません。しかしPCを中心になって動かすMPUである「インテル・コア」などの場合はブランドが重要になります。またクルマの場合で

も，高級車になればなるほど，ディーラーのアフターサービスが重要になります。アフターサービスがどのようであるかは，経験してみなければなかなかわかりにくいので，ブランドが頼りになります。つまり商品が高度・複雑になるほど，買い手にとって不確実性が増大し，ブランドによってリスクを軽減する必要が出てくるのです。

　しかし消費者にとってのブランドの必要性は，こうしたリスクという問題だけにはとどまりません。ブランドの意味がもたらす使用経験もあげておかなくてはなりません。

　嗜好品あるいは高級品の場合によく起こりうることですが，ブランドのもつ意味が商品使用にあたって重視される場面があります。たとえば，ティファニーのダイヤモンドリングは，ノンブランドのリングよりも価格的に高いものですが，愛する者同士ではそれだけの価値があると考えられています。クルマでもBMWやベンツを好んで乗っている人は運転するとき，エンジンの音などそのブランドの「テイスト」を楽しんでいるはずです。こうしたブランドそのものに特別な意味を見出す人にとって，機能的な違いはさほど問題ではありません。こうした意味の問題は理性的に割り切れるという問題ではなく，感情や情緒に訴える問題なのです。

　つまり，ブランドはリスク軽減や意思決定を簡素にするという理性的な意思決定を助ける働きもあれば，それ自体が意味をもち消費者に情緒的な影響を与える，という二重の意味をもった存在なのです。

　こうした結果，ブランドというものがもつ興味深い問題にぶつかります。それは，仮に機能が同じ商品であってもブランドが異なれば，消費者は異なった価格を支払う，ということなのです。なぜ，消費者はそのようにふるまうのでしょうか。そこには先に述べたように，ブランドを用いた理性的かつ情緒的な消費者の意思決定が働いているからです。

　もし仮にブランドというものがなければ，私たちはブランドに代わるものを判断の指標にするでしょう。たとえば，輸入物のお菓子ばかり並べている店に行ったとします。ほとんどの商品にブランドがついているものの，どれ

も聞いたことのないブランドばかりです。こうしたとき私たちは何を判断の材料にするでしょうか。

ある人は産地国情報を頼りにします。「これはベルギー産チョコレートだからおいしそうだ」という具合です。また，パッケージのフィーリングだけで決める人もいるはずです。しかしブランドがあれば，こうした判断はより簡単になります。私たちのもっている知識や能力は限られているので，ブランドに依存して意思決定することはある意味で合理的なのです。

第2節　ブランドはなぜ「今」重要なのか

上記までで，ブランドの本質的重要性について述べてきました。

ここではブランドが近年重要になった時代的な背景について述べてみましょう。

なぜ90年代に入ってからブランドがマーケティングの現場で問題になるようになったのでしょうか。その大きな理由の1つは，世界的に経済や経営環境の変化によって，消費者や顧客の選択の自由が増大したことです。

もっともわかりやすい例としては，80年代から90年代にかけてサッチャーイズム（英国サッチャー首相の経済政策）やレーガノミックス（米国大統領レーガンの経済政策）によって，種々の政府による規制撤廃が行われたことです。この結果，たとえば電話業界では数多くの通信キャリアが誕生しました。日本でも日本電信電話公社がNTTに変わり，KDDIが生まれ，ソフトバンクが後に携帯電話に参入するというような事態が起こりました。また，飛行機業界でも，それまでナショナルフラッグであった国営の飛行機会社が民営化しました。

こうした経済の自由主義的な政策は，結果として多くのブランドを生み出しただけでなく，顧客に選択の自由を与えました。顧客は自由に異なったブランドの間で選ぶことができるようになり，企業側は強力なブランドの構築

の必要性を感じるようになりました。日本でも同じような規制撤廃や緩和が実施され，電話・鉄道・郵便・道路などで多くのブランドとより自由な選択が実現しました。

　また消費者の選択の自由はこうした政府の施策だけでなく，流通業の内部でも発生しました。それはよりオープンな形態の小売業の出現です。伝統的な小売業と違い，メーカーに支配されず，自由にさまざまな種類のメーカー商品を取りそろえて販売するコンビニエンスストアや，ディスカウンターが80年代以降出現しました。こうした新しい業態の店においてはさまざまなブランドが競い合いながら消費者に選択されるのを待っているのです。日本の酒販店はその代表的な事例で，長い間酒販店免許に守られてきた存在から，免許の制限の撤廃によって，より多くの店で酒類が販売されるようになり，ビールや焼酎などの酒類のブランドも大幅に増加しました。

　またこうした選択の自由化だけでなく，メーカー同士の競争の質の変化という側面があります。それはメーカー同士のパワーが平準化してきて，どのメーカーも同じような商品をつくれるようになり，明確な差がそこに見出せなくなったという事態があります。そうしたとき，ブランドによる差別化が目指されたのです。

　さらに，メーカー対小売業のパワー対立という事態もみておく必要があります。次第にGMS（全国型のスーパーチェーンで生鮮食品を中心に衣料・雑貨までなんでも扱う）が上位に集中化するため，メーカーはそれに対抗する力の必要性を感じました。小売業によってやすやすとディスカウントされずに売れるためには，ブランドの力が必要となります。こうしたパワーバランスの喪失も，ブランド強化をメーカーが考えるきっかけとなったのです。

　最後に，デジタル化，インターネットの普及もブランドへのドライブとなったことを述べたいと思います。

　オーディオの分野に典型的に現われているように，アナログであった時代にはさまざまなオーディオブランドが競っていました。しかしデジタル化によって，次第にアナログ時代に育ったブランドは消えていきました。中に

は，ダイヤモンドスピーカー（三菱電機）のように，復刻されたブランドもありますが，これは例外としてオーレックスやトリオ，テクニクスなどのアナログブランドは消えていきました。ソニーのウォークマンはまだ健闘していますが，アップルのiPodには大きく差をつけられています。つまりデジタルの時代には，新しいデジタルブランドが出現するのです。

またインターネットの普及とともに，オンライン世界でのブランドがいくつも出現しました。グーグル，アマゾン，楽天，グリー，などです。ソーシャルメディアと呼ばれる，ツィッターやフェースブックも出てきました。ネットの世界ではどのようなネット経験をブランド化するかがカギといわれますが，全く自由な選択に任されたサイバーワールドでのブランドの開花が90年代半ば以降のネット普及により拍車がかかったことは間違いありません。

このようにみてくると，ブランドの重要性・必要性は，本質的な理解と，時代的な理解との両方が求められることがわかります。ブランドを理解するためには，企業と消費者の動きの双方を眺め渡すことが必要なのです。

【参考文献】
McEvily, B., Weber, R. A., Bicchieri, C. and V. T. Ho [2006] "Can groups be trusted? An experimental study of trust in collective entities," in R. Bachman & A. Zaheer eds., *Handbook of Trust Research*, Chaltenham, UK：Edward Elgar.

第3章
強いブランドをいかに創るか

第1節 強いブランドはどのように生まれるのか

　この章では，実際にブランドを構築する戦略についてみていくことにしましょう。その前に，強いブランドとは何か，それはどのようにして生まれるのかについて考えてみたいと思います。

　まず強いブランドはどのように生まれるのでしょうか。

　ブランドはより良いイメージをもつから，という理由だけで強くなるわけではありません。ブランドはその出発点で何らかの「イノベーション」から生まれると考えられます。ここでいうイノベーションとは，必ずしも技術革新のことだけを指しているのではありません。イノベーションとはさまざまな技術的・マーケティング的な革新を顧客のためになるような形で結合されたものです。そして，何か新しさをもち，かつ，それが消費者にとって良いベネフィットをもつ商品がイノベーションといえます。しかしこれだけではイノベーションという概念を理解するためにはまだ不十分です。新しさと良さ，ということ以外に，結果としてその商品が消費者の生活パターンを変えた，ということがイノベーションであるための要件なのです。

　たとえば，マクドナルドは人々の生活のパターンを一部分変えました。今日ではお昼ご飯の時間にマクドナルドで食事する人は少なくありませんし，家族でマクドナルドに行くという人たちも多くいます。日本でマクドナルドでハンバーガーを買って食べるという習慣は，1971年に日本に第一号店がで

きて以来形成された習慣です。アップル社が21世紀になってから発売したiPodやiPad，iPhoneなども消費者にとって良いベネフィットを与えた新製品というだけにとどまらず，消費者の生活のパターンを変化させたイノベーションだったのです。

　こうしたイノベーションの「最初の一撃」からブランドが生まれます。しかし話はこれで終わりません。イノベーションがブランドに変化するためにはまだ別のメカニズムが働きます。それが「起源の忘却」です。

　「起源の忘却」とは，ブランドがもともともっていたイノベーションの意味が忘れられ，その名前だけが消費者の記憶に残り，社会的に名前だけが流布する，という事態を指します。つまりブランドがブランドとして成立するためには，イノベーションが起きるというだけではなく，ブランドの起こしたイノベーションそれ自体の意義がいったん忘れられることが必要なのです。

　具体例をみてみましょう。今では普通に存在している有名ブランドも，実は過去に何らかのイノベーションを起こした存在です。たとえばミツカンというブランドのはじまりは，1804年にさかのぼります。しかし，ミツカンブランドが現在まで存続している大きな理由の1つは，ミツカンが戦後食酢メーカーとしては初めて，ガラスのビンで「小分け」して販売することを始めたからでした。¹

　それまでお酢は樽詰めされて，酒屋チャネルを通して売られていました。消費者は自分が欲しい分量だけを，店頭で樽から分けてもらって買っていたのです。ガラスのビンで小分けにして売られることによって，ミツカンがブランドをお酢の分野で初めて確立したことになります。もちろんミツカンが市場に残った理由は，ほかにもあります。化学的に合成したお酢を販売せずに，醸造酢だけを作り続けてきたこともう1つ別の理由です。

　この例が示すように，今日まで生き残っているブランドは，歴史的にある

1　「樽売りからビン詰めへの大転換」ミツカンHP
　　<http://www.mizkan.co.jp/story/change/06.html>（2012.1.30）

時期に何らかのイノベーションを起こした過去をもっています。しかし，イノベーションだけでブランドが社会的に生まれ存続するわけではありません。逆説的に聞こえるかもしれませんが，イノベーションが起き，ブランド名が人々に膾炙した後，そのブランドの起源がいったん「忘却」されることが必要なのです。

このブランドの起源の忘却とは，そのブランドのもつベネフィットが理解され，「このブランドは良いよ」という口コミや評判によって社会に伝播していく過程で，次第にもともとのブランドがもっていたイノベーションの意味が失われていくということなのです。その結果，有名なブランド名だけが人々の記憶に残るようになります。

ではなぜ起源の忘却が起こるのでしょうか。そのブランドの名声が社会の中で伝わっていく過程で，そのブランドにつきまとう意味がより簡素なものとなり，ブランド名と消費者への態度のみが記憶されたからと考えることができます。さらにいえば，ブランドの起源にあるイノベーションは消費者の関心では必ずしもないからです。消費者にとってみれば，そのブランドが今，彼・彼女にとって良いかどうかが問題であり，過去にどのようなことがあったかはさほど関心ではありえないからです。もちろん，ラグジュアリーブランドのように，消費者の関与度が高いブランドについては，その起源が重要である場合もあります。たとえば，スポーツカーを購入するという場合，その自動車会社がもっている歴史や背景（F1で優勝した歴史など）が問題になります。しかし，一般の低関与の消費者ブランドの場合，消費者はその歴史や背景に注意をさほど向けないのが普通なのです。

第2節　強いブランドづくりのための経営戦略

このようにブランドの始まりであるイノベーションとその後の普及の過程を理解したうえで，強いブランドの要件をあらためて考えてみましょう。

ブランドが強いブランドであるためには先に考察したように，イノベーションとその忘却という過程があります。ということは，ブランドが強くあるためには，まずイノベーションがなければなりません。ここでいうイノベーションとは，顧客の生活のパターンを変化させてしまうような出来事のことです。もちろん大きなイノベーションから小さなイノベーションまで種類はさまざまあります。たとえば，キシリトール（ロッテ）は，ガムを噛むことの意味をそれまでの味や香りを楽しむことに付け加えて，虫歯予防という新しい役割をもたせました。

　こうしたブランドが生まれる核となるイノベーションを生み出すためには，企業経営のプロセスにおいてそれを産み出す必要があります。革新的な何かを生み出すために，まず必要なことは経営者の才覚です。もちろんもって生まれた才能ということ以外に，新しいことを産み出そうとする姿勢が必要になります。これはその企業の組織文化の問題でもあります。

　多くの場合，イノベーションはそれ単独で生まれるわけではなく，いくつかの新発明あるいは従来の技術が組み合わさってできることが多いものです。またあるいは人々が忘れ去ってしまったような技術や発見を掘り起こしてできることもあります。

　イノベーションが生まれるのを阻む理由はいくつかあります。ある発明の意味を理解できないことあるいは，製品ができあがってからでも，その製品には市場性がない，例がないという考えで，せっかく産み出されたイノベーションが破棄してしまうこともあります。

　ゼロックス社は70年代までにパロアルトの研究所でさまざまな発明を生み出しましたが，その多くはゼロックス社自身で商品化されるかわりに，他社で商品化され大成功しました。ゼロックスが開発したGUI技術を応用して，PCをつくったアップル社がその良い例です。

　ここまではブランドが生まれるための第一条件であるイノベーションについて述べましたが，こうした役割は経営戦略の問題といえます。経営者として考えなければならないことは，まずイノベーションを生み出すための仕組

みや人材，組織づくりなのです。

第3節　強いブランドづくりのためのマーケティング戦略

　次に先ほど述べたように，真にブランドが社会に定着するためには，ブランドの「起源の忘却」が必要だと述べました。もしこれが事実であるとするならば，ブランドの売り手は何ができるでしょうか。そのためにはマーケティング戦略を実行しなければなりません。

　ブランドの「起源の忘却」を促進し，ブランド名を市場に浸透させるための有力な手立ては，ブランドの市場での普及の速度を促進させることです。もう1つは，ブランド名それ自身の「名声」を市場において高めることです。前者についてここでブランドのマーケティング戦略として述べることにして，後者の戦略は第4節で述べることにします。

　マーケティング・マネジメントの基礎は，STPにある，とノースウェスタン大学のコトラー教授は述べています。STPとは，①セグメンテーション，②ターゲティング，③ポジショニング，の3つです。

　①セグメンテーションとは市場細分化のことで，市場をある基準においていくつかに分けて捉えることを意味しています。たとえば，男女という性別や，年齢や居住地域のような基準によって市場を分けて考えることです。この考え方の前提は，市場はニーズによって異質な複数のグループによって構成されている，という考え方があります。

　市場を細分化できたら次のステップは，②ターゲティングで，これは標的市場を選択すること，つまり，セグメントの中からそのブランドにもっとも適した顧客グループを探し出し，確定することを意味しています。

　たとえば，アイスクリームの新製品のターゲットを考えるとき，女性をターゲットに考えることがふつうであるように感じられます。おそらく男性よりも女性のほうがアイスクリームの需要は大きいであろうと思えるからで

す。しかし2009年9月に発売された江崎グリコの新製品「ハッピースプーン」は男性20代・30代のオフィスワーカーに向けて発売されました。ウェブサイトでは，以下のようにその狙いを表現しています。

> 「甘党男子」や「男のスイーツ」という言葉が話題となっているように，日常の様々な場面で男性が好んでデザートを食べる現象が広がっています。20～30代の男性オフィスワーカーには，帰宅後に日々ゆっくりとくつろぎながら自分を癒したいというニーズがあり，単に甘いだけではなく，とろりとやわらかな食感を持ったデザートの人気が高まっています[2]。

　このように，競争が厳しい女性ターゲットを避けて，むしろニーズがまだ満たされていないであろう男性市場に向けてブランドを位置づけることは競争市場において必要な発想といえます。ターゲティングはその市場のトレンドと，自社ブランドの特徴の両方をみたうえで決定されます。

　③ポジショニングとは，そのブランドをどのようにターゲット顧客に知覚・理解してもらうかを指しています。ブランドは，製品特徴からいってさまざまな側面をもっています。ある意味でどのように位置づけても許される自在さをもっているのがブランドです。

　ミネラル・ウォーターという商品カテゴリーでは，ラベルを取り去ったとき，なかなかその見分けがつきにくいのが実際です。さまざまなブランドが乱立して，それぞれの特徴を競っています。日本コカ・コーラ社から発売されている「い・ろ・は・す」は，「日本のおいしい天然水」とポジショニングされており，同時に，しぼって大きさを縮めて捨てることのできるエコなボトルを採用しています[3]。ミネラル・ウォーターを飲む顧客にとっては，おいしくて安全・安心で，環境にも貢献できるウォーターとして知覚されているわけです。このような差異化され，ユニークかつ消費者にとってベネ

---
[2]「甘党男子向けの新食感アイスが登場！」（ハッピースプーン，ブランドサイト）
　〈http://www.ezaki-glico.com/release/20090820/index.html〉（2012.1.30）
[3] い・ろ・は・す　ブランドサイト
　〈http://i-lohas.jp/lineup/〉（2012.1.30）

フィットを訴求できるポジショニングがブランドにとって望ましいといえます。

しかし強いブランドを確立させるためには，ブランドのSTPを定めるだけでは不足しています。ブランドを市場において確立するためには，できるだけ早く市場にブランドを浸透させることが望まれます。

市場にはそのブランドの普及にとって，異なったいくつかの顧客層があることがよく論じられます。典型的な分類としては，ロジャースの普及学で述べられたような，イノベーションの社会での普及過程に伴う，顧客の分類です。それはイノベーションをどのように受け止め，普及に貢献するか，という視点で以下のように分類されています。

①イノベーター，②オピニオンリーダー，③初期採用者（アーリーアドプター），④初期多数派（アーリーマジョリティ），⑤後期採用者（レイトマジョリティ），⑥遅滞者（ラガーズ）という分類です。

この分類によれば，社会に発表されたイノベーションは，最初にイノベーターが採用し，次にオピニオンリーダー，次に初期採用者…というように拡大していくとみなされています。ブランドの普及にとって重要なのは，こうした社会的浸透が最後まで，できるだけ短期に早く行われることです。早ければそれだけ競合が入ってこないうちに，ブランドを知ってもらうことができ，市場の中で独占的な知名度を獲得できるだろうからです。

ここで重要なことは，イノベーターに採用されるということだけではありません。そこからオピニオンリーダーないし初期採用者にブランドのイノベーションが広がって行くことです。多くのイノベーションはイノベーターに採用されただけで普及が止まってしまうことが珍しくありません。イノベーターは社会における周辺部に存在し，決して著名人でも影響力のある人でもないことが多いからです。それに比較して，オピニオンリーダーは違います。社会的に影響力のある人物で，もし彼らにイノベーションが受け入れられたならば，市場への浸透はより確実になります。

第4節　強いブランドづくりのためのブランド・エクィティ戦略

　そして，最後にブランド・エクィティ（ブランド資産）が強くあるためにはどのような要件が必要なのでしょうか。ブランド・エクィティとは，そのブランドが消費者の「頭の中」つまり記憶や態度の中で，売れるために備えている要件を意味します。そのためには，以下の4つの要素を強化することが必要になります。

　① 知名度
　② 連想記憶
　③ 評価／態度
　④ ブランド・パーソナリティ

　基本的にブランドはまず知られていることが重要です。いわゆる，ブランドの「認知度」あるいは①知名度です。より多くの消費者にその名前やブランドのアイデンティティ（パッケージデザインやキャラクターなど）が知られているということはそのブランドが売れるために重要です。

　なぜブランドが知られていることが重要なのでしょうか。まず第一に，消費者は知っているブランドを店頭で選択することが多いからです。たとえば，ある消費者が時計を買おうとして，アマゾンのサイトを見たとします。ウェブサイトから購入する際は実物を手に取ることができませんので，リアルな店舗での購入よりブランドが重要になり，自分の知っているブランドの中から選ぶ確率が高くなると推定できます。

　さらに，消費者は自分の知らないブランドよりも，知っているブランドに好意を抱く傾向があります。人間は自分の知らない対象よりも，知っている対象に対してより好意的な態度を形成する傾向が一般的にあるからです。

　次に②連想記憶が重要です。よくブランド・イメージという言葉が使われますが，これはほぼ連想と同義語と考えればよいと思います。これは，そのブランド名をいっただけで，どのような概念や視覚的イメージが喚起される

か，ということを意味しています。

　たとえば，「ティファニー」というブランドを目にしたとき，人々はどのようなことを思い出すでしょうか。宝石店，青い箱，エンゲージリング，映画「ティファニーで朝食を」，ニューヨーク，…など，もし連想される記憶がポジティブな好ましいものであれば，そのブランドにとって，売れるためにより有利に働くことが予想されます。

　広告やプロモーションを行うときは，どのような連想をそのメッセージが植えつけることになるか，考えながら実行することが望まれます。

　次に，③評価，態度という要素がブランド・エクィティにとって重要です。そのブランドをどのように消費者が評価しているか。好ましいものであるか，好まれていないか。当然ですが，好まれていることは，売れる可能性からいえば，当然有利に働きます。もちろんそのブランドが何らかの理由で，市場を独占している場合は，ブランドが嫌われていても構いません。しかし自由な競争にある場合は，より好まれるブランドであることが有利です。

　最後に，④ブランド・パーソナリティを形成することがブランド・エクィティを構築するために求められます。ブランド・パーソナリティとは，そのブランドを人に喩えたらどのような人物になるか，を意味しています。

　たとえば，コカ・コーラは米国では，みんなに好かれる年上の人物として描かれることが多いようです。これに比較すると，ペプシコーラは若くて元気なパーソナリティを以前から訴求してきました。

　なぜ人に喩えたブランド・パーソナリティが重要なのでしょうか。人間にとって人の記憶はもっとも重要なものの1つで，さまざまな人物のパーソナリティのパターンを人はもっていると考えられます。その中にブランドが望ましい形で記憶されたならば，そのブランドはよりはっきりと消費者の記憶にとどまり，購買意思決定の場面において想起されやすくなるはずです。

第5節 ま と め
―ブランド創発型企業を目指して―

　これまでの第Ⅰ部では，ブランドの現在における在り方，またブランドが歴史的に存在してきた来歴，また，強いブランドを構築するための戦略や考え方を述べてきました。

　最後にブランドの企業における在り方について考えてみたいと思います。企業には企業ブランドをはじめとして，商品ブランド，成分ブランド，サービスブランド，技術ブランドなどさまざまなブランドが存在します。これらのブランドと，その企業で働く人たちはどのような関係にあるのでしょうか。

　とくに企業ブランドの存在は重要です。よく企業が合併するとき，どちらの企業のブランドを名乗るか，どちらの企業の名前を新しい企業に採用するか，について大きな議論が交わされることがよく見かけられます。たかが名前であっても，その企業で働く人にとっては重要な意味をもっていることがこのエピソードだけでもわかります。人々は自分が働く企業ブランドを意識していることは明らかですが，それではどのように企業ブランドと付き合えばよいのでしょうか。

　ここで提案したいのは「ブランド創発型企業」というコンセプトです。ブランド創発型企業とは，ブランドのもつ意味や理念から，社員自身が「創発的」に，つまり創造的かつ自発的な影響を受けて，アクションを起こしていくプロセスをもつ企業を指します。

　自分が昔からよく知られた企業に勤務していたとして，自分がブランドから創発されて，どのようなアクションを起こしていけばよいでしょうか。

　望ましいことは，ブランドから刺激やインスピレーションを得て，トップや社員がこれまでになかった革新的な意思決定に結び付いていくことです。つまりうちの企業ブランドはこのような意味・理念をもっているから，私は

このようにふるまう，という社員の行動の指針になると同時に，うちのブランドはこのようなブランドだから，こんなアクションを起こしていかなければならない，と社員が思うような，意思決定に関わる影響プロセスが重要です。

現代において，このように企業ブランドが創発的な役割を果たしている企業の事例として，グーグル（Google）を挙げることができます。

グーグルは検索エンジンの世界最大手の企業として知られています。また世界中から優秀な頭脳を集めて，先進的なサービス開発に務めています。こうした中から，より優れた検索システムだけでなく，gmailやGoogle＋などのさまざまな新しいサービスが日々開発され世の中に送り出されています。

グーグルの哲学として，次のような記述があります（筆者訳）[4]。

- ▶"focus on the user"（ユーザーにフォーカスしよう）
- ▶User want the same google search experience in the company as they have google. com（ユーザーはグーグル.comで経験したような検索の経験を求めている）
- ▶Outstanding relevance（ユーザー自身への関連）
- ▶Simple interface（シンプルなインターフェース）
- ▶Fast, sub-second response times（早い，秒以下のレスポンス）
- ▶Leverage tens of millions of testers（何千万人の被験者による結果を活用）

つまりグーグルでは，ユーザーのことを第一に考え，彼らが望んでいる利便性，スムーズな動作やシンプルな立ち上げ画面などを常にどこでも実現しようとしています。こうした理念がグーグル社内で浸透し，このような方向に沿ったサービス開発や提供が行われているのです。

---

4 Google's philosophy
　＜http://www.slideshare.net/korhan/google-brand-analysis-presentation＞（2012. 1. 30）

まさにグーグルはブランド創発型の企業であり，ブランドの理念を固定的に受け入れるのではなく，そこから社員がどのようにアクションすべきか，自発的に活動しながら，結果としてグーグルらしい創造性を実現している企業なのです。

　ブランドは企業にとって単に商品につけられた名前ではありません。そこから将来へのアクションや意思決定が生まれてくる土壌でもあります。こうした考えを基盤にもって，ブランドをマネジメントすることがこれからの企業に求められるでしょう。

第Ⅱ部
ブランド・ケース編

第4章
モノ・ブランドの戦略ケース

---【本章のねらい】---

　本章では，カタチのある商品ブランドとして，「三ツ矢サイダー」「BMW」「パイオニア"KURO"」の3つを取り上げている。

　「三ツ矢サイダー」は昔なつかしいブランドの1つだが，近年見事な復活を遂げた。「BMW」はドイツのプレミアムカーの代表として，長年発展を続けている。「パイオニア"KURO"」はテレビとして日本発のグローバルブランドを目指したが，テレビ業界の激変の影響を受けて幻のグローバルブランドとなった例である。

　こうしたブランドをつくりあげる過程では，その企業が背負った歴史や，過去の経緯とブランド構築とを切り離して考えるわけにはいかない。企業は人間の生涯を超えて，過去から引き継いで運営されてきた存在だからだ。ブランド構築に際しても，こうした歴史と伝統と向き合いながら，新しい市場環境のなかでどのようにブランドを育成していくかを考えなくてはならない。

　これらのケースを通して，商品ブランドを成功させ，復活させるために，どのような考え方が必要なのか。また，ブランド構築に失敗しないために，われわれがブランドに何ができるかを学びたい。

第Ⅱ部　ブランド・ケース編

CASE 1

老舗ブランドの復権

「三ツ矢サイダー」[1]

本ケースのねらい

　2003年，消費者の健康志向の高まりを受けて，炭酸飲料は苦境を強いられてきた。「三ツ矢サイダー」も出荷ベースで1997年をピークに売上げが年々低下し，ピーク時に比べ1,000万ケース以上の減少を余儀なくされていた。とくに若い年代のサイダー離れは深刻な問題だった。しかし，2004年のブランドリニューアルを機に，売上げが2005年は約2,500万ケース，2007年には3,000万ケースを突破。この見事なV字回復は，どのようにして達成されたのだろうか。

① どのように誕生したのか

　毎年1,000点前後の新商品が発売され，1,000点近い商品が消えていくといわれている清涼飲料水業界。

　競争が熾烈を極めるこの業界において，1960〜70年代の高度成長期を経て90年代に至るまで，127年以上売れ続けている日本のロングセラーブランドがある。

　それが2010年，炭酸飲料市場において，売上高No.2，透明炭酸飲料では市

---

[1] 本ケースで示される売上等の数字は，アサヒ飲料(株)広報部から提供されたデータに基づいている。

CASE 1 「三ツ矢サイダー」

場シェアが80％を超える三ツ矢サイダーだ。
　まず，その歴史から紐解いてみよう。その起源は，イギリス人理学者ウイリアム・ガランが兵庫県多田村平野（現川西市）の地を訪れ，鉱泉を発見した1881年（明治14年）にまで遡る。
　そして，その3年後，1884年（明治17年）に地元の業者（のちに三ツ矢印平野鉱泉合資会社となる）が，その地に伝わる伝承からヒントを得て現在の「三ツ矢サイダー」が生まれたとされている。すなわちその伝承とは，平安時代，源満仲が住吉神社のお告げで鏑矢（満矢＝三ツ矢）を放ち，落ちた地の多田村に城を建てた，その満仲がタカ狩りの折にみつけたタカが怪我を治す水が平野鉱泉だったという。そしてその鉱泉水を「三ツ矢印平野水」と命名して販売を開始。これが「三ツ矢サイダー」商品化の始まりである。
　「三ツ矢印平野水」は，発売されると，宮内庁に献上されるほど美味な水として評判を高め，さらに1907年（明治40年）には，イギリスから輸入したサイダーフレイバー・エッセンスを加え，名前も「三ツ矢印平野シャンパン

「三ツ矢サイダー」（写真提供：アサヒ飲料株式会社）

サイダー」と改められて販売された。

　すると，さらにその人気は高まり，呼び名も親しみを込めて「三ツ矢サイダー」と広く一般に呼ばれるようになった。ここに，現在の三ツ矢サイダーの原型が，ほぼ完成されたといってよいであろう。

　その後，三ツ矢サイダーは，順調に売り上げを伸ばし，進物などにも利用されるほど人々の生活に浸透し，軍隊においても愛飲されるほどになった。

　しかし，太平洋戦争で砂糖の入手が困難になると，その製造は一時，休止。その再開は，戦後，砂糖の統制がなくなる1952年（昭和27年），全糖の「三ツ矢印平野シャンパンサイダー」として発売されるまで待たなければならなかった。

　そして，戦後の復興とともに成長を続けた「三ツ矢印平野シャンパンサイダー」は，昭和41年，シャンパンの名をとり，正式名称を「三ツ矢サイダー」に変更。ついに名実ともに，現代の私たちが慣れ親しんでいる「三ツ矢サイダー」となったのである。

　このように非常に長い伝統と歴史をもち，業界において，国民的飲料として圧倒的な存在感を示しているこのロングセラーブランドも，1884年（明治17年）の発売開始から，決して順風満帆な歴史を歩んできた訳ではない。ゼロからの再出発となった戦後の原料不足，チクロショック，「黒船」コーラの来襲，本体であるアサヒビールの経営不振……，ブランドの存亡を脅かすような数多くの危機的状況を乗り越えてきた歴史がある。

　そんないくつもの危機の中，もっとも近年に直面した売上不振の危機を，三ツ矢サイダーはどのようにして乗り越えたのだろうか。

② 原点回帰へ

(1) 凋落の危機

　目立って売上げの減少が始まったのは，2000年前後であり，1997年の2,870

万ケースをピークに数千ケース単位で減り続け，2003年には，約1,700万ケースまで落ち込んでしまった。

　しかし，業界的には1,000万ケースを超えれば大ヒットといわれる事が多い中で，それほど大きな危機感をもつこともなく，社内ではこのままでも大丈夫と，高をくくる雰囲気も強かった。長期に渡り安定した売上げの実績をもち，伝統を誇るロングセラー商品であるがゆえ，なかなかリスクを伴う改革の気運が社内では盛り上がらなかったのだ。

　そんな中，発売から120周年を迎えた節目の2004年，中堅社員を中心に，このままでは，三ツ矢サイダーというブランドがいつか消えてしまうのではないか，という危機感が徐々に社内で強まっていった。

　事実，全売り上げの2割が三ツ矢サイダーというアサヒ飲料にとっては，この急激な売上減少は大きな痛手となり，会社全体も2年連続の赤字に陥ってしまった。つまり，会社全体をもう一度成長路線に乗せるためにも，三ツ矢サイダーの復活はアサヒ飲料にとっても不可欠かつ急務の克服すべき課題だったのである。

　さらに，全社的にこの改革の気運を大きく後押ししたのが，社員全員の三ツ矢ブランドへの思い入れや愛着の強さだ。

　なぜならば，三ツ矢サイダーは，アサヒ飲料という会社よりも長い歴史をもち，その歩みの中で，経営難に陥ってしまった本体のアサヒビールの屋台骨を支えていた時期さえもあったからである。

　その時期とは，アサヒビールがビール業界において，毎年のようにシェアを落とし続けていた1980年代前半。1985年には，アサヒビールのシェアは9.6％まで落ち込み，倒産も時間の問題という苦境に立たされてしまった。

　当時，問屋や小売店，飲食店を深夜まで回った苦しい時代を知るアサヒビール社員によれば，「ビールの低迷時代，アサヒを支えた最大の商品は三ツ矢サイダーだった」「三ツ矢を納めれば，ビールも買ってやるという店までありました」「支店では三ツ矢の利益を，ビールにつぎ込んでいましたよ」「キリンは，黙っていてもビールが売れましたから，キリンレモンを売り込

んでいましたが，三ツ矢サイダーは，いくつもハンディを背負いながら，良く耐えてくれました」というような状況だったという。[2]

(2) 委員会の発足

そして2004年，このような低迷するブランドの現状を打開したいという社員全員の強い思いに応えるカタチで，アサヒ飲料社内で発足したのが『三ツ矢委員会』である。

営業やマーケティングはもちろん，生産部門や役員まで，全社の組織を横断するメンバーで構成されたこのプロジェクトチームに，歴史と伝統があるゆえに難しい三ツ矢ブランドの変革が委ねられることになった。

『三ツ矢委員会』は週に1回，多い時には週に数回，開催され，さまざまな問題点やその改善策についての話し合いが行われた。その中で浮かび上がってきた大きな課題は，以下の3つであった。

① 時代的な背景

緑茶ペットボトルの爆発的なヒットや『DAKARA』の発売など，新しいカテゴリーともいえる機能性飲料の登場に象徴される消費者の健康志向の高まりがある。

それに伴い，消費者の甘さ離れが進み，ちょっと体に悪いというイメージの強い炭酸飲料は，消費者に敬遠され，市場全体の縮小が加速度的に進んでしまっている。

② イメージの低下

毎年実施している調査結果から，コアターゲットである中・高生において「おばあちゃんの家で飲むもの」「古くさい」「昔，懐かしい」などの時代遅れのイメージが非常に強まっている。現代の食卓においても，いつも

---

2 立石［2009］157頁。

身近にある飲料としての存在感を失いつつあり，消費者離れが進んでしまっている。

③ 歴史と伝統

120年以上の長きにわたり，消費者に愛され，支持され続けてきた商品のため「味そのもの」など商品の内容を大きく変えることは，消費者を裏切ることになるのでできない。

しかし，②と③については，確かに売上げを減少させたり，斬新な変化を妨げたりする問題点ではあるが，同時に，長い時間をかけて築き上げてきたからこそ得ることのできたブランド固有の大切な資産（アセット）でもあることに『三ツ矢委員会』は着目した。

すなわち，今，直面している問題点を単なる売上の伸びを阻害しているものとして捉えることを止め，ブランドをマネジメントするという大きな観点から，それらの弱みを「強み」と捉えることによって，状況を打破できるのではないかと考えた。つまり，「昔からある」＝安心できる，「味を変えられない」＝昔から同じ味，というような弱みとみえる属性をアドバンテージとして読み替えたのである。

その結果，『三ツ矢委員会』の出した回答は，「原点回帰」となる。原点に立ち返り，基本を徹底し，その積み上げた歴史を十分に活用することによって，売上げの回復を実現させようとしたのである。

③ 品質を訴求する

(1) 原点に還る

三ツ矢サイダーのモノづくりの原点，それは，「安心・安全」である。
その原点をもっとも象徴する出来事は，1969年，日本の食品業界を襲った

「チクロショック」への対応であろう。従来，さまざまな食品に使用されていたこの合成甘味料が大量に摂取すると内臓障害を起こす可能性があるとして，アメリカでの使用禁止を受けて厚生省が使用禁止にしたのが同年11月。しかし，三ツ矢サイダーは10月18日には，既に使用停止を決定していた。

この対応の迅速さ。そして，その翌月には，製造現場の強い意見により，合成・天然を問わず着色料を一切使用しない無着色化も実施している。いかに「安心・安全」が社内で徹底されていたかを伺い知ることができる。

長い歴史を通じて，脈々と受け継がれてきた「安心・安全」というモノづくりへのこだわりを120年目の節目にどう高めるか。『三ツ矢委員会』が，最初に取り組んだのが，商品を変えることではなく，商品の価値をよりいっそう高める品質の向上であった。それは「安心・安全」に「自然」を加え，「安心・安全・自然」の進化した三ツ矢サイダーをつくり上げることだった。

まず実施されたのが，商品の重要な材料である水の改善。三ツ矢サイダーは，元々，兵庫県の平野から採取された「平野水」が起源である。自然水が本来もつ良質のうまみや特性を再現するため，その「質」を徹底的に追及した。どこの工場でも同じ味になるように，活性炭やマイクロフィルター，セラミックなどを何重にも使用する同一の濾過方法を採用し，20近くある全製造工場で，使用する水の硬度を三ツ矢サイダーがもっとも美味しいと感じられる「25」に統一。さらに，香料をすべてレモンやオレンジなどの果実からとった自然由来の果実成分に変更することによって，より進化した三ツ矢サイダーを生み出すことに成功したのである。

品質の向上を実現するのと同時に重要なことは，いかにその事実を消費者に伝えるかである。『三ツ矢委員会』では，清涼飲料水では，これまでにあまり例のない「品質」の訴求を中心とした広告宣伝活動を決定した。

当時，三ツ矢サイダーも含めて清涼飲料業界では，TVCMをはじめ，その広告宣伝活動において，止渇性や爽快感を全面に打ち出した情緒的・共感型のイメージ広告を展開するのが常道であり，品質を訴求するのは，もう少し高価な電化製品や自動車などの耐久消費財というのが，一般的な考え方

だった。

　しかし，三ツ矢サイダーは，その常識を打ち破ることこそが，新鮮で，消費者にも強くアピールできるのではないかと考え，炭酸飲料水で「品質」を真正面から真摯に訴える広告を制作し，展開を行った。すなわち，従来のイメージ広告と「品質」訴求広告の2本立てで，コミュニケーション活動を実施したのである。

　このとき，ターゲットもコミュニケーションの内容に応じて大きく2つに分けた。

　自分で購入する中・高生には従来の情緒的・共感型のイメージ広告を，そして「品質」広告は，「安心・安全・自然」というメッセージに非常に興味が高い，小学生から中学生前半の子供をもつ主婦たちをターゲットに広告展開した。

　「品質」広告の内容は，調査で「古くさい」というマイナスイメージとして出ていた結果を「伝統的な日本の飲み物」として捉え直し，「安心・安全・自然」を夏目漱石や宮沢賢治が愛飲していたというストーリー性を利用するなど，日本の風景という文脈の中で強くアピールして行こうというものだった。

　そして，広告展開時期もこれまでは，イメージ広告を主な需要期である夏と年末のパーティーシーズンに限定して集中して行っていたが，並行して「品質」訴求の広告を，通年で展開するということを決定した。三ツ矢サイダーの品質に関するメッセージを継続的に発信することで，その浸透を実現しようと試みたのである。

　このような品質改善への努力，そして大胆なコミュニケーション戦略の転換により，ブランドイメージにおいては，2003年時で「古くさい」が26.1％，「自然な」が14.1％，「自分向き」が13.7％だったものが，2005年には「古くさい」17.3％，「自然な」18.8％，「自分向き」17.5％となるなど大幅に改善した。

　また，購買層においても，2003年時は，コアターゲットである10代男性が

1.8％，20代男性8.3％，30代男性4.6％，そして30代女性が9.2％，40代女性が11.9％という構成比だったが，2005年には，10代男性8.2％，20代男性8.9％，30代男性5.5％，30代女性13.0％，40代女性13.0％という結果に好転したのである。

　もちろん，売上げも2003年時1,700万ケースだったものが2005年には，約2,500万ケース，2007年には3,000万ケースを突破。一度沈んだブランドが見事にⅤ字回復を果たしたのである。

(2) 差別的ポジションを得る

　三ツ矢サイダーは，2004年以降も，品質にフォーカスした「安心・安全・自然」をメッセージとしたコミュニケーションを，変わることなく今日まで継続している。

　『Yahoo! リサーチ』が2009年6月に実施した炭酸飲料に関するインターネット調査でも，ライバル商品であるコカ・コーラのブランドイメージが「化学的」「炭酸が強い」であるのに対して，三ツ矢サイダーは「自然な」「なじみのある」という認知を獲得している。

　飲用意向においても，コカ・コーラと同率のトップに並ぶという躍進を示している（前述『Yahoo! リサーチ』によれば，前年は首位のコカ・コーラに次いで第2位）。

　競合する他ブランドと対極にある差別的なポジションを確立したことが，そのまま消費者の飲用意向を押し上げていることをはっきり示した結果となっている。

　気になる売上げに目を転じてみても，調査結果を裏付けるように，2004年以降，売上げは順調に伸び続け，2009年には，2003年時に対して倍増以上（約20,000万ケース増）という驚くべき結果を残している。

　このような三ツ矢サイダーの好調な売上げを追い風にして，2009年5月に発売されたのが「三ツ矢サイダー オールゼロ」である。

　高まる消費者の健康志向に，さらに応えるために開発・販売された，カロ

リーゼロ，糖質ゼロ，保存料を一切使用していないこの商品は，発売1カ月で年間販売目標である450万ケースの3分の1にあたる150万ケースを出荷するという，大ヒットを記録することとなった。

　元々，炭酸飲料業界では，2006年3月にカロリーゼロの『ペプシネックス』，2007年6月には，糖分，保存料ゼロの『コカ・コーラ ゼロ』など，いわゆる「ゼロ飲料」が先行して発売され，人気を博し，大きく売上げを伸ばしていた。

　実は，アサヒ飲料社内でも，2001年頃には，カロリーを抑えた新商品の構想があり，2006年には具体的な開発を開始していた。それだけに経営陣としては，他社の「ゼロ飲料」が話題になった2007年に商品化，遅くとも節目の三ツ矢サイダー発売125周年の2008年には発売したいと考えていた。

　しかし，それを押しとどめたのが「安心・安全・自然」というモノづくりにこだわった開発陣の熱意だった。

　「オールゼロ」は，単なるカロリーオフ商品ではなく，現代の健康志向にマッチさせた上に，メイン商品である三ツ矢サイダーの味を再現することがテーマであった。

　「安心・安全・自然」の上につくり上げられた三ツ矢サイダーの味として納得できるものを商品化したい。「カロリーゼロならば，この程度の味でも仕方ない」という商品は，絶対に市場に出したくないと考えたのだ。

　三ツ矢サイダーの味を再現するのにあたって最大の障害となったのがその"甘み"。

　カロリーゼロの甘味料をいくつか組み合わせれば，"甘さ"だけは再現できるものの，独特の苦みが口に残ってしまい，どうしても砂糖がもつ自然な甘さが感じられる三ツ矢サイダーの味にならなかった。

　そんな試行錯誤を延々と2年近くも繰り返して辿り着いたのが，雑味の原因となっている天然糖分を主成分とした「スクラロース」とアサヒ飲料が特許をもつリンゴ酸を組み合わせることであった。

　体内の新陳代謝も促進するリンゴ酸の酸味を加えることによって後味が

すっきりとした三ツ矢サイダーの味が再現され，見事，発売に至ったのである。「安心・安全・自然」という伝統にこだわり続けてきた三ツ矢サイダー。長年に渡り守り続けてきたブランドの有形・無形の資産の上に，見事に花開いた商品が「三ツ矢サイダー　オールゼロ」ということができるだろう。

さらに三ツ矢サイダーでは，2004年に『サイダーの秘密』という小冊子を30,000部ほど作成し，全国の小学校や図書館に寄贈するという，地道で草の根的な活動を行っていることも付け加えておこう。

祖母や母親が，自分の孫や子供と『サイダーの秘密』を読みながら，かつて自分が飲んで育った三ツ矢サイダーを一緒に飲む。それは，ブランドにとって，世代を超えて受け継がれるコミュニケーションが実現した，もっとも望ましい姿なのかもしれない。

④ なぜ復権できたのか

(1)　3つの成功要因

このようにしてみると，「三ツ矢サイダー」ブランドの復活は大規模な味の変更や，大胆なネーミングやパッケージデザインの変更によるためではないことがわかる。社内的にも，予想以上にブランド再構築が功を奏したというのが，当時のアサヒ飲料社員の正直な感想だという。

では，なぜこのようなわずかな変化で，メーカー自身も驚くような見事な売上げのV字回復が実現できたのであろうか。成功の要因として次の3つを挙げることができるだろう。

成功要因　①　品質向上に集中

まず，商品そのものを，少ししか変化させなかったこと，商品を大きく変えるのでなく，質をあげるという活動に取り組んだことだ。

「古くさい」「時代遅れ」のイメージが定着してしまい，若い世代に敬遠さ

れがちというネガティブな側面に，とかく目が向けられがちな老舗ブランドではあるが，ほとんどの人がその名前を知っており，さらにその大半が飲んだことがある。それは，何物にも代えがたい，長い歴史と伝統をもつブランド固有の大きな財産である。

もちろん，この財産を捨て去って，大規模な変革を実施して成功するブランドもある。しかし，長い間，蓄えてきた資産（ブランドの中身）をそのままに，ブランドの表面を曇らせている長い年月を経て溜まってしまった澱のようなものを，どううまく取り去るか，あるいは中和することができるか，それが達成されれば，もっともリスクも低く，成功する確率が高いことを，三ツ矢サイダーの成功は，指し示しているように思える。

つまり，ブランドの本質的な部分（商品やサービスそのもの）を大きく変えるのではなく，新しい情報を刺激として付け加え，ブランドのイメージをうまく時代の流れや状況に合わせることによって，ロングセラー・ブランドは活性化する確率が非常に高いということである。

成功要因　②　強みとトレンドのマッチング

第2に，ブランドのもつ「強み」を強化するカタチで，世の中のトレンドとうまくマッチングさせることができたことであろう。

2004年当時の炭酸飲料業界が抱えていた大きな課題は，市場全体の縮小であった。機能性飲料，緑茶に代表される無糖茶やミネラルウォーターの拡大化に象徴される消費者の健康志向の高まりの中で加速する炭酸飲料離れに，どう対応するかであった。各社を悩ませていた消費者の「甘さ」離れや炭酸飲料は体に良くないという根拠のないイメージ……。もちろん，三ツ矢サイダーもその例外ではなかった。

しかし一方で，そのような消費者の変化は，結果的には，競合している人工的なイメージの強い着色炭酸飲料とのさらなる差別化を図ったり，ブランドが本来もっている「強み」を再認識させてくれる良い機会にもなった。

というのも，無着色の上，品質へのこだわりが強かった三ツ矢サイダー

は，広告等で謳ってはいなかったものの，商品の誕生時から，製造時にいっさい熱を加えないで鮮度を保つという非加熱製法を採用し，保存料もいっさい使用していなかった。健康志向の消費者に受け入れられやすい商品特性を元々備えていたにもかかわらず，消費者に十分，アピールを行ってこなかっただけだったのである。

そこで，三ツ矢サイダーは，この特性にさらなる強化を行う。天然素材の原料にこだわり，フレーバーを果実など植物由来のものに変え，使用する水の硬度の統一を実施するなどして，健康志向の消費者に，より受け入れられやすいカタチに変化させ，積極的に広告等でアピールを行っていった訳である。長い間貫き通してきた「安心・安全・自然」というブランドのモノづくりへの姿勢と矛盾することなく，ブランドが本来もっている価値の延長上で行われたリニューアルだからこそ，違和感なく消費者に受け入れられ，強く支持されたに違いない。

成功要因 ③ 日本的品質の訴求

第3に挙げられるのが，コミュニケーションの巧みさである。

まず，炭酸飲料というカテゴリーで，品質訴求にフォーカスした広告を制作したこと。そして，従来は，ターゲットとしていなかった主婦に対して，元々海外の商品というイメージの強いサイダーを，徹底的に日本の自然や風景にこだわって描いたことであろう。

日本のきれいな水，清々しさ，透明感。発売当初からずっと大切にしてきたイメージをベースに，夏目漱石や宮沢賢治が愛飲していたというストーリー性と絡ませた新聞広告，田舎で夏休みを過ごす少年が登場するTVCM……。飲料などの食品において，長く飲みつがれている国産品という印象は，消費者の中に「安心・安全・自然」というイメージを醸成するうえで，非常に効果的に働いたことは間違いない。

とくに，夏目漱石や宮沢賢治という，日本人の心の中に確固たる地位を築いている他ブランドの資産をうまく自身のブランドに取り込めたことは，ブ

ランドの価値拡大に多大な貢献をもたらしたものと思われる。

　喉を潤し，胃弱を直すために「平野水」を常備し，愛飲していたという夏目漱石。給料日には，必ずといっていいほど大好きな三ツ矢サイダーを好物の天ぷらそばとセットで飲食していた宮沢賢治。このようなエピソードが語る，揺るぎない三ツ矢サイダーの歴史的，伝統的な価値に，消費者は，新鮮な驚きをもって，心の中に強い共感と信頼感を抱いたに違いない。

　また，ターゲットにおいても，「安心・安全・自然」というメッセージが届きやすいという観点から，従来，あまりアプローチを行ってこなかった小学校から中学校前半の子供をもつ主婦層に設定したことは購買層を広げるのに有効だった。

　本来，主婦層は，家庭における主な買い手であり，子供はもちろん，ご主人や祖父母に至るまで，家族全員の消費を促してくれる，非常に優良な顧客層である。

　この波及効果の高い顧客層に，コミュニケーションの新たな切り口を見出すことにより，積極的なアプローチが可能となり，ブランドの推奨者になってもらえたことは，売上げの大きな伸びにつながったばかりでなく，ブランドにとって，かけがえのない財産を得ることにも成功したといって良い。

　なぜならば，三ツ矢サイダーのような伝統的なロングセラー・ブランドでは，コアターゲットの両親など，家族が世代を超えてそのブランドを知っていたり，体験したりしているケースがほとんどである。したがって，その存在までも視野に入れ，意図的に波及効果が発生するようなマーケティング施策を行うことは，ブランドを活性化するうえで，非常に賢く効率的な方法であることは，疑う余地のないところだ。

(2)　老舗ブランドはどうすべきか

　三ツ矢サイダーは，保存料未使用，無着色に代表される，長年培ってきた「安心・安全・自然」というブランドの「強み」をメッセージとして強く打ち出すことによって，高まりつつある消費者の健康志向に応えた。それは同

時に，消費者の中に強く根付いていた「古くさい」というイメージを払拭し，健康志向の炭酸飲料として「新鮮な」イメージを獲得する結果となった。

　言い換えれば，三ツ矢サイダーは，長期に渡り堆積してしまった「古くさい」というブランドの負の資産を，絶妙のタイミングで，コミュニケーションによる刺激を与えることで「現代にぴったりの安心で安全な健康的な炭酸飲料」というプラスの資産に，鮮やかに置き換えてみせたのである。

　老舗ブランドの共通課題，ブランドにまとわりついてしまった古くさいイメージを取り除くということは，とりも直さずブランドを"現代"にアップデートさせることにほかならない。

　その方法は，多種多様に存在し，それぞれのブランドの置かれた状況によって最適な選択肢も異なるだろう。

　しかし，あくまでも，そのブランドの本質的な価値や強みに基づいたものでなければ，本当の意味で，消費者の心の中に存在する古くさいイメージを上書きすることはできない。

　現実として，三ツ矢サイダーも2004年以前に何度か「古くさい」イメージを一新するために，旬のタレントを起用したり，ゲームやキャラクターとタイアップしてきたが，望むようなフレッシュなブランドイメージを獲得することはできなかった。

　長い間，語り継がれてきたブランドの歴史や伝統をおろそかにした物語に消費者は違和感を覚えてしまう。消費者が熱心に耳を傾けたり共感する物語とは，長く語り継がれたブランド・ストーリーにほかならない。

この事例からの学び

　ロングセラーブランドが，一時期そのブランド力にかげりをみせて，売り上げが低迷することがある。そのようなとき，マーケターは右往左往してしまいがちである。場合によっては，そのブランドがもっている重要な強みを

放棄してしまい，新しいエレメントを追加してしまうことが有効だと考えてしまうことがある。

　このようなとき，そのブランドが培ってきたブランドエクィティを再評価して，どのエクィティを使えるかどうかを優先的に検討すべきである。同時に，そのエクィティと時代的トレンドとをマッチさせることができるかも考えるべきだ。

　ロングセラーブランドが低迷したときほど，競合が決してもつことができない，そのブランドだけが長年培ってきたブランド資産・コミュニケーション資産を最大限活かす道を探ることが望ましい。

〈謝辞〉

本ケースを執筆するにあたり，複数回に渡る取材や問い合わせに快く応じていただき，資料や写真提供にもご協力いただいた，アサヒ飲料株式会社マーケティング本部・商品戦略部・三ツ矢チームチームリーダー　秋田真林子氏および同社広報部・副課長　松崎大氏に深い感謝の意を表する（役職は2010年2月9日取材当時のもの）。

【参考文献】
　アサヒ飲料　三ツ矢サイダー HP
　　http://www.asahiinryo.co.jp/（2010.7.1）
　立石勝規［2009］『なぜ三ツ矢サイダーは生き残れたのか──夏目漱石，宮沢賢治が愛した「命の水」の125年』講談社。
　「Yahoo! リサーチのヤフー・バリュー・インサイト」
　　http://www.yahoo-vi.co.jp/research/00011658.html（2010.7.28）
　「BUSINESS REPORT TO GAINER ＃011三ツ矢サイダー」『Gainer』（2005年11月号）光文社。
　「解剖！ 最強定番商品の作り方」『日経トレンディ』（2009年7月号）日経BP社。
　「ビジネス成功者列伝「ゼロ飲料・食品バカ売れ！」ヒットの秘密10」『週刊ポスト』（2009年7月24日）小学館。
　「ヒットを創る『熱情金言』第9回アサヒ飲料『三ツ矢サイダー　オールゼロ』」『週刊ポスト』（2009年8月7日）小学館。

（田中　二三夫）

第Ⅱ部　ブランド・ケース編

CASE 2

プレミアムカー創造10の手法

「BMW」

本ケースのねらい

　BMWほど，アイデンティティが明確な車は存在しないだろう。その背景には，1つの独特な機能的価値を際立たせる，10のブランドマネジメントの手法が存在している。これが"駆け抜ける歓び"を実現させているのである。世界の高級車の中でも，なぜBMWだけがこのような強力なブランドアイデンティティを確立し，かつ保持し得ているのだろうか。

① 誕生からアイデンティティ確立まで

(1) 名車の誕生

　BMWの名称は，Bayerische Motoren Werke AG（バイエリッシェ・モトーレン・ヴェルケ・アーゲー），つまり"バイエルンのエンジン製造工場"の頭文字をとったものである。どの場所にあり，何をしている会社かが明確にわかる名称となっている。もともとは，1913年に航空機エンジニアのK・F・ラップが立ち上げたRapp Motoren Werke RMW（ラップ・モートレン・ヴェルケ）"ラップのエンジン製造工場"というエンジンメーカーが母体であるが，3年後BMWへと発展することになる。

　しかし1918年，第一次世界大戦において敗戦国となったドイツは，1926年まで国の航空機産業が全面凍結されてしまうという悲劇に襲われる。工場の

閉鎖を避けるため,彼らはトラックやトラクター,モーターボート用に使用できるエンジンの生産に踏み切った。

1923年には独自のオートバイR32が完成し,翌年発表された後継機種のR37がレースで優勝を実現したことをきっかけに,BMWは自らのブランドの評判を高めていく。1926年,待ちに待った航空機産業復興の年,BMWは他のメーカーと同様に,早速航空機エンジンの製造にとりかかった。BMWはモーターサイクルの世界で評判を確立したように,航空機の分野においても,その優秀な高性能エンジンで評判を確立していくことになる。

そしてついに,その時はやってきた。当時社長をしていたポップ氏は,自動車製造への道を決断する。1929年には,英国オースチン・セブンのライセンス生産として,BMW 4 輪車"3/15 PS"(BMW Dixi)の製造を,そして1932年には初めての自社開発4輪車"3/20 AM 1"の製造を開始している。そして1933年,ついに現在のBMWの原型となる車が製造された。これがBMW303と呼ばれる完全なBMWオリジナルモデルである。目を見張るべきは,車の外観である。現在の全てのBMWモデルに共通してみられる視覚的なアイコンである,「キドニーグリル」が採用されている点である。これはその形が腎臓に似ているところから付けられた名称だ。

このキドニーグリルは,「道を走っていても,見る人が一目でBMWと分かる特徴をもたせるべきだ」というトップの哲学から生まれたものとされている。現在に至るまでこのトップの意思は脈々と語り継がれ,製造に活かされている。このデザインこそが,人々が頭の中でそのブランドを認識する要素であり,正にブランドたらしめている基本要素である。

BMWではオートバイでそうしたように,自動車レースへも積極参入し,さまざまなレースで優勝をさらっていった。しかしその

図表2-1　BMW303

出所:BMW Press Club

後戦争によって再び自動車製造が中止させられてしまい，BMWが再び自動車を生産するようになったのは，第二次世界大戦が終了した1951年以降のことであった。そして1961年機能面において現在のBMWの原型といわれるモデルBMW1500が登場する。

このモデルで注目すべきは，キドニーグリルをはじめとして，現在のBMWのさまざまなブランドエッセンスが凝縮されている点である。たとえば，車体の重量を前53.5％，そして後ろを46.5％に配分したり，高い操舵性を重視し，サメが睨みつけるような外部デザインを採用したのである。これらの特徴は，現在のBMWの車種にまで，引き続き反映されている。そして以降初代5シリーズを1972年に，初代3シリーズを1975年に，初代6シリーズを1976年に，そして初代7シリーズを1981年に世に送り出し，現在のラインナップに近い形が出来上がっていくのである。

(2) 好調の秘密

BMWは，現在では傘下にイギリスのロールス・ロイスとMINIという2つのブランドを所有し，それぞれのブランド戦略の舵取りを行っている。とくにMINIはBMWによって見事に再生され，買収される以前より遙かに良い評判を確立し，販売の実績を伸ばし続けている。また，BMWの経営状況が非常に良好であることは，業界でも古くから知られていた。1961年からの生産台数をみても，順調な右肩上がりに成長してきたことが伺える。

日本における乗用車（トラック・バスを除く）の生産台数と比較すると，その違いが良く理解できる。日本では1990年以降生産台数が頭打ちになっている。

ではなぜ，このように売り上げを持続させることが可能なのだろうか。なぜローバーグループ傘下では，衰退の一途を辿っていたミニをこのように復活させることが出来たのだろうか。

その背景には，BMWやMINIの明確なアイデンティティに引き寄せられる多くの顧客の存在がある。独自のアイデンティティがあるからこそ，それ

図表2-2　BMWの生産台数

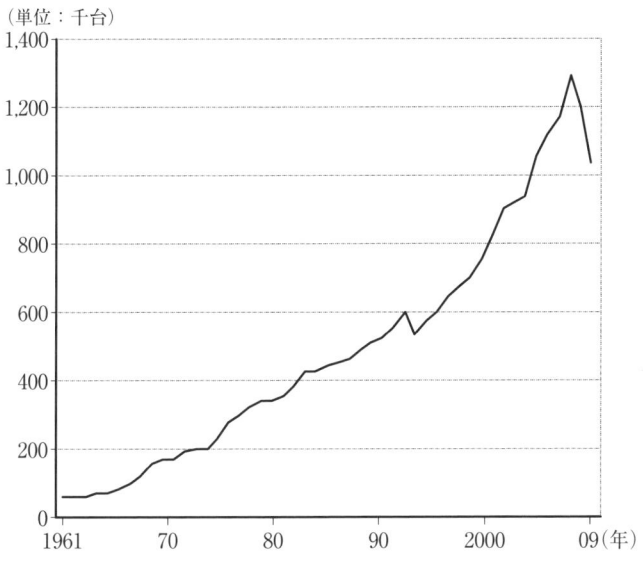

(単位：千台)

出所：BMW社アニュアルレポートより著者作成。

図表2-3　日本の乗用車生産台数

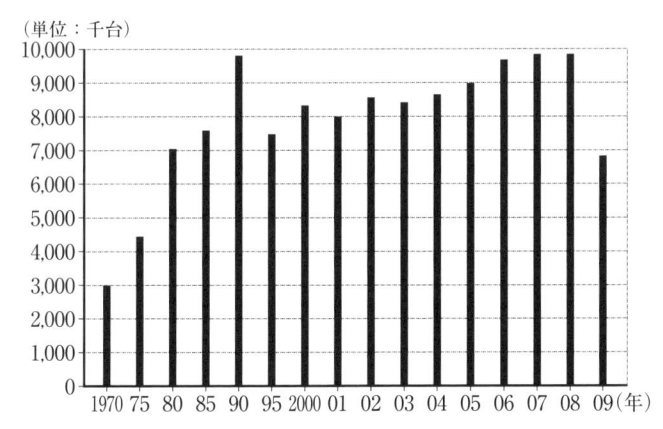

(単位：千台)

出所：日本自動車工業会「四輪車生産台数表」より。

を好きになった人には代替品がない。多くの自動車メーカーが幅広い顧客に好まれるのを目指し，アイデンティティを希薄化させている中，BMWはその逆を行っている。明確なアイデンティティを示し，そこに集まる顧客のために，アイデンティティを守り続けている。だからこそ，BMWの顧客はBMWを愛し，ミニを愛し，末永く乗り続ける。これが好調な売り上げを支えている要因である。

　BMWのアイデンティティを理解するのに，相応しい話がいくつかある。「まるで吸いつくように走る。」これは，BMWを初めて購入した30代後半のある会社員男性の感想である。4人家族の彼は，それまで3列シートのミニバンに乗っていたが，引っ越しを契機にBMWに乗り換えた。その時，初めてハンドルを握った彼が瞬時に感じた，それまでの車との本質的な違いであった。

　「吸いつくように走る」という評価は，イメージからくるものではなく，BMWの車としての構造に由来する。FRという駆動方式を採用し，ボディバランスを前後比50対50に限りなく近づけ，タイヤの扁平率を変えるというBMWならではの機能的構造によるものなのである。そしてまた，決まって別の評価を受けることもBMWの常であった。「BMW買ったの？　ベンツやレクサスは検討したの？　何故BMWにしたの？」これは，ある女性が，お隣に住む主婦から尋ねられた言葉である。また車好き男性は，BMWを購入したという友人にこんなことを言っている「BMWにしたの。車は好きだけれども，乗っている人はちょっとね‥‥。」前者の意見は，BMWを買う人なら，当然ベンツやレクサスなども一緒に検討したはずである，という前提をもとにした台詞である。後者の意見は，BMWの車自体ではなく，それを持つ人のパーソナリティに向けられたもので，「自らを成功者と見せたい人が乗る車である」との先入観からくるものである。そして，BMWに対してこのような評価を下す人の多くは，BMWの機能的独自性を知らず，また知っていても先入観のネガティブ意識に基づきにコメントをしているのが現状である。またこんな話もある。4歳児が，父親が読んでいる新聞のニュース欄

を見て，「あっ，BMWだ！」と叫んだ。しかし，それは大雨の災害により街が水浸しになり，車が半分水に浸かっている夜の写真であった。とても車の全景もエンブレムを見えないものであり，父親が息子に訊ねると彼は答えた。「だってこのエンジンの入り口（吸気口）の形がBMWでしょ。」彼は水浸しになった夜の写真のキドニーグリルから車を識別したのであった。ここに紹介した4名の意見が，まさにBMWという車を象徴している。つまり，プロドライバーではない一般生活者でも感じることができる機能的差異をもち，プレミアムカーとしてのプレステージを所有し，乗っている人（オーナー）についてユーザーイメージまで想起させてしまうほどの個性をもっている。そしてその外観は，強いデザイン的なアイデンティティをもつ。これらの評価は，BMWがブランドとして明確に確立されたものであることの証である。

　BMWが販売しているのは車ではなく，ブランドである。ブランドとは機能としての車を含み，それ以上のさまざまなブランドの連想をも含む大きな概念である。BMWでは車をつくる以上に，ブランドをつくり，価値を向上させることに全力を注いできた。そして彼らが他社と違うのは，後述するように，ブランドの価値が下がりかねない情報までも顧客に明らかにすることで，それを徹底して回避する活動を行ってきたからである。

２　ブランドマネジメントの構造

　それでは，BMWではどのようなブランド戦略を具体的に実践してきたのだろうか。BMWに出来て，他社に出来ないのは，なぜなのだろうか。BMWのブランド育成法をみるにあたり，2つの観点に分けてみることが大切である。

　1つ目の視点は，BMWのハードとしての根幹となるモノづくりの視点だ。言い換えれば，BMWの機能的価値づくり，あるいは車自体の機能に差を生

み出す活動である。もう1つの視点は、その機能的価値を更に際立たせるための支援活動である。これはソフト面でのブランドマネジメントの実践であり、情緒面における価値づくりといい換えられる。BMWにはこの支援活動が10存在している。車自体の機能的価値を支える、さらにいえばこうしたブランドマネジメントの仕組みの存在こそが、BMWをBMWたらしめているのである。

(1) 2つのブランド価値マネジメント

ではこの2つのブランド価値マネジメントを、さらに詳細にみてみよう。

Ⅰ．機能的価値をつくる

BMWでの全てのモノづくりの原点は、ブランドコンセプトに基づいている。コンセプトに基づいた車をつくるということは、すなわち自らのポリシーに基づかない車は絶対につくらないということを意味する。では、BMW自体を表現するコンセプトとは何か。それは非常に有名な彼らのスローガンとして表現されている「The Ultimate Driving Machine」であり、「Driving Pleasure」であり、「駆け抜ける喜び」である。

これらのスローガンは、車を安全に、かつ意のままに操ることであり、優れた操舵性による、走る喜びを体感できる車をつくることを意味している。理想の車づくりという意味では、他社も想いは同じであり、この言葉自体には優位性はないのかもしれない。しかしBMWが卓越しているのは、それをまさに実践し続けているからだ。

逆にいえば、他社はこうした車づくりを実践できていないことになる。より詳細にいえば、1社の中でも実践できている車もあり、そうでない車もある、という言い方が正しい。

たとえば、BMWの一番の特徴はFR車であることだが、この事実をみれば、BMWがいかにBMWらしさにこだわっているかが理解できるだろう。

FR車とは、車の前にエンジンを積み、後輪を駆動して走る形式を指す。

この方式は重量の前後比のバランスがよく，とくにカーブで曲がるときに強みを発揮する。機械的にも前輪で方向性を決める舵の役割を果たし，後輪を回して動かすという駆動の役割がきちんと分担されており，機械的なストレスが少なくて済むことが知られている。ほかにもこの構造を採用することで震動が少なくなることや，音が静かなことなどさまざまな優位点を見出せる。

　BMWは「車にはこの駆動方式がもっとも理想的である」として，FF車は生産していない。また，車のバランスを最適化するため，エンジンの形式とはまた別に，前後の比重を50対50に限りなく近づける努力をしている。バッテリーの位置や，ガソリンタンクの位置を調節することでこの比重を実現させている。他社は車のバランスよりも，どちらかというと，いかにコストが下がる構造をとるかに重点が置かれているのが現状である。

　BMWがFR車の50対50の重量比に並々ならぬ拘りをみせる姿勢は，2004年に投入された1シリーズのつくりを見ればわかる。コンパクトカーと呼ばれるこのクラスでは，長らくFF車が常識とされてきた。それは室内空間に限りがあるコンパクトカーにおいてFR方式を採用すると，前輪から後輪にかけて動力を伝達するドライブシャフトが必要になるため，必然的に室内が狭くなってしまうからだ。BMWが長らくこのクラスに車を投入していかなったのは，自らのFR方式を曲げてまで車づくりをする必要性を感じていなかったからである。

　しかし，2004年にBMWがコンパクトカー市場参入を実現したとき，業界中が驚いたのはそれまでの常識を覆し，このクラスでもFR方式を投入してきたことであった。BMWでは1シリーズをエントリーカーとして位置づけており，この車をきっかけにFR車の魅力を知ってもらい，上級クラスへの乗り換えをしてもらうことが狙いである。そのためには，BMWという車の特徴を理解してもらうことが大切であり，FR仕様は必須であった。FF車を投入し評価されても，それはBMWを理解してもらったことにはならないのだ。

BMWの発想は，あといくらかでも売り上げを増やすために，売れるものを考えるというものではない。BMWというブランドで売れる車をつくるという発想なのである。またコーナリングで踏ん張りが効くようタイヤの扁平率も変えている。ファミリー向けの多くの日本車では，タイヤの扁平率を60以上に設定しているが，BMWでは運動性能を重視し，扁平率を55以下に設定している。これでコーナーを曲がるときのキビキビしたハンドリングが可能になる。またタイヤからボディの端までの長さを示すオーバーハングも短めに設定している。これにより，小型車並の旋回性が確保できるのである。この構造の実現性を高めているのもFR駆動方式によるところが大きい。彼らの車の走りのために信念を貫く姿勢は一貫している。

Ⅱ．10の価値支援活動

ブランド価値支援活動とは，ブランドの機能的価値を際立たせるためのソフト面でのブランドマネジメントの仕組みである。この仕組みは次の10の支援活動に分けられる。

図表2-4　BMWブランドのアイデンティティを形成する10の支援活動

- 中心：駆け抜ける歓びを実現する独自機能
- ①商品ラインの絞り込み
- ②マスターブランド体系の採用
- ③ブランドシンボルの一貫性
- ④キドニーグリルの一貫性
- ⑤スローガンの一貫性
- ⑥コミュニケーションの一貫性
- ⑦ブランドアカデミーの開催
- ⑧ディーラー網の整備
- ⑨ドライバーズスクールの開催
- ⑩アブソルートカー制度導入

CASE 2 「BMW」

① 商品ラインの絞り込み

　メーカーでは通常，時が経つにつれてその商品ラインナップは拡大していく傾向にある。それは，ビジネス上の成長を追い求める上での必然ともいえる。多くの企業が少しずつ商品の拡張を繰り返し，10年後には当初とは大幅に異なる品ぞろえをもつ企業になっていく。

　しかしBMWでは，きちんと超えてはいけない商品ラインナップの一線を自ら認識している。プレミアムカーをつくっている企業でも，バスやダンプカーまで商品ラインナップを広げているところも見受けられる。バスやダンプカーといった商用車にもそのブランドシンボルは取り付けられており，これが大量に流通することで，ブランドシンボルに蓄積していくイメージは，幅広いカテゴリーを含むようになる。商品ラインを増やすことは，顧客を増やすことでもある。しかしBMWではただ単純に顧客を増やすよりも，大切なことがあると考えている。それはBMWのブランドイメージの拡散を防ぐことである。

② マスターブランド体系の採用

　多くの企業は，企業ブランドとしてのコーポレートブランド，そして商品名としてのプロダクトブランドの2つをもつ構造であることが多い。ブランド体系とは，企業がもつそれらのブランドを階層別構造別にタイプ分けした

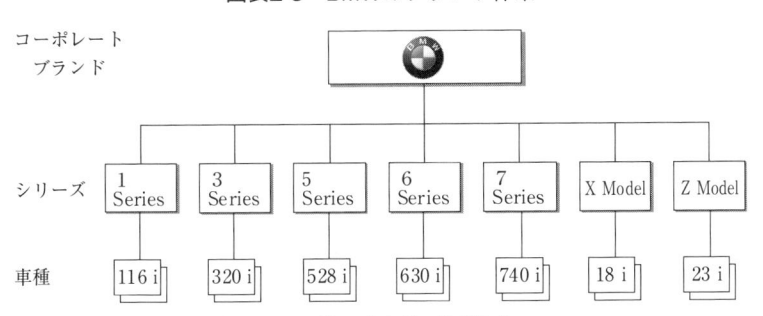

図表2-5　BMWのブランド体系

コーポレートブランド：BMW

シリーズ：1 Series／3 Series／5 Series／6 Series／7 Series／X Model／Z Model

車種：116 i／320 i／528 i／630 i／740 i／18 i／23 i

出所：2010年12月時点でのBMW社HPを参考に著者作成。

ものであり，大きく3つのタイプに分類することができる。

　1番目が「マスターブランド体系」。1つのコーポレートブランドの下に個性の薄いプロダクトブランドがぶら下がり，あらゆるコミュニケーションをコーポレートブランド1つで行う構造である。この体系を採用するには絞り込まれている単一事業を展開している企業の方が向いている。1つの記号に，1つのビジネスイメージを直接結びつけ，強い印象を与えることが可能になる。

　2番目が「フリースタンディング・ブランド体系」である。これは意図的にコーポレートブランドの存在感を消し，その下のプロダクトブランドでコミュニケーションを行うタイプである。3番目が，多くの日本企業が採用している「エンドースト・ブランド体系」である。これは，コーポレートブランドとプロダクトブランドが同時にコミュニケーションされていくタイプである。

　BMWが採用しているのは，1番目のマスターブランド戦略である。自らのビジネス形態にもっとも相応しいという理由である。企業名であり，かつコーポレートブランドであるBMWをあらゆるコミュニケーションの主軸に据えている。その下には個性のある車名ブランドを冠することをせず，記号の組み合わせで表現している。

　BMWがブランドマネジメント能力において突出しているのは，このコーポレートブランドでありながら，プロダクトブランドとしても認識されている「B・M・W」という英字3文字に自らの全てを凝縮するという強固な意志をもっている点である。また，それを徹底して実行に移しているその姿勢も突出している。

　他自動車メーカーは，さまざまな顧客を幅広く獲得し，ビジネスを広げていこうと考えている。そのため，世代別（若者向け，ファミリー向け，主婦向け，高齢者向けなど），用途別（自家用車，商用車，特殊車両など），目的別（通勤用，買い物用，休日ドライブ用など）そして価値観別（運転を楽しむ，移動の手段など）などの細かいニーズに合わせ，さまざまな種類の車を

世に送り出している。当然名前からボディデザイン，そして広告の世界観まで，個別の顧客に合わせたものがつくられている。これは結果的に，企業とすると別々のイメージが広がっていくことになる。これはそれらの個別のプロダクトブランドを束ねる1つのコーポレートブランドとしてみた場合，それらの車の製造元としての意味程度しかもたなくなる。

しかし，BMWはそれとは全く逆の思想をもっている。「B・M・W」の3文字には彼らの車づくりの思想や価値観，車の特性，訴求する世界感，そして共感して欲しい顧客までも明確にしている。それはある意味顧客を限定し，その人達に長く乗ってもらうことを目的としているから取り得る戦略なのである。車の機能的な面，そして表現的な面を絞り込んだBMWだからこそ活きてくるブランド体系ともいえる。

BMWでは1972年に発表された5シリーズから，独自のルールに基づく車種名の呼び方を採用してきた。車種名を，318iや530iそして760Liなど3桁の数字と英字の組み合わせで表す。3桁の数字の最初の数字は，車種区分を表しており，この部分をみて3シリーズや5シリーズと呼ばれることが多い。簡単にいうと数字が大きくなるほど，大型化するということである。また次の2桁の数字で排気量を表している。そして最後の英字はエンジンの仕様を表している。570iの「i」は，インジェクション仕様を意味している。インジェクション仕様とは，燃料噴射方式のことである。特徴として，エンジンのパワーを細かく調整することが可能な反面，製造コストがかかることがあげられる。

例えば，318iという車は，BMWで下から2番目の車格で，1,800ccの排気量をもつ，インジェクション仕様のエンジンを積んだ車であるということだ。車の仕様をそのまま言葉に短縮したネーミング構造であることが伺える。車名付与の基本ルールが分かってしまえば，それは名前というよりも，仕様書に近いものになってくる。社名の「B・M・W」の3文字以外は，性能や機能を伝えるものであり，顧客の頭に残さないネーミング体系を採用しているともいえる構造である。

③　ブランドシンボルの一貫性

BMWが自らのブランドシンボルの商標登録をしたのは，会社が誕生した翌年の1917年である。非常に早くから，無形資産の価値に注目していた企業といっていい。円形と十字に分割された造形は飛行機のプロペラを意味し，青と白の色彩はバイエルンの青い空と雲を象徴している。またバイエルンの州旗も青と白の格子模様を採用しており，そのことも暗示する。飛行機メーカーとして誕生した彼らの姿を良く表しているシンボルだ。そして，自動車メーカーとしての現在は，正に空を飛ぶように走る，その「走り」に拘っているという意思をも良く象徴している。

ブランドシンボルについては，過去に微妙な部分的変更はあったが，昔から今とほぼ同じブランドシンボルを使っている。1997年にシンボルを立体的に表現したのが比較的大きな変更であるが，それ以前のリニューアルは「BMW」のフォントや文字の位置が多少変わる程度の変更であった。ブランドシンボルとは，自らを象徴するものであり，話題づくりや周年事業の度に変えるものではないことを，彼らは良く理解していた。そして何よりも同じシンボルを使い続けることで，顧客の頭の中にイメージが深く浸み込んでいくことを理解している彼らの当然の選択でもあった。

図表2-6　BMWのブランドシンボル

出所：BMW Press Club

④　キドニーグリルの一貫性

BMWの外観デザイン的の特徴は，何といっても前面にみえる2つの通気口である。正面から車を見て，BMWと分かるのは，この独特のデザインの2つの通気口があるためである。これは，その造形からキドニーグリル（kidney＝腎臓）と呼ばれている。

このキドニーグリルが，エンブレムを見なくともそれと認識するブランド

図表2-7　車種ごとに微妙にデザインを変えるキドニーグリル

出所：BMW Press Club

の強烈なアイデンティファイア（ブランド同定化要素）になっている。メルセデスやアウディ，プジョーそしてトヨタ，ホンダなど，あらゆる企業は自社のフロントグリルにブランドシンボルを掲げ，自らのブランドを訴求している。しかしBMWの場合，白と青のコントラストが美しいプロペラを象徴したブランドシンボルは，ボンネットの上にしか表示していない。

　キドニーグリルは，1933年にBMW初のオリジナル車として発表された「BMW303」から今日まで，過去の一部ライセンス生産車を除いて採用され続けている。BMWのボディデザイン自体は時を経て，さまざまな変化を続けてきている。しかし，BMWはフロントマスクのキドニーグリルを踏襲し続けることで見え方に一貫性を与えている。

　このキドニーグリルのデザインをよく観察すると，実はここに，2つの"同化"と"異化"という相対するコンセプトが存在している。1つは，デザインを同じに見せるという同化というコンセプトであり，時を超えて一貫性を保たせるという時間軸による視点である。これは1933年に発表されたオリジナルモデル1号のBMW303から採用され続けている。

　そしてもう1つ，同時代のBMWにおいても，車種ごとに微妙にキドニーグリルのデザインを変えていること。こちらは異化のコンセプトである。理由は，BMW内でもプレミアム感の高い車種の違いを主張させているのである。認知心理学に，「丁度価値差異」という概念がある。変わったかどうか，人が分かる微妙な差異の境界線のことであるが，正に車種別の差異にはこの概念があてはまるであろう。一見同じに見えながら，微妙な差異をつけ，識別性も取り入れるあたり，非常にデザインセンスの高い企業であることが伺

える。

　BMWに詳しくない人には全車種が同じデザインに見え，所有者には他との違いが分かるという訳である。BMW関係者による興味深い発言もある。「当社のデザインは長持ちします。当社では，変えること自体が目的で車の概観を変えたりはしません。ですから，5年前に買ったBMWも古くは見えないのです。」（BMW取締役　マイケル・ガナル博士）

⑤　ブランドスローガンの一貫性

　ブランドスローガンとは，企業のコーポレートブランドシンボルと同時に併記されるスローガンで，ブランドが目指す世界感や約束を表現する場合が多い。BMWが日本で採用しているブランドスローガンは，"駆け抜ける歓び"であり，長年に亘り使用されている，このもとになったのは，本国ドイツで使用されているブランドスローガン"Freude am Fahren"である。直訳すると，「運転する歓びや，楽しさ」といった意味になる。また米国では，1970年から使用されている"The Ultimate Driving Machine"を現在も使用している。また中国や中東では，英字表記で"Sheer Driving Pleasure"を記されている。「純粋なる運転の歓び」とでも訳されるべきであろうか。フランスでは"Le plaisir de conduire"で，やはり「運転する歓び」と表現されている。それぞれの国のマーケット状況や国民性により各国で微妙に表現は異なっているが，その神髄はぶれていない。

　ここに共通して表されているのは，単に走る車ではなく，走ることが楽しく，そこに歓びが生まれる車しかつくらないという決意の表れでもある。近年のBMWのカーデザインを担当したクリスバングルの次の言葉にもそれは表れている。

　「BMWではA地点からB地点へ移動するためだけの車はつくらない。」

　この考え方が生まれた背景には，BMWがモーターサイクルの生産を手がけたことが影響している。

　モーターサイクルは，車に比べて非常に趣味性の高い乗り物であり，1人

で乗ることが多い。ここには"ドライブが楽しいから"という理由が存在している。その思想が，4輪になっても受け継がれ，A地点からB地点へ移動するだけではない，ステアリングを握っていて楽しい車づくりにつながっているのである。

⑥ ブランドコミュニケーションの一貫性

　BMWのブランドマネジメントが優れている大きな理由の1つであり，かつ他社がなかなか真似できないのが，あらゆるコミュニケーションにおけるBMW世界観の一貫性管理である。たとえば，彼らのホームページを見ると，右上に2つの並んだ矩形が存在している。そして右側の矩形の中にブランドシンボルが配置されている。

　またホームページ全体の色彩として，白とグレーの世界観を採用している。そこから生まれる世界観は，クールでありながら，先進性を感じさせ，ストイックなこだわりや高い品質感を連想させる。BMWではこの世界観を規定するルールをもっており，あらゆるコミュニケーション製作において参照されている。

　よってこの世界観は，世界中のBMWホームページをはじめパンフレット，ダイレクトメール，名刺，封筒や広告物にまで維持されている。驚くのはその徹底ぶりである。顧客接点の中心になる上記アイテムは，ある程度納得ができる。しかし彼らのこだわりは，BMWが主催するドライバースクール（内容は後述）におけるバイロンのデザインや，車体へのステッカーを貼る位置まで決まっている。

　同様のことが他社メーカーでできないのは，BMWのように限定した世界観をもつ車づくりをしていないことも理由の1つである。車種の取り扱いが，スポーツカーからファミリーカー，そして女性向けなどと広がれば，企業全体として表す世界観がぼやけてくるのは当然であろう。

　もう1つ，車種の問題を抜きにしてもなかなか他社に真似できない理由は，デザイン規定を頑なに守り続けていく仕組みが社内にあるからなのであ

る。BMWではデザイン規定をウェブサイト上で管理しており，世界各国どこの国のBMWでも，最新のデザイン規定情報を共有している。他社にも同様の仕組みをもつ企業はあるが，大半の企業の規定はブランドシンボル表記に関するものである。こちらは，ブランドシンボルが国によってバラバラに見えないための仕組みであり，マイナスイメージの醸成を食い止めるためのものといえる。

これに対しBMWのデザイン規定は，BMWブランドの世界観をつくりあげるためのルールである意味合いが強い。この辺りにも，BMWのブランドマネジメントが優れている理由がある。

⑦ インナーブランディング

BMWが"車というモノを提供するのではなく，ブランドを提供したい"と思っていることは，彼らの人に対する投資の面をみれば更に明確になる。その代表が，ブランドアカデミーである。ブランドアカデミーとは，2002年11月に本国ドイツに設立された，スタッフやディーラーに対して行われるトレーニング施設のことだ。

それまでの自動車メーカーのトレーニングといえば，車の修理やセールストーク，人脈作りを学ぶものであった。これに対してBMWのブランドアカデミーとは，正にその名の通りブランドについて学ぶ場であり，自動車メーカーの試みとしては世界初のものであった。BMW AGの販売・マーケティング担当取締役エル・ガナル博士はアカデミー設立に際しこうコメントしている。

>「強いブランドは，エモーショナルな付加価値を提供します。我々の顧客は，このプラスの価値に対してお金を払っているのです。その上，大量生産メーカーの顧客より誠実でもあります。これに対し，我々のスタッフに然るべきトレーニングを受けさせるための投資は有益な成長のために最も重要な前提条件であり，したがって経営的にも必須なのです。」

（BMWプレスリリース〈2005.5.12〉）

その内容は，対話や自己認識訓練に関するものから，BMWの歴史やブランドのアイデンティティ，またBMWブランド，MINIブランド，ロールスロイスブランド間の違いを学ぶところまでが含まれている。進め方は，時にはセミナー形式で，時にはグループごとのワークショップを通じて実施される。

 ユニークなのはその内容だ。BMWのブランドを考えてもらう際に，さまざまな写真，建物や人，飲み物や食べ物，サラダやデザート風景の写真を提示する。そしてそれをBMWらしい建物とはどれか？食べ物ならどれか？を議論させながらグルーピングさせ，参加者自身が考えながらBMWを理解していく方法を採用している。

 重要なのは，BMWとは何たるかを，押し付けがましくやらないことだという。日本では当初幕張に研修施設を設けていたが，2007年1月には神戸にも同様の施設を設立。現在では年間9,000人を超える関係者がブランドアカデミーを通じて，BMWブランドとは何であるかを学び取っている。

⑧ ディーラーの整備

 BMWでは当然，顧客との接点になるディーラーにも力を入れている。ブランドマネジメントで優れている点は，どこのディーラーに行っても同じBMWの世界観が体験できるようにあらゆる設備に一貫性をもっていることである。BMWディーラー内にも，全世界統一の世界観の基準が存在しているのだ。

 そこでは，車の置き方はもちろんのこと，花瓶の展示位置から，お茶が出される場所までが細かく規定されている。そして室内の床の材質から，テーブル，椅子に至るまでに規定がある。実は，お客様の目に触れない工場の壁や床の材質までが全世界統一基準で決められているという見事な徹底ぶりである。ブランド内でデザインを統一することは，誰でも頭で考えられることであるが，全てにおいて実行しているところはあまりない。このこだわりの差が，BMWなのである。

⑨ 安全運転啓発活動

　近年国内メーカーもこぞって，ドライバートレーニングのスクールを開設している。もともとこのような取り組みは，1976年にBMWがドイツ国内の交通事故を減らすために世界に先駆けて始めたものである。一般生活者を対象にした安全運転啓発活動は世界初の試みであった。BMW日本法人がドイツ本国と同じ仕組みを導入したのは1989年である。

　サービスメニューには，コンパクトコース，アドバンスコース，パーフェクションコースなど全5コースが用意されている。内容は，フルブレーキング体験から始まり，コーナリング，スムースドライビングや高速走行などがコースによって決められている。

　エントリー篇のコンパクトコースでさえも，実際にABS（アンチロックブレーキ＝急ブレーキでもタイヤの回転がストップしないので，車がコントロールできる）の機能を理解するため，ABSを切った場合と，入れた場合の安全性の違いを体験するなどの内容が盛り込まれており，1日がかりの体験コースとなっている。

　BMW広報室の前田マネジャーは言う。「日常では体験出来ないことを，ドライバースクールでは体験してもらっています。日常の中で，危険が及ぶような時に，使ってもらいたいと考えています。BMWにはABSや横滑り防止装置が付いていますが，ほとんどの人は一度も使うことはないと思います。しかし実際の場面では，人はなかなか急ブレーキを踏み込めないものです。実はきちんと急ブレーキを踏まないと，肝心のABSがきかないのです。そこでABSが付いている車と，ついていない車の違いを，体験を通して理解してもらっています。ABSがついていることで，タイヤが少しずつ動きステアリングが切れるということを体感してもらい，実際の危険回避に役立てていただきたいと思っています。」

　BMWの性能をきちんと頭で理解してもらい，それを日本の走りの中に十分に活かすことで，事故の減少につながり，かつ，"駆け抜ける歓び"が満喫できる。BMWの真の狙いはここにあるのである。

⑩ 中古車価値向上

BMWは，自らのブランド価値を上げるためには，中古車にも力を入れる必要があることを早くから認識していた自動車メーカーである。それがアプルーブドカーという概念を生み出したのである。

アプルーブドカーとは，日本ではBMWが他社に先駆け1987年に導入した，認定中古車を表わす言葉である。彼らが中古車にもこだわるには，理由がある。

一般生活者には街中を走っているBMWが新車で購入されたものか，中古車として購入されたものかは区別がつかない。両方ともBMWという車であり，顧客のイメージを適切にマネジメントしようとすると，中古車もブランドマネジメントの範疇にいれるべきだというのが，彼らの主張である。「中古車」という言葉のイメージからくる，安かろう悪かろうのイメージを払拭することで，BMWという車自体のプレミアム感を保とうとしたのである。

また，BMWはこのアプルーブドカーを扱うショップのイメージも非常に重要と考えている。というのも，中古車販売店の多くは国道などに面して位置していることが多く，日常的に多くの人々の視線を集める場所に存在しているのである。そこで良くないイメージを植え付けてしまえば，いくら中古車の品質を高く保っても，トータルとしてのブランドの価値は上がらないことを彼らは理解している。

そのため，BMW以外の車は扱わず，店舗外観にも規定を設け，そして必要以上に多店舗展開をしない方針をとっている。これによって，顧客は「中古車を買う」という後ろめたさから開放され，プレミアムカーを購入するという期待感と，満足感を感じるのである。この施策のポイントは，中古車と呼ばずにアプルーブドカーという新しいサービスブランドを立ち上げたともいえる。

③ なぜブランディングが可能なのか

(1) 一貫性の維持

　BMWの類をみない素晴らしさは，ほかのブランドと違い，頑なまでにブランディング施策に一貫性を貫いてきたところにほかならない。それは単純にいえば，「A地点からB地点までを移動するだけの，退屈な車はつくらない」というコンセプトを頑なに守り続けてきたということである。

　BMWに出来て他社に出来ない理由は，機能的な仕組みだけでは理解しきれない。なぜなら，車づくりにコンセプトをもつ企業も，ブランド表記に関しマネジメントシステムをもつ企業も多く存在している。しかし，なぜそれらの企業は続けることができなかったのだろうか。実はそれは，BMWが生まれたドイツの環境にも原因がある。さらにいえば，ドイツでの運転，道路事情が大きく関係している。

　たとえば，現在でもBMWを象徴するアイコンにもなっているキドニーグリルであるが，これも実は踏襲し続ける理由が存在している。もちろん，BMWにアイデンティティをもたせるためという理由も存在している。しかしそれ以外に実は顧客の安全性を考え，この特徴を生み出し，維持し続けているという理由があるのだ。

　その役目を負っているのは，実はキドニーグリル以外に，丸目4灯のライトデザインである。これらのデザインアイコンは，すべてのBMW車に導入されている。BMWはドイツが母国であり，アウトバーンという制限速度がない道路を走る必要があった。ドライバーはアウトバーンを走っている時，バックミラーを見て瞬時に後ろの車が何かを理解し，操作を判断する必要がある。後ろに迫っているのが自分の車よりも速い車であれば，瞬時に道を譲る動作が求められる。

　これは，BMWを運転している方からすれば，前方車にすぐにBMWだと分かってもらうことが，互いの安全につながる。外見から見てすぐにBMW

と分かるアイデンティティを，意思をもって踏襲し続けていかなければ，いつかBMWと分からないデザインになってしまう可能性を懸念している。これが，BMWが"らしさ"を失わないでいられるもう1つの理由である。

　これは夜間走行においても同じである。夜，相手の車に瞬時にBMWと分かってもらう必要性は，昼間よりも求められる。だからBMWではずっと丸目4灯のライトを踏襲し続けている。ライトが四角いボックスに入っても，車幅灯をつけると丸目4灯が光るようなデザインを踏襲し続けている。日本の車は数年ごとのモデルチェンジを繰り返し，10年経つと，もとのデザインの原型がわからなくなってしまう。これとは大違いである。

　BMWがデザインにおけるアイデンティティを失わないのは，背後にドライバーの安全確保のためという大義名分があるからなのだ。このような信念が背景にあることが分かると，BMWがなぜ頑なにFR車仕様や50対50の前後比を実現した車を作り続けるのか。そしてどうして世界で最初にドライバースクールを開催し，キドニーグリルを踏襲し続けているのかを良く理解することができる。

　独自性のあるブランドコンセプトをもち，それを実現する車をつくり，かつその仕様を守り続ける仕組みをもっていること。そして全ての背景に，人の安全を第一に考える哲学をもっていること。BMWのブランディングは，時代の流行やトレンドには流されない強い意思をもったものであった。彼らは今後も，一貫性を守りながら進化し続けていくに違いない。もちろんブランドとしてのアイデンティティを保ち続けたままである。

この事例からの学び

　BMWがブランド構築に注力している事実は，これまでにもよく知られているが，なぜBMWだけがこれほど強力なブランドづくりに成功しているかはあまり語られることがなかった。

この事例研究で明らかになったことは，BMWのブランドづくりを支えているモノづくりだけでなく，ブランドを支援する手厚いさまざまな活動が存在することである。またこうしたブランドづくりへの熱情がどのような社会背景から生まれてきたかを理解することができる。

　実務でブランドづくりを志向する場合，BMWのように，なぜブランドづくりでこのような活動をしなければいけないか，その背景も含めて，会社の内外で説明できるようにすること。さらにどのような背景のもとに，このような活動を行っているかを，トップマネジメント自身が明らかにしなければならない。

〈謝辞〉
　本ケースを執筆するにあたり，ビー・エム・ダブリュー株式会社広報室 前田マネージャーにインタビューのご協力をいただきました。ここに感謝の意を表します（役職は2010年8月6日取材当時のもの）。

【参考文献】
　Holloway, Nigel［2007］*The best-driven brand*, Forbes.com.
　いのうえこーいち［1991］『ヨーロッパの名車BMW』保育社．
　キーリー，デイビッド（嶋田洋一訳）［2004］『BMW物語』アスペクト．
　近藤雅和［1997］『クルマの価値・検証BMW』産調出版．
　笹本健次［2006］『ワールド・カー・ガイド・DX 02 BMW』ネコ・パブリッシング．
　清水和夫［2006］『ポルシェとBMWの世界』グランプリ出版．
　世界文化社［2000］『BMW 3シリーズ』世界文化社．
　「BMW」HP＜http://www.bmw.co.jp/jp/ja/＞（2010.8.6）
　（社）日本自動車工業会HP＜http://www.jama.or.jp/＞（2010.8.6）

（長崎　秀俊）

CASE 3　幻のグローバルテレビブランド

パイオニア「KURO」

本ケースのねらい

　「KURO」は，パイオニアから2007年に発売された大画面プラズマテレビブランドである。KUROは，その画質の素晴らしさにより世界的に高い評価を得た。多くのアワードを受賞し，美術館・博物館，高級ホテルなどにも設置されるなど高画質テレビの代表ともいえる商品であった。マーケティング面においてもこれまでにないグローバルなマーケティング活動が展開された。このように高い評価を得，効果的なグローバルブランディング活動が行われたにもかかわらず，KUROはグローバルブランドとして市場に定着する機会を失ってしまった。なぜこのような事態が起こってしまったのだろうか。

① 日本の家電市場の特徴

　パイオニアは，70年以上の長い歴史をもつ日本を代表するAV機器メーカーである。創業者である松本望氏が国内初のHi-Fiダイナミックスピーカー「A-8」の開発に成功したのは1937年，翌年に同社の前身である福音商会電機製作所が東京に設立され，終戦後の1947年には福音電機株式会社が設立された。その後もスピーカーの製造販売を行い，1961年にそれまでスピーカーの商標として使っていた「パイオニア」というブランドを社名として，パイオニア株式会社に商号を変更した。

パイオニアという名前の通りAV業界の開拓者として，セパレートステレオ，レーザーディスク，カーナビゲーション，DVDレコーダーなど，業界に先駆けて数多くの商品を導入した。「開拓者精神を発揮すること」という言葉が同社の社是にも綴られており，常に新しい事にチャレンジしていく姿勢が同社の特徴である。

　日本の家電市場は，「ガラパゴス現象」と呼ばれることも多い。テレビ市場においても日本の特殊性が際立っている。相対的に高い所得により高付加価値商品が受け入れられやすい消費者嗜好がある。さらに，ハイビジョン放送が世界に先駆けて普及したこともある。

　また，競争環境においても国内市場に特化して家電事業を展開している総合電機メーカーがいくつも存在したこと。さらに，世界的に高いシェアをもつ韓国・中国メーカーが，日本国内市場へ近年までは参入することがほとんどなかったこと。これらのさまざまな特徴が重なった結果，日本家電市場は世界的にみて特異的であった。

　ディスプレイサーチ社による，2010年の第1四半期の全世界テレビのシェアは1位サムスン，2位LG，3位ソニー，4位パナソニック，5位シャープとなっており，韓国勢が1位と2位を独占している。日本での店頭ではみかけないサムスンの世界シェアは20％を超えているのだ。

　一方で国内では相応のシェアをもつ東芝，日立，三菱に代表される総合電機メーカーの海外におけるプレゼンスは概ね低い。実際に地域間で市場シェア，ブランドイメージなどは大きく異なる。このように国内と海外で大きく異なる市場環境や地域事情に適合するため，これまで日本の家電メーカーでは地域最適のマーケティング活動を行ってきた。パナソニック，ソニー，シャープなど商品ブランドは全世界で統一しているが，マーケティング活動は各地域に合わせた展開を行っているというケースも多くみられる。

　もともと国内家電メーカーの海外展開は，完成品の輸出から始まっている。当初は国や地域ごとに現地の販売代理店と契約を結び，販売およびマーケティング機能を委託した結果，マーケティング活動は各地域の代理店の意

思に委ねられた。その後は現地法人の設立による直接販売に移行しているが，一般的に本社の統制力はさほど強くない。

　日本の家電メーカーは企業ブランドを採用しているので，基本的にブランドは同一であるが，広告宣伝などは現地法人の意思でさまざまな展開が行われている。日本でも海外でも著名な俳優を使った広告宣伝が多くみられるが，この手法は当然その影響力の及ぶ国あるいは地域に限った展開となる。

　このように各地域のマーケターが，その国あるいは地域の市場特性に合わせて意思決定を行うマーケティングの手法を，「ローカルマーケティング」と定義する。

　一方，本社のコントロールのもとに全世界統一的なマーケティング活動を行う手法を，その対極として「グローバルマーケティング」と定義する。

　グローバルマーケティングを採用するメリットは，全世界で統一的ブランドイメージを形成できる事とマーケティング費用の効率的な運用である。とくにブランドイメージが購入時の意思決定に与える影響が強く，全世界でほぼ同じ商品を販売しているファッションブランドにおいては，全世界で統一的なアイデンティティを形成することは重要である。

　家電業界においては，アップルや高級オーディオ機器のボーズなどごく少数の企業だけがファッション業界と同様のグローバルマーケティングを行っている。一方でローカルマーケティングは各地域のマーケターが，その市場特性に合わせて地域独自のマーケティング活動を行うことが出来るメリットがある。

　本社のコントロール範囲は会社によってさまざまであるが，日本の家電メーカーにおいては国内と海外では展開する商品ライン自体が異なることも多く，一般的にブランドロゴやブランドスローガンなどのVI（ビジュアル・アイデンティティ）のみをルール化し，残りの要素については現地に任せるケースが多くみられる。

　マーケティング組織のあり方も，現地のマーケターが本社のマーケティング部門の配下となる「連結組織」と，現地販売部門の配下となる「連邦組

織」に大きく二分されるが，日本の家電メーカーでは多くの場合連邦組織体制がとられている。つまり日本メーカーでは，ふつう本社のコントロールがローカルではさほど効いていないということを意味する。パイオニアの場合，かつては他の日本企業同様，「連邦組織」であったが，このKUROの戦略展開は，本社にグローバル営業戦略部という組織を新設し，実質的に連結的運営が行われた。

② プラズマディスプレイ事業への取り組み

（1）テレビ市場への参入

もともとパイオニアがテレビ事業に参入したきっかけは，1981年のレーザーディスクの発売にある。レーザーディスクは当時主流であったビデオテープに比べて高画質で，当時のテレビではその高画質を十分に発揮する事ができなかった。そこでパイオニアはブラウン管は他社から調達したが，映像回路に独自の工夫を加えて高画質を実現したテレビの商品化を行った。その後も映像の臨場感を高める為に大画面のリアプロジェクションテレビの商品化を行い，国内外でマニア層を中心に高い評価を得ていた。

そして1995年に世界初の40型プラズマディスプレイのプロトタイプを発表，長野オリンピックを前年に控えた1997年には民生用では世界初の50型ハイビジョンプラズマディスプレイを市場導入した。その後も数々の技術革新を実現し2001年には第3世代の商品を全世界に導入した。当時は技術的難易度による参入障壁が高かったので競合メーカーも少なく，パイオニアは松下電器産業（現，パナソニック）や日立製作所とならんで業界の中心的な存在であった。

2004年にはNECからプラズマディスプレイ事業を買収し，生産規模を倍増させて事業を拡大した。しかし，2005年頃から競合技術である液晶の大画面化が進行し，徐々に市場でのプレゼンスを高めていた。加えて世界的な薄

型テレビの市場成長に伴い，大規模な生産設備の投資による韓国メーカーの低価格を武器とした攻勢も加速した。これらの影響を受け，大画面薄型テレビ市場におけるパイオニアのシェアは徐々に減少していった。

その後の本格的な市場拡大により低価格化はさらに進行した。それまで高画質を特長にして相対的に高い価格を維持していたパイオニアも，価格競争への追従を余儀なくされた。しかし，価格競争面において競合他社に比較して販売数量が少なかったパイオニアは，規模の経済に起因するコストダウンの恩恵が十分に受けられず，市場の低価格化は大きな赤字を生む結果となり，プラズマディスプレイ事業の収益改善を一刻も早く進める必要に迫られた。

テレビ市場は，それまでパイオニアが主戦場としていたオーディオ市場に比較するとはるかに大きく，当時1兆円企業を目指していたパイオニアの成長戦略において，プラズマディスプレイ事業の再生は最大の経営課題であった。

(2) プレミアムがキーワード

赤字が続いていたプラズマディスプレイ事業をテコ入れするため，2006年1月に家電部門のマネジメントが刷新され新しい事業の方向性が模索された。一方で2007年夏に導入される予定であった第8世代商品は革新的な技術開発に成功し，業界の常識を覆す高画質を実現できるという情報が社内で共有されていた。

新体制のもとで2006年11月には，全社マーケティングプロジェクトが発足した。第8世代の市場導入に合わせて，"プレミアム"をキーワードとした新しいマーケティング戦略による事業再生への挑戦が始まったのである。

数量拡大をベースに低価格化を進める競合メーカーに対して，パイオニアの戦略は利益のとれる高めの価格を設定し商品とブランドの差別化によって一定数量を安定的に販売しようというものであった。同質化が進行するテレビ市場においても，独自のポジションを築く事で価格競争を回避しプレミア

ム価格を維持できれば，自社の規模に見合った独自の成長戦略も可能であると考えられた。

　当時社内では自動車業界におけるBMWが他業界の成功事例としてよく取り上げられていた。BMWの世界シェアはわずか数％であるが，高い技術力，高級セグメントに絞ったラインナップ，卓越したマーケティング活動により，全世界で統一的なブランドポジショニングと安定的な収益を挙げている事に譬えられた。

　パイオニアが目指したのは，薄型TV市場において高い技術力により，強力に商品を差別化することだ。そして，グローバルマーケティングにより，全世界で統一された高いブランドイメージを確立することを目指した。こうした戦略により，商品価値を高め，競合他社との価格差を正当化しようとしたのである。

　もとよりパイオニアは他社に先駆けて高精細なハイビジョンパネルの量産に成功し，他社が解像度の低い普及価格商品を販売している間も高解像度で高価格な機種を販売してきた経緯がある。既にパイオニアのテレビは，市場では高価格であるが高品質な商品として認知されていた。当時の主要な販売チャネルも量販店よりも専門店が中心であり，特に欧米を中心とする海外市場では高いブランドイメージをもっていた。

　これらのさまざまな要因も意思決定の追い風となり，第8世代導入にあわせてプレミアム価格の維持とブランドイメージ強化の為，マーケティング予算をこれまでの2倍に増やし，全世界規模でこれまでの地域最適とは大きく異なるグローバルマーケティング活動を開始した。

③ グローバルへの展開

(1) 何を目指したか

　このような背景のもとに2007年に世界で同時発売されたのが，KUROブラ

ンドである．KUROブランドに合わせて計画されたマーケティング戦略とは，次のようなものであった．
① 競合他社との同質的価格競争と一線を画したプレミアム価格の実現
② KUROというグローバルブランドの浸透
③ グローバルに統一されたマーケティング活動

　当時の薄型テレビ市場では，生産量拡大による低価格化競争が主流になっていたし，日本企業で当時グローバルブランドを志向していたテレビメーカーは，他にはほとんど見当たらなかった．パイオニアのこうした戦略は，まさに市場の逆を行こうとするものであった．

　ふつうグローバルマーケティングでは，地理的な違いだけでなく，文化，人種，流通チャネル，競合が異なる全世界のマーケットを単一のマーケットと捉えて活動することが多い．これは，地域を細分化しそれぞれの地域における最適化を狙うローカルマーケティングとは異なる．

　パイオニアは各ローカルが相対的に自立して活動を行う連邦制組織を採用していた．各地域のマーケターはそれぞれの地域の営業部門に所属し本社から指示を受けた経験は殆どなかった．物理的に離れた多くの組織をまとめるには，本社の強力なリーダーシップに加えて，全世界にちらばるマーケターの意思統一が不可欠である．

　各地域のマーケター間の共通認識を醸成する為に，世界を1つの市場と捉えたターゲット顧客グループを定義しそのプロファイルを明確化して全員で共有した．

　この顧客グループとは，学歴・年収・エンターテインメントに対する態度からDEJ（Discerning Entertainment Junky）と呼ばれる独特のグループで，世界の殆ど全ての地域において比率は異なるものの一定ボリュームで存在し，エンターテインメントに対して共通の嗜好や態度をもち，加えて高学歴・高所得で国際的という特性をもっていた．

　このターゲット定義に加えて，共通ビジョンによる組織の意思統一に取り

組んだ。ここでいうビジョンとは事業の方向性であり，かつこうありたいという具体的な姿である。このビジョンを全世界の関係者で共有する事で組織の一体感を推進した。

こうしたビジョン策定の為に世界の主要な地域で，社員，取引先，一般消費者，ジャーナリストなどを対象として多くのヒアリングとインタビュー形式の調査が実施された。これらの活動と数回にわたる合宿形式の国際会議を経て，プラズマテレビを中心とするAV事業が目指す姿を"Specialists at Seeing, Hearing and Feeling The World"（専門家が見，聞き，感じる世界），すなわち自らを「見る事，聞く事，感じる事の専門家」と定義し全世界の関係者で共有した。

(2) ネーミングを決める

パイオニアの第8世代のプラズマパネルの特長は，これまでの薄型テレビの大きな弱点であったリアルな黒色の再現性にあった。黒の再現性はテレビの画質を決定する上で非常に重要な要素である。黒は，バックライトが常時発光する構造の液晶において大きな弱点になっていた。

当時はプラズマが画質面において液晶に対して優位性を保っていた。市場での評価の高かった前世代モデルに比較して，黒の表現力を5倍以上に高めたパイオニアの新商品は業界トップといえる程の高画質を実現した。実際に商品発売後に全世界で数多くのアワードを受賞した事実からもその画質のすばらしさは証明されている。

パイオニアのプラズマテレビは，2001年以来"PUREVISION"というブランドで全世界に販売されていたが，積極的な広告投資が実施されなかった事もあり，ブランド認知レベルは限定的であった。新たな商品ブランドを開発しコミュニケーションを活性化する事が課題であった。

広告代理店から"KURO"というネーミングのアイデアが提案された時，欧米のマーケターは大きな興味を示した。彼らの言い分は"KURO"は商品の特長をダイレクトに表現しており，語源が日本語の黒であることから，ストー

リーとして語りやすく，コミュニケーションを促進するというメリットがあげられた。また4文字から構成されるシンプルさと，2つの音で構成されることによる発音のしやすさが評価された。

しかしながら国内営業部門は大反対だった。"クロ"は犬や猫の名前を想像させ，とても高画質かつ高価格のテレビにふさわしくないと主張した。しかしながら，当時販売台数の9割を海外市場が占めていたことと，全世界で商標登録できる可能性が高かったことから，トップの判断によりこのブランドが採用される。国内営業部門は最後まで大反対であったが，トップの決定という事で渋々了承した。しかし実際には国内においても"KURO"のネーミングを採用した事は結果的には成功でこのブランドにより消費者間のコミュニケーションが活性化した。

例として購入者や購入検討者を中心にインターネット上の価格比較サイトの掲示板で"チームKURO"という非公式なオンライン上のグループが自然発生的に結成され，価格比較サイトを中心に大きな口コミ効果を発揮した。その後ネーミングが浸透するにつれ当初反対していた人たちからも高い評価が得られた。

(3) グローバルな広告キャンペーンとは

第1世代KUROが導入された2007年と翌2008年には，パイオニアにとって初めてのグローバル広告キャンペーンが実施された。このキャンペーンでは"グローバルワンボイス"というコンセプトに基づいて全世界で同じメッセージとキービジュアルと呼ばれる共通イメージを採用した。全世界統一のブランドイメージを確立し，同時に国境を越える移動を頻繁に行うターゲット顧客との接触頻度を高める事を狙ったのである。

各地域での広告に加えてグローバルに展開されているメディアを活用して接触頻度を高める試みとして，英国のインテリア雑誌である"WALLPAPER"など，英語版が全世界に流通している雑誌に広告を出稿し地域広告との相乗効果も狙った。さらに付加的な要素であるがビジュアル表現を統一する事に

よる広告制作費用の削減も実現できた。

　しかしながら，グローバルキャンペーンを行う上でのさまざまな課題にも直面した。最初の課題は広告用ビジュアル表現の統一である。広告キャンペーンを実施する際のもっとも重要な要素として，ビジュアル表現の開発がある。ビジュアル表現については地域ごとの特性や制約がある。

　とくに人間の体を題材にした表現を行う場合において，日本では身体に障害のある事を感じさせる表現は嫌われる傾向があり，実際にメディアから出稿を拒否されたり改善を求められたりするケースもある。同様にイスラム圏では国によって違いはあるが，一般的に顔以外の肌の露出が男女共に禁止されている。欧米ではセンスさえよければ肌の露出も基本的に問題なく，日本では差別的とされる表現でさえ芸術性が高いと評価される事もある。

　このように広告用のビジュアル表現の開発においては，地域特性を考慮しつつ全世界展開が可能なビジュアル表現の開発が求められた。2007年の広告キャンペーンでは，人間の体を題材にした強いインパクトを狙ったものが採用されたが，実際に日本では倫理的な観点から受け入れられず，類似しているがソフトな表現のものに修正された。

　翌年は前年の反省を踏まえ，事前に各部門を巻き込んで受容性を確認するプロセスを追加した。この結果，前年同様に人間の身体を題材にして，全世界統一のビジュアルを開発する事が出来た。

　全世界統一のビジュアル表現を実施するには，地域事情への配慮が必要であると同時に意思決定プロセスも非常に重要である。

　次の課題は，広告のローカリゼーションである。共通のビジュアルが決定してから実際に各地域で広告を展開するまでには多くの手続きや作業が必要となるが，この手続きや作業を簡素化しかつ全世界での統一感を高める為に，ブランドロゴの配置やビジュアルの活用例を明示したマニュアルと媒体毎に広告の実例を含むガイドラインを本社で作成して関係者で共有した。

　実際に各地域で広告を展開する際には，ローカル言語への翻訳，予算にあわせたメディア選択など，地域マーケターの業務は多岐に渡り範囲も広い。

CASE 3　パイオニア「KURO」

　このため，これらのマニュアルやガイドラインを有効活用したことが大きな省力化につながった。

　グローバルキャンペーン実行の最後の課題は，広告媒体の選択である。グローバルキャンペーンを実施する際の媒体については，地域の売上規模や特性にあわせた最適化が課題だった。媒体コストも広告効果も地域間のばらつきが大きかった。このため，KUROのケースでは広告のビジュアル表現は統一したが実際に広告を展開する媒体は，各地域のマーケターの意向を尊重した。

　米国ではテレビコマーシャル，欧州ではビルボードと呼ばれる屋外広告，国内では雑誌とインターネットを中心とした展開を行った。限られた予算の中でさまざまな広告媒体をどう組み合わせれば効果を最大化できるかについては，実際に各地域のマーケターの経験知に頼る部分が大きかった。

(4)　新しいVIを策定

　グローバル広告キャンペーンを始めるにあたり，VI（ビジュアル・アイデンティティ）の要素としてブランドロゴとキャンペーン用スローガンを新たに開発した。"Seeing&Hearing Like Never Before"である。ブランドロゴはこれまで使ってきたボルドーレッドと呼ばれる単色の赤から，キャンペーン限定でシルバーのグラデーションを採用した。グラデーションはパイオニアの企業ロゴを加工することになるため，当時の社内ルールに違反していた。社内で大きな反対があり議論を重ねたものの，結論には至らなかった。結局は経営トップの判断によりグラデーションロゴが採用された。

　さらに当時パイオニアロゴとセットで使うことが義務付けられていた企業ブランドスローガン"Sound. Vison. Soul."については，今回の広告キャンペーン用スローガンと内容が非常に似ていることから，特例として使用しなくても良いという事も認められた。既存ルールの変更を伴う意思決定には，トップの深い関与が必要である。

　新しいロゴとキャンペーン用スローガンは，斬新で社内でも大きなインパ

クトがあった。このインパクトをさらに高める為の施策として，KUROにちなんだ黒色の名刺，プレゼンテーション用のスライドテンプレート，スクリーンセーバー，壁紙などのPCツールを作成して全世界で共有した。とくに黒色の名刺を全世界の関連部門で活用した事は，社員の意識付けや対外的なインパクトにおいて費用の割に大きな効果があったと感じられた。

(5) PRを強化する

　プレミアム価格を正当化するために実行されたのは，PR活動を強化することだった。影響力のあるAV専門雑誌の高い商品評価レビューや，アワードを受賞したという客観的な評価を効果的に活用したのである。

　とくに欧州では，AV専門誌の評価によって購入を決定するケースが非常に多い。実際の購入者アンケートからもこの傾向は確認されていた。これらの活動には，これまでオーディオ事業で培ってきた独自のノウハウも大いに活用された。

　PR活動の中でもとくに強化したのは，プレスカンファレンスと影響力をもつメディアへの積極的なアプローチであった。第1世代KUROのプレスカンファレンスは，時差の関係からまず欧州のローマで全欧のジャーナリストを集めた大規模なイベントが開催された。翌日アメリカのニューヨークで同様のイベントを開催した。欧米でほぼ同じタイミングで発表する事によるニュースバリューの鮮度維持と強いインパクトを狙ったのである。

　国内は発売時期が欧米よりも数カ月遅かったので，既存商品への影響が心配された。このため同時期の発表は行わなかった。しかし，欧米で発表された商品情報は結局国内でもネットを通じて一部の消費者に伝わり，結果的に国内でも発売前に話題を集めることができた。

　いずれもパイオニアとしては，これまでにない大規模なプレスカンファレンスであった。その成果として新商品のニュースが，発表日からネットを皮切りに雑誌や新聞で欧米から全世界にほぼ同じタイミングで伝わった事は，意義があった。その後，欧米以外の地域でも順次プレスカンファレンスが開

催され，先行して発信されたニュースとの相乗効果もあり大いにメディアの注目を集める事ができた。

AV専門誌などの有力メディアへのアプローチについては，各地域に専任PR担当者を置き，それぞれの地域で影響力のあるジャーナリストに積極的に接触して商品を貸し出し視聴テストを実施してもらい，記事露出につとめた。

KUROはその卓越した性能と積極的なPR活動の結果，国内外で高い評価を受け，優秀な商品に授与されるアワードも多数受賞した。欧州地域において高い権威のあるEISAアワードの受賞などはその一例である。

同様に，英国でも高い評価を得ることができた。興味深いことは，英国の雑誌は英語圏を中心に世界中に流通しており，英国での評価はシンガポール，香港，オーストラリア，南アフリカなどの旧英国連邦諸国のみならず，その雑誌が現地語に翻訳されている地域にも好影響を与えていたのである。

これらのアワード受賞や雑誌のレビューを，マーケティング活動にグローバルレベルで活用することは非常に効果的であった。全世界の現場で，セールスマンが他社との価格差を合理的に説明するためのツールとして有効活用された。

AV専門誌の影響度が低いといわれるアメリカでは，ハリウッドの映画や音楽のクリエイターをエンドーサー（推奨者）として彼らに実際にKUROの素晴らしさを体験してもらい，その感想をビデオに収録してWebサイトや店頭で訴求するという手法にチャレンジした。

ハリウッドの一等地の高級マンションの一室を約半年間借り，実際の住環境の中にKUROを設置して多くのインタビューや取材を行った。このインタビューの様子を収録したビデオは，アメリカだけでなく全世界でも有効に活用された。

これらの事例のようにPR活動においても，グローバルマーケティングの考え方は有効に作用する。とくに消費者がインターネットを使って商品情報を検索する際，PR活動によって得られたネット上の商品情報にアクセスす

る可能性はその情報量に比例すると考えられる。この意味で，グローバルレベルでポジティブな商品情報をインターネット上に多数蓄積することは有効なやり方である。

(6) 店頭での販促活動

　KUROの特長は前述のように圧倒的な黒の表現力であり，この優位性を最大化する為にそれまで各地域で独自に行われていた店頭での商品デモンストレーション方法の統一化に取り組んだ。商品特長を店頭でわかりやすく説明する為のビデオを，実際に商品開発に携わった技術者と本社のマーケターが協力して作り上げた。

　ビデオの制作にあたっては，モデルに外国人を採用し，説明を多言語化するなど全世界で活用するため，多くの工夫が施された。このビデオを全世界に配布し，部屋の明るさや機器設定など商品のデモンストレーション方法を本社が指導した。

　さらにこのビデオを店頭で自動再生するための再生機（ハードディスクプレーヤー）も並行して開発して全世界の店頭に配布した。商品特長を最大化する手法については，適切なコンテンツを選べばグローバル化が可能であり，大幅な効率化を実現する事が出来た事例といえる。

　店頭展示の手法については，全世界共通の展示コンセプトを採用した。従来薄型テレビはサイズ別に全メーカーの商品を壁面を使って展示されるケースが一般的であった。しかし，これでは他社商品と単純に価格で比較されその価格差が購入の妨げとなってしまう。このため，"KURO"だけを1カ所にまとめ独立したコーナーに展示する手法を全世界で展開した。この手法は，店頭でじっくりと商品特徴を説明できるという点において有効であった。

(7) カタログとウェブのデザイン

　カタログについては，ドイツの高級自動車会社BMWのようにデザインと内容を統一し言語だけを変更して印刷までを本国で行い，全世界に展開して

いる事例もある。しかし，家電業界においては展開する商品が地域によって異なるため地域ごとに作成するのが通常である。

パイオニアの場合も同様に全世界ばらばらであったが，カタログ用のガイドラインを作成し一定レベルの標準化を行った。このガイドラインはブランドコンセプト，商品の訴求ポイント，ロゴ，コピー，ビジュアルなどに加えて，レイアウト例を数案提示し，各地域のマーケターがその地域の業者を活用してカタログ制作ができるようにした。カタログに使用するイメージ写真などについても，グローバルで使用権を購入する事で地域の負担を軽減した。

ウェブサイトもそれまでは，各地域でばらばらに展開されており統一感に欠けていた。ウェブサイトを統一することは，大きな費用がかかる。このため，アニメーションや動画素材を本社の費用で制作する事による部分的な共通化を実施した。この作業のプロセスで，それまでは実際に似たようなアニメーションを各地域で独自に制作していた事実もわかった。この施策で，共通化による費用削減のメリットが感じられた。

(8) グローバルなマーケティング組織

全世界に散らばるマーケティング部門の意思統一を図る上で，会議の運営とその開催頻度は重要なポイントである。パイオニアでは半年に一度地域のマーケティング責任者が一同に出席する会議を開催し，各地域の活動事例共有や重要決定事項について全員で討議した。

これに加えて地域のマーケティング責任者，本社のマーケティング責任者からなるグローバルマーケティングチームという少人数の組織を作り四半期ごとの定期的な会議も開催した。さらに各地の実務担当者を中心とした会議体も設置して定期的に実務レベルの討議を行った。

こうした全世界会議では，各地域のマーケターが事業の全体像を把握でき，その全体像と各地域の関係を理解し，全体最適の結論を参加者全員が背景も含めて理解することができる。これらの点において全世界会議は大きな

意味がある。また、会議の間の期間のコミュニケーションにおいてもメール、電話、テレビ会議などを駆使して、コミュニケーション頻度を高めて良好な関係を維持し続ける事は非常に有効であった。

本社マーケティング組織の強化の為、これまでの日本人だけで運営されていた組織に欧州拠点に勤務していたマーケターを招聘して海外とのコミュニケーションを強化した。それに合わせてマーケティング部内の会議も英語化し、英語によるコミュニケーションの頻度を増加させた。外国人を本社の組織に加えたことは、海外の販売現場の情報と本社サイドのさまざまな事情に対する理解を深める意味で、大きな意義があった。

日系企業の場合、本社の社員と海外駐在している日本人駐在員が日本語だけでコミュニケーションを行い、それが現地人と共有されないことが現地人の不満となっていた。組織に外国人が加わった事によって、最初から英語によるコミュニケーションが行われ組織の国際化も実現した。日本人社員の英語力向上も副次的な効果としてはあったが、むしろ海外で働く現地人社員がこれまで感じていた多くの問題を本社サイドが理解し、それらの問題解決に向けた活動を強化した。この結果、組織間の信頼関係が強化されたのである。

(9) ナレッジを共有化する

グローバルマーケティングを効率的に行う為に、ITインフラの整備も行った。ビジュアルやロゴのデータを共有するためのデータベースに加えて各地域のマーケティング活動の事例を共有するためのデータベースも新たに設置した。各地域の事例共有は、ナレッジマネジメントの点で有効性を発揮したのである。

特に売上げ規模の小さい地域のマーケターにとっては、情報共有とプロモーション素材の共有がより有効だった。それまでは予算の制約により活動も限定されていたが、先行している地域の事例共有や本社で用意された素材を有効活用する事により負荷と費用を大幅に軽減できたからである。

このデータベースには本社で制作して各地域のマーケターが活用する動画やイメージデータに加え、各地域が実際に製作した販促物をアップロード出来る様にした。さらに広告代理店など外部の関係者にもアクセス許可を与える事でタイムリーな活用を実現した。

(10) 社内啓発活動

全世界に散らばる各拠点で取り組みを共有し、社員のモチベーションを向上する為に、多くの社内向けの啓発施策を実施した。まず本社と国内の主要な拠点で所属する全社員を一同に集め、拠点責任者、本社マーケティング部門から全世界の広告や他地域の活動事例の紹介に加えて、トップや開発責任者のメッセージをビデオで伝える活動を実施した。

同様の社内啓発活動は全世界の主要な拠点でも実施された。各地のマーケティング活動事例を紹介する為の社員向けビデオも作成して全世界で共有した。グローバルに戦略を共有し普段は意識しない他地域の活動を紹介することで、社員の一体感を醸成したのである。

④ その後のプラズマディスプレイ事業

(1) 事業撤退へ

このように、初期においては、グローバルブランディング活動が成功裏に展開されたKUROであったものの、2007年後半に入って市場環境は激変する。それまでプラズマ中心であった40型以上の大型テレビ市場に技術革新による高画質化と低価格化を武器に液晶が本格的に参入しシェアを拡大したのである。これをきっかけとして競争はさらに激化し、結果的に価格下落率が年率で20％を超える低価格化が進行した。低価格化が進んだことで40型以上の大型テレビの市場規模が大きく拡大した。そして購入者層がこれまでの富裕層やマニア層から一般層に拡大した。

この環境の変化は，当初のKUROのマーケティング戦略に大きな影響を与えた。他社よりも高めの価格を維持して一定数量を安定的に販売するという狙いが崩れ始めたのだ。第8世代の商品導入後の反響は当初の予想通り，専門店や評論家を中心として非常に高い評価が得られマーケティング活動も順調に進められた。しかし，市場価格が大幅に下がったことで他社商品との価格差が当初の想定以上に大きく拡大し，KUROの割高感が目立つようになってしまった。

　結果として販売台数は，当初の目標を達成することが出来なかった。また，損益の改善にもつながらなかった。2008年には第9世代モデルが発売された。しかし，価格下落はさらに進行し状況が悪化した為，事業規模の縮小が進められ，商品ラインナップも大幅に絞り込まれた。

　そして2008年5月にパイオニアはプラズマパネルの自社生産撤退，2009年2月にテレビ事業からの撤退を発表する。国内や英国の工場も閉鎖され最終的には2009年8月に最後の生産を終了し，パイオニアの10年以上に渡るプラズマディスプレイ事業は幕を閉じた。

　撤退の報道はメディアでも大きく取り上げられ，全世界の販売店から事業継続を求める声も寄せられた。皮肉にも撤退の報道後に購入希望者が大幅に増加し，市場価格が上昇したほどである。結果として，予定よりも2カ月早く完売という現象も起きた。

(2)　なぜ失敗してしまったのか

　業界最高レベルの高画質を誇っていたKUROブランドが失敗した主な理由として，外部環境の問題と内部戦略の2つが考えられる。

　外部環境要因としてはまず，①液晶テレビの大画面化を含む市場競争が激化したことがある。たとえば，シャープの片山幹夫社長は2011年10月の記者会見で「赤字にしかならない40インチ以下の市場では戦わない」(SankeiBiz, 2011年10月29日) と公言し，より付加価値の高い70型・80型へのシフトを表明した。これはシャープのような液晶大手ですら，より大型の機種でなけれ

ば利益を出すことができないまでに競争が激化したことを物語っている。

　また，もう1つの外部要因として，②放送のデジタル化・HD化，ブルーレイディスクの登場などソース映像の画質向上により，性能面において製品間の差が解りづらくなった事が挙げられる。AV製品のデジタル化に伴いブランドの在り方が変化する例はこれまでにもみられる。たとえば，かつてレコードがCD化して，オーレックスなどそれまでのアナログオーディオ製品ブランドの多くが消滅してしまった。同じことがテレビにも起こりつつある。テレビ放送や録画方式が高度にデジタル化し，どの企業の薄型テレビの画質も一様に向上した。その結果，それまで培われてきたブランドエクィティを劣化させてしまったのである。かつては有力ブランドであったJVC（日本ビクター），ヨーロッパのPHILIPSなども薄型テレビ事業において自社生産から撤退し，アジア企業にブランドを貸与しロイヤリティーを得るモデルに転換している動きもある。

　一方，内部戦略的な要因もKUROが失敗に至る原因として挙げることができる。すなわち，計画台数の読み違いによる予定原価と実際原価の乖離である。生産台数が計画に満たない事で工場の稼働率が下がり，予定原価が実現できず，その結果，損益面で大きなマイナスとなった。社内関係者の強い思いがあったために，計画台数を大きく見積もりすぎた。その計画台数と実際の顧客の購買反応との間に，大きなギャップが生じてしまったのである。

　このような外部と内部の環境要因の両方が影響した結果，何が起きたか。KUROの購入検討者が感じたKUROと他社製品との知覚品質の差は，KUROの高価格と他社の低価格の差ほどではなかったのである。社運を賭けたプラズマテレビ事業の成否は企業存続に影響を与えるものであり，黒字化が悲願であった事業部門は生産キャパシティに併せた強気の販売計画を立ててしまった。これは当時の高い市場成長率と性能面における製品への過信があったのかもしれない。

　2012年2月にメディアで報道されたように，ソニー，パナソニック，シャープなどの家電業界のリーダー達も巨額のテレビ事業の赤字を記録して

しまった。生産設備を持つ垂直統合型のモデルにおいては，規模の経済が競争力強化の要因となる。このために，少しでも低い原価を実現するために生産規模を拡大し，それにあわせた強気の販売計画を設定する傾向がある。しかし予定された販売計画を下回る兆候があると，売価を下げて計画数量に近づける動きをとらざるを得ない，1社がこの動きとる事で他社も追随し市場価格全体が下落し参入企業全体の収益性を悪化させてしまう。これが業界全体に蔓延しているのが昨今の状況といえる。パイオニアKUROの失敗は，まさにこのような日本の電機産業の失敗を一部先取りしたものであったと言える。

　パイオニアは事業を開始から撤退までの期間で民生用と業務用をあわせて全世界で200万台を超えるプラズマディスプレイを販売し，売上金額も累計で9000億円を超える実績を残している。しかしながらプロダクトライフサイクル理論が教えるように，薄型テレビの市場拡大にあわせた参入企業の増加，技術革新による生産規模拡大，そして低価格化がさらに進行するという流れに対して，パイオニアの新しいチャレンジも状況を大きく改善するには至らなかった。

　図表3-1はパイオニアのプラズマディスプレイの会計年度別の販売台数を，図表3-2は平均単価の推移を示している。2007年までは薄型テレビ市場成長に伴い右肩上がりの成長を続けた。しかし2008年以降は数量拡大を狙わず価格を維持する戦略に移行した。前述のマーケティング戦略により高付加価値を訴求して低価格化の流れを断ち切り，2008年度，2009年度の2年間で約70万台の商品を販売した。

　これはマーケティング活動の成果ともいえるが，それは事業的な成功に結びつかなかった。事業開始から終焉までのパイオニアのプラズマディスプレイ事業の変遷は，図表3-3の通りである。

図表3-1 プラズマディスプレイ販売台数推移

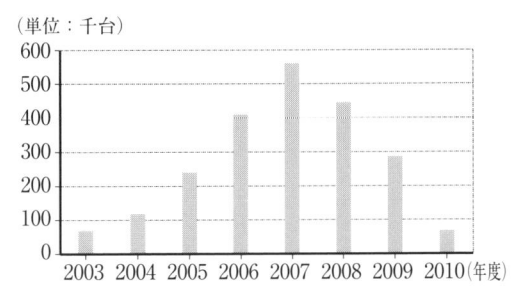

(単位:千台)

図表3-2 プラズマディスプレイ平均単価(出荷価格)推移

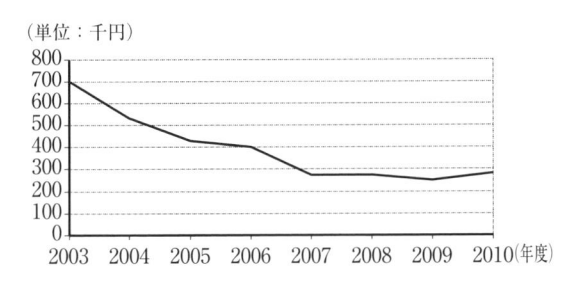

(単位:千円)

図表3-3 プラズマディスプレイ事業の変遷

	黎明期	成長期	成熟期
時　期	1997年～2002年	2002年～2006年	2006年～2010年
商品開発戦略	早期市場導入	商品ライン拡大	最高画質の追求
事業課題	早期市場導入と安定的な生産	規模拡大によるコストダウン	商品差別化による価格維持
ターゲット顧客	マニア層・富裕層	アーリーアダプター層	こだわりをもった一般層
象徴的な出来事	民生用高精細50型プラズマディスプレイの導入	NECプラズマ事業買収による生産設備拡大	KUROブランドによるグローバルマーケティング

第Ⅱ部　ブランド・ケース編

> # この事例からの学び

　ここに収められたKUROのケースは事業面における成功には至らなかったものの，その考え方やグローバルマーケティング活動は斬新で意義のあるものだった。ことに，グローバルブランド育成というケースが詳細に報告されることは少ないために，本章は貴重な情報をマーケターにもたらしてくれる。グローバルブランド育成のためには，部分（地域）最適ではなく全体最適という考え方が求められる。

　これまで日本企業は多く，ローカルごとの意思決定を尊重してきた。しかしグローバルブランドを構築するためには，グローバルな見地から，どのようなブランドであるべきかを構想する＝全体最適の必要性が出てくる。このためにはトップが強力にコミットメントを行い，意思決定に関わることが求められ，必要に応じてトップがローカルを戦略的にサポートすることも重要である。また本社マーケティング部門の権限強化と国際化も有用だ。

　地域のマーケターに大きな自由度を与えていた場合，全体最適の実現に，相当の抵抗が予想される。マーケターにとっては自身の意思決定の権限を奪われたり権限を縮小されたりすることに対する抵抗感が大きい。とくに現地人スタッフは基本的に自国以外の地域には興味がない傾向があり，とくに売上げの大きい欧米の主要国においてこの傾向が顕著である。

　また計画の実施段階において各ローカルでは総論賛成，各論反対というケースが頻発する。こういう場合，辛抱強くビジョンとターゲット顧客像を共有し，会議の場において常に全体像を全員で共有することが必要不可欠だ。

　一方，KUROの失敗の原因は本文にも詳しく書かれているが，ポイントは薄型テレビの業界構造の変化を先に掴み，対応することができなかった点にある。もちろん後付けでこのように言うことはたやすいが，実際にこのような対応を行うことはかなり難しい。当時，業界の勝者のようにみえたソニー，

パナソニック，シャープなどの薄型テレビ大手ですら，2012年に至ってテレビ事業などで大幅な赤字を記録し，こうした事態に対応できていなかったことをみてもそれは明らかだ。

　しかし1つだけ戦略上の学びのポイントを指摘するならば，それは当初，パイオニアが構想した，高級ブランドを投入することの是非にある。劇的に市場構造が変化するとき，特に市場拡大によって購入者層が変化している場合に高級ブランドを維持し，発展させることは困難を伴う。KUROのストーリーはブランド戦略の立案にとって，このような貴重な教訓をもたらしてくれる。

〈謝辞〉
本ケースは，筆者が当事者として深く関わった一連の活動内容をまとめたものである。執筆にあたり内容チェックにご協力いただいた，パイオニア株式会社コーポレートブランド戦略部長松木俊治氏，ホームAVマーケティング部の同僚各位，さらにこの活動に一緒に取り組んだ多くの関係者の皆様に感謝の意を表する。

【参考文献】
　パイオニア（株）HP＜http://pioneer.jp/corp/profile/history/＞（2011.4.10）
　パイオニア（株）KURO商品紹介HP
　　＜http://pioneer.jp/pdp/07kuro/index.html＞（2011.4.10）
　「ディスプレイサーチQ 2 '10 TV出荷実績　上位ブランドシェア」
　　＜http://www.displaysearch.com/cps/rde/xchg/displaysearch/hs.xsl/100831_q 2 _10_tv_shipments_show_continued_growth_but_some_regions_weakening.asp＞（2011.4.10）
　「パイオニア，プラズマテレビ「KURO」は7月で完売予定」
　　CNET Japan＜http://japan.cnet.com/news/biz/20393050/＞（2011.4.10）
　「液晶TV大型化は吉か凶か　各社，収益悪化で加速も国内需要不透明」
　　SankeiBiz＜http://www.sankeibiz.jp/business/news/111029/bsb1110290500000-n1.htm＞（2011.11.29）

（山本　俊哉）

第5章
サービス&カルチャーブランドの戦略ケース

【本章のねらい】

　本章では,「花キューピット」,「R25」,「フラット35」,「セブン銀行」の4つのサービスブランドとカルチャーブランドを取り上げている。

　サービス商品であっても,ブランド戦略はモノの商品ブランドと同じく,いや,それ以上に重要である。なぜならサービスブランドにはカタチがないからだ。たとえば,スターバックスというブランドを作り上げているのは,日々そこでサービスを提供しているスタッフとそのバックヤード,またそれらを全体として動かしているシステムのおかげである。

　こうした人間が動かすシステムがうまく作動してこそ,サービスのブランドをつくることができる。モノのブランドはいったん工場で作り上げて,店頭に送りこんでしまえば,後は商品のほうでブランドをつくってくれる。しかしサービスの場合はそうはいかない。サービスのクォリティを高め,顧客満足を得るため,日々のサービスシステムの維持と改良が必要となる。

　本章を通じて,どのようにサービスとカルチャーのブランドを構築することができるかを学びたい。

第Ⅱ部　ブランド・ケース編

CASE 4　協同組合がつくるサービスブランド

「花キューピット」

本ケースのねらい

　「花贈り」の代名詞にもなっている花キューピット。近年はインターネット取引などの影響により，取扱い高，組合員数両方の減少に悩んでいた。そのような状況下，組織としての求心力を取り戻すために始めたのが，ブランド活動である。一般企業体と異なる協同組合という組織において，花キューピットはなぜブランド構築に成功したのだろうか。

1　生い立ち

　1952年，鈴木雅晴氏は六本木にあるゴトウ花店の専務であった。彼はアメリカ在留軍人から「母国の家族に花を贈りたい」という依頼を受ける。後に花キューピットが生まれたのは，この出来事がきっかけだった。

　当時，花のような鮮度が大切なものを飛行機で贈るなどということは到底考えられなかった。しかし，そのアメリカ人からFTDという花の配達サービスの存在を聞かされた。その仕組みとは次のようなものだ。まず，花の注文主が自宅近くの花店に行き，そこで望みの花を注文する。次にその注文を，お客様の希望届け先にもっとも近い同じネットワークの花店に伝える。そして，その店が実際に花をつくり，依頼のお届け先に自ら配達する。

　このFTDはアメリカでは，すでに約100年前から始まっていた。1910年8

月18日に北米の小さな15店舗の花店が集まって産声を上げた。当時の正式名称は"Florists' Telegraph Delivery"であり，略してFTDと呼ばれていた。この組織が世界でもっとも早く，電話線を使い花の配達サービスを開始したのであった。そして50年後には，アメリカ国外との取引へとビジネスを拡大していく。そして海外でのプレゼンスが高まるにつれ，組織の名称を現状ビジネスに合わせて"Florists Transworld Delivery"に変更する。ピーク時には，154カ国で45,000の花店をネットワークで結ぶビジネスにまで成長した。

「日本から9,000キロも離れた本国の家族にどうしても花を届けたい」というアメリカ在留軍人の熱い思いに感激した鈴木氏は，FTDへの入会を決意する。その後，日本における遠隔地間の花の通信配達システムの必要性を感じ，全国主要都市の花店8店を選び，協力を呼びかける手紙をしたためている。最初の8店が1953年に22店舗にまで増えたことをきっかけに，任意団体「日本生花商配達協会（英文名："Japan Florists' Telegraph Delivery Association"）」を設立した。1968年には農林大臣から社団法人としての設立の許可を得ている。

そして1984年には生花通信配達システムを「花キューピット」とブランド化し，宣伝活動を開始した。2001年には，社団法人JFTDにおける生花通信配達取引の事業を「花キューピット協同組合」という組織にし，花キューピットビジネスをマネジメントする役割を担わせたのである。その結果，日本初のこの取引システムは順調に取扱高を伸ばし，"花キューピット"は花贈りの代名詞になっていくことになる。

ではそもそも花キューピット取引とは具体的にどのようなものなのだろうか（図表4-1）。たとえば，遠く離れて暮らす母親に母の日のカーネーションを贈りたいと思った場合，まずは自宅近くの花キューピット加盟店で申し込みを行うことになる。花の希望と届け先を伝えれば，注文を受けた花店が，お届け先に近い花キューピット加盟店を探し，そこへ花の配送注文を入れる。注文を受けた花店には手数料が入り，実際に花を届ける先の配送店には，実際の花の注文が入る。これが花キューピット取引である。

図表4-1　花キューピット取引の仕組み

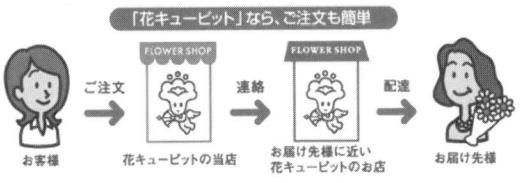

出所：花キューピットHPより
<http://www.hanacupid.or.jp/hanacupid/buy.html>（2010.8）

② ブランド戦略を導入する

(1) 大きな決断

　花キューピットの原型がスタートしてから50年近くが過ぎた2005年の夏，当時の会長であった佐藤慶喜氏（現，花キューピットグループ協議会代表）は東京の大崎にある協同組合の大会議室にて大きな決断を役員に報告していた。「この組合を更に強くしていくために，ブランドの視点を取り入れた施策を打っていこうと思う。」

　そもそも花キューピットとは，1つの企業体ではない。小さな家族経営の花店の集まりであり，多くの店名は「○○花店」というように，個人名称が付くものであった。花キューピット協同組合の役員とはいえ，ブランドなどという言葉は耳慣れない人の方が圧倒的に多かった。「これから一体何が始まるのか？」「ブランドは本当にこの組織を良い方向へもっていくのか？」「コマーシャルでも始めるのか？」などさまざまな声があがった。

　佐藤氏がブランド戦略の導入を決断したのには，花キューピットが大きな課題を抱えていたからである。当時役員会でよく話し合われていたのは，主に2つの課題だった。1つは，顧客に関するもの，もう1つは会員組織に関するものだ。

　1つめの顧客に関する課題とは次のようなことだ。つまり「花キューピットという名前が単なる"花を贈る"ことの代名詞になってしまっていて，花

キューピット独自のサービスが知られていないのではないか」，という問題だ。花キューピットの独自性とは，遠隔地を花店同士で結び，花を届ける仕組みのことだ。たとえば自身が東京にいて，北海道の親戚に花を贈りたい場合，東京の花キューピット加盟店に注文すると，そこから届け先にもっとも近い加盟花店に連絡がいく。そしてその花店が注文主の希望の花をつくり，お届けするというものである。宅配便などで空路や陸路を使い，長距離間で花を移動させる必要がなく，鮮度のいい花が届けられることが最大のメリットである。

かつては，花を遠隔地に贈るためには，花キューピットの仕組みを使うしかなかった。しかし現代はインターネットの店舗で注文を受け付け，自店から宅配便で花を届けるサービスも普及している。花キューピットの独自性を知らない人にとっては「花を届ける」という機能性において，花キューピットと宅配便とは，同じ存在になってしまっていたのである。

もう1つの課題とは，組合員組織に関するものだった。「組合員間の求心力が低下しているのではないか？」という疑問である。実際に，協同組合の組合員数は年々減り続ける傾向にあり，それが取引額の減少に現れていた。花キューピット加盟店の売上のほぼ95％は，自店にくるお客様からの売り上げで成り立っており，残りの5％だけが花キューピット取引を介しての売上であった。そうなると組合費を払い，さまざまな会合に参加しても，実際の自店の売り上げが大きく変わらなければ，この花キューピット取引に魅力を感じなくなってしまう。このため退会していく花店も少なからず存在していたのである。

(2) 現状を把握する

最初に取り掛かったのは，組合始まって以来の大規模調査である。客観的に現在の課題をあぶりだそうという意図であった。まずは，皆と危機意識を具体的に共有しようとしたのである。

ここでは，大きく4つの視点から4種類の調査が行われた。1つめは，組

合員の視点から花キューピットに対する意識を抽出する調査である。全組合員が調査の対象とされ，最終的に4,000人規模の組合員の回答を集めることになった。2つめが，組合トップの意志を確認する調査だ。定性的な手法がとられ，役員総勢19名を対象にした，大規模ヒアリングが実施された。3つめが消費者の花キューピットに対するニーズという視点である。さまざまな層の生活者の声を聞くため，1,200名を対象とする生活者調査が実施された。そして最後の視点が，花キューピットブランドの見え方をチェックするビジュアルオーディット調査である。これは現在花キューピットが自らのブランドを，お客様にどのようにみせているのかを確認する目的で行われた。2005年10月に調査の設計を始め，実施からまとめまで数ヵ月を費やすことになった。ここで行われた調査から，次のような結果が得られた。

▍(3) 得られた知見とは①：組合員

まず花キューピッドに参加している花店の組合員に行われた調査から，組合員間における意識ギャップが客観的に明らかになっていった。それは，花キューピットブランドに対する認識の違いにも現れていた。

「10年前と現在の花キューピットのブランド力比較」では，41％が「強くなっている」「やや強くなっていると思う」と回答し，36％が「弱くなっている」「やや弱くなっていると思う」と回答しており，意識が二分していることが伺えた。

また帰属意識の違いも当初予想された通りだった。若年層になるほど帰属意識が薄れているという結果だ。しかし，今後花キューピットブランドをどうすべきか？の問いには58％の組合員が，「今よりも強くすべき」としており，今後も生き残っていくためには，改革が必要だとの認識では根本で一致していた。

▍(4) 得られた知見とは②：組合役員・職員

一般の組合員よりも比較的長期的な視点で組合の運営に関わってきた協同

組合役員と，裏方で協同組合の運営を支える職員の総勢19名に対しても，ヒアリングが行われた。そこで改めて，花キューピットを取り巻く環境に大きな変化が起きていること，そして現状での組織としての強みや弱みが明らかにされていった。

　市場の変化としては，花を贈る機会が増加したことや，スーパーなどで花が売られることで，花と接する機会が増えていることなどが確認された。また，生活者側の変化として，選ぶ花の種類や色にこだわる人が増えたこと（昔はお任せが多かった），切花と同じように鉢ものが好まれるようになったこと，男性の花贈りが浸透しつつあることが確認された。

　そして根本的な問題とされたのが，生活者の感動の壁が高くなったという意見だった。これは，昔は遠隔地から花を届けるというサービス自体がなかったため，花が届くことで驚かれ，感動され，時には配達した花店の店員にお茶を出してくれたりすることも珍しくなかったという。しかし，宅配便が発達し，何でも遠隔地に届くようになると，花が届くこと自体には感動がなくなってきており，その先のサービスの質を充実させなければならないことが明白になった。

　一方，強みとして出てきたのは，組織の結束力，4,500の店舗ネットワークの広さや，高い認知率，配達先の花店で鮮度のいい花を届けること，全国どこでも一律500円の手数料で届けることなどがあげられた。

(5)　得られた知見とは③：消費者

　調査結果から，8割の消費者が花キューピットブランドを知っており，かつ6割がその内容を遠隔地への花贈りのシステムであることを正しく理解していることが判明した。また，自分が相手に花を贈るとき，どのような方法で花を届けたいのかという問いに対しては，4割の人が「花店から」と答えており，「宅配便で」と回答した1割を大きく上回っていた。これは回答者の花贈りの経験率と強い相関があることも判明した。自ら花を贈ってもらった経験が高い人ほど，自分が花を贈る際には「花店から届けたい」と想う傾

向がみられたのである。

　生活者と組合員の意識のギャップからもいくつかのインサイトが得られている。組合員と生活者の意識ギャップがもっとも顕著に現れたのは，花キューピットに対するイメージ調査の結果であった。組合員が花キューピットに抱くイメージの上位は，上から「伝統的」「信頼できる」「誠実」「任せられる」「安心な」であった。

　生活者からの評価イメージは，1位が「信頼できる」。2位が「任せられる」で，3位が「安心な」と「当てはまるものがない」が同率で入る結果となった。3位に「当てはまるものがない」つまり，イメージできないという評価が上位にきたことも，花キューピット自体へのイメージの総量が減ってきていることを物語っていた。「信頼できる」という項目は，両者から高い評価を得ているが，それ以外のイメージ項目には大きなギャップが存在していた。とくに，組合員の59％が抱いている「伝統ある」イメージに関しては，生活者の15％しか感じていない。また組合員評価の3位（57％）であった「誠実な」イメージも，生活者では20％しか評価を得られていなかった。

(6)　得られた知見とは④：ビジュアルオーディット

　花キューピットブランドと生活者の接点でもっとも多いのは，街の花店の店頭であろう。花店は生活者の家の近くや駅の近くにあり，そして会社の近くにもある。そこで花キューピットの看板やステッカーを見ることで，人々の頭の中に花キューピットの存在感がゆっくりと刷り込まれていく。

　このブランドイメージ形成に貢献する大切な接点である花店や店のホームページが，お客様からどのようにみえているのか。同じ花キューピットの組織としてみえているのか。それを検証するため，実際の店舗に出向き写真を撮り，また花キューピットのホームページ内で紹介している会員店舗紹介サイトをくまなく閲覧し，その課題点を探った。そこから，店舗にきちんと花キューピットの看板やシールを貼っている店とそうでない店が存在することが明らかになった。

またホームページ上においては，さまざまなデザインの花キューピットシンボルが存在し，キャラクターのキューピットもさまざまなものが使われていた。これでは，花キューピットの組織が，バラバラで品質感のないものにみえてしまう。それが調査結果をみた，佐藤氏をはじめとした役員の率直な感想であった。ここでの認識が，後のブランドシンボルのリニューアルや，デザインフォーマット規定の策定に繋がることになる。

③ ブランド活動を実行する

(1) ブランド提供価値を定める

2カ月に及ぶ大々的な調査が終わり，全ての調査結果のまとめができあがった頃には，2006年を迎えていた。佐藤氏はこの結果を自身で咀嚼し，要点を短くまとめ，さまざまな組合の会合で組合員に伝えていった。また，逆に懇親会などを通して組合員からの意見に熱心に耳を傾け続けた。

「こんなに我々とお客様の意識は離れているのか？」「若い世代の，帰属意識の低さはなんだ」「組合はこのまま存続できるのか？」などの意見。そして一方で「よく明らかにしてくれた。改善はこれからだ」「やるべきことが分かってきた」「若い世代だから変えられることもあるのでは」などの評価も聞こえてきた。

花キューピットとして克服すべき課題は大きく2つに分類された。1つは，組織内に対しての課題，もう1つは組織外の課題だ。

組織内の課題とは，これまで花キューピットは，高いブランド認知度をすなわち「理解度」「好意度」があることと思っていたが，そうではなかった，という事実である。ある意味，花キューピットのブランドの上であぐらをかいて商売をしていたということになる。花キューピットがなすべきことは，今以上にプレゼンスを上げ，認知度ではなく「理解度」と「好意度」を上げることなのだ。

もう1つの課題とは組織外，つまり競合の問題である。花キューピットの競合は，同業他社ではなかった。花の遠隔地取引をしている競合は存在しているが，認知度からすると花キューピットに対抗できるところはなかった。本当の競合とは，花店の店頭から直接お届け先に宅配便で贈られるような取引と，大規模業者がインターネット取引で注文を集め，1カ所の生産地から直接お届け先に届けられる取引であった。

　この競合に対し，花キューピットとしてどのように差別性が発揮できるのだろうか。花キューピットの強みを活かした価値とは何なのか。佐藤氏は，役員を集めて意見交換を繰り返した。そこで出てきたのは，花贈りに関する機能的な価値の部分，つまり遠隔地に花を贈るという仕組みだけでは競争優位が保てないということであった。

　であれば，情緒的な価値にフォーカスを当てることに本気で注力していかなければならない。これが結論だった。では，具体的にどのような情緒的価値を醸成していくことが，花キューピットの強みを活かし，かつ差別性を発揮し，長期的に競争優位を発揮することができるのだろうか。そのヒントになったのが，先に行った生活者調査の結果にある花贈りに対する自由回答の内容である。

　そこには，花を贈ってもらった方々の感動の声が綴られていた。

　「メッセージに"結婚記念日おめでとう"と書いてあったので，配達してくださった方が"おめでとうございます！"と言ってくれた。非常に嬉しかった。」

　「玄関先で"○○さんからの贈物でございます。"と伝えてくれた。とても嬉しい。」

　「感じのよい女性が制服なのかエプロン姿で大事そうにもってきてくれたのが感じ良かった」

　「お花屋さんが配達に来るという姿をみることだけで感動します。」

　「明るい笑顔で持参してくれた」

　「言葉遣いが良かった。もらったときにニコニコできる言葉だった。」

「たんたんとおめでとうの言葉でした。しつこくなくて良かった。」

逆に，お花が贈られてきたのに不満に感じたことには，このように綴られていた。
「60歳の時にお祝いでいただきました。カードが添えてありましたが，配達の人から一言"おめでとう"と渡して欲しかった。」
「配達の人は普通の感じで，にこやかな感じもなく，花を贈られたという幸福感はなかった。」

評価の部分はまさに花店が手渡しで行うヒューマンタッチの部分の良さを指摘したものだった。そして，不満点はそれができていないことへのものだった。これこそが，花店が手渡しでお客さまに直接花を届ける花キューピットならではの，情緒的価値を見出した瞬間であった。

このような1つの方向性がみえてきた頃から，前向きな議論が活発に行われるようになっていった。「我々は遠隔地に花を届けるという仕組みの提供だけで，お客様が喜んでくださると思い続けていたのではないか？」「これまでお客様が喜んでくださっていたのは，花自体の魅力であって，我々の接客の力だけではなかったのではないか？」「今まで以上に，モノを贈るのではなく，コトを贈るという意識に立たないといけないのではないか？」

そのような議論から新しい花キューピットのブランド戦略の方向性がみえてきた。役員同士の度重なる議論の結果，花キューピットの顧客への約束を「こころに花を添えて贈り，感動を生み出す」というブランドのコンセプトとしてまとめあげることに決定したのである。

お客様が花贈りを利用されるのは，花自体を贈りたいという以前に，相手に感謝の気持ちを伝えたいということが原点にあるはずだ。それを表わす形には，さまざまな贈り物があり，花はその1つの形としてあるのだ。

花という人の心に安らぎを与えるものを扱うビジネスであり，専門家である花店が渡すのは花とともに贈り主の心であることの再認識であった。そし

て花贈りの目的は，心と共に素敵な花を届け，届け先の方に喜んでもらうこと，感動してもらうこと。最終目的は，この人の心を動かすことである。

花キューピットのビジネスの最終目的は，届け先のお客様に届け主の気持ちを伝え，感動していただくこと。その心を象徴しているのが花であるという理解に至ったのである。このコンセプトが全役員に示されたとき，当時の組合総務財務委員会の委員長であった川原氏（現専務）が呟いた「これからは花屋というより，心屋を目指すということですね。」新しい花キューピットのブランドの考え方が，組合員の中に染み込んでいく瞬間であった。時は2006年の春になっていた。

(2) 組織内に浸透させる

2006年の初夏を迎える頃には，花キューピットとしてのブランドアイデンティティの方向性が定まり，コンセプトができあがっていた。それに伴い，お客様へ提供する価値も4つの約束という形で集約することができた。

ただこの組織には大きな問題が潜んでいた。それはトップダウンで社長が大号令を発すれば社員がその指示を理解し，皆で動きだす会社組織ではない体制であるという点である。組合員役員でさえ皆で顔を合わせて話す機会は月に数回。あとの一般組合員は，地元花店で仕事をしているのが現状だ。

そこでブランドの考え方を組織内に浸透させていくため，佐藤以下役員と職員が一体となり，その後各地で行われるさまざまな協同組合集会の場に足を運んでは新しい花キューピットブランドの考え方，そしてお客様への提供価値を説いて回ることになった。

組合員の中には，「ブランド」という言葉でさえ，聞いたことがない人から，ブランド＝ブランドバッグなど高級品ブランドを想像する人まで多種多様であった。「組合員の誰が聞いても理解できるような資料をつくろう」それを合言葉に今度は組合職員が奮闘することになる。

ブランド構築プロジェクトを陰で支えてきた組合職員は，そのときの苦労をこう語る。「どんな方にも理解できるよう細心の注意を払いました。調査

データを引用し，なぜ今ブランドが必要なのか？成功しているブランドはどのようなことをしているのか？事例なども盛り込みました。」「ブランドという言葉を敢えて出さないことまで検討しました。」

次に彼らが行ったのは，年に1度行われる花キューピット全国大会でブランドの約束の発表を行うための資料づくりであった。言葉を1つ1つ選びながら，メンバー同士での修正を繰り返し，精緻化していった。そしてできあがった資料をもって各地への行脚が始まる。2006年8月には全組合員を呼んで年に1回行われる全国大会で講演を行った。

花キューピット協同組合は，全国各地の支部の集まりで構成されているが，10月からはその支部での定例ミーティングに出向いての説明を行った。

各地では厳しい質問もとびかった。「本当にそれをやることは，我々のためになるのか？」「ブランドの約束の実現についていけない組合員はどうなるのか？」そしてその1つ1つの質問に，組合役員と職員が丁寧に熱意をもって答えていった。

このとき全国各地を回っていた佐藤は，自分たちのやろうとしていることに手ごたえを感じていた。各地のセミナーを終えたあとの懇親会で，とくに若い人から歓迎の声を聞くことが増えたからである。支部セミナーは，北海道から九州まで地域ブロックにおいて，約2カ月間の間に順次各地で実施されていった。全ての組合員の頭に新しい花キューピットブランドの考えが浸透し始めた頃，2006年も終わろうとしていた。

(3) スローガン開発

花キューピットブランドの方向性と，お客様への約束事が明確になったことで組合内にも活気が生まれていた。取り組むべきことの方向性が明確になってきたからだ。そうした活気の中からまた1つアイデアが生まれてきた。それは新生花キューピットの価値を今度はそれをお客様に向けても，宣言したらどうだろうか，という意見である。

花キューピット協同組合のホームページにブランドの約束を載せるという

アイデアもあったが，それだけではウェブサイトを訪れた人にしか見てもらえないという発言から始まった。ブランドシンボルと一緒に併記して，全国4,700店舗の看板に露出すれば，街中でそれなりに見てもらえるのではないか，という思いからである。この手法はサントリーが「水と生きる」，パナソニックが「Ideas for Life」としてロゴとセットで露出しているのと同じである。ここから新たにブランドスローガンづくりが始まることになる。

ブランドスローガンとは，ブランドの考え方を短く表現したもので，ブランドシンボルとセットで露出されることが多い。効果として，ブランドの約束がシンボルとセットでお客様に刷り込まれることが期待できる。花キューピットのコンセプト，「心に花を添えて，感動を生みだす」はブランドスローガンには長すぎる。そこでそれを更に集約した言葉の開発が始められた。

さまざまな言葉を集約し直し，組み合わせ，最終的に30のスローガン候補が開発された。そして時間をかけて議論をしながら，「そのスローガンは花キューピットが目指す方向を表現しているか？」「誰でもが理解しやすいか？」「競合に似たようなスローガンはないか？」という視点で精査を重ねていった。最後にはひらがなで"こころにとどく"というスローガンの採用を決定した。

（4） シンボルのリニューアル

それまでのブランドシンボルには，スローガンが併記されていなかった。このためブランドスローガン"こころにとどく"を追加するということは，ロゴやキャラクターとのバランスも含めて花キューピットのシンボル自体の再検討を行うという意味を含んでいた。ここからブランドシンボルのリニューアル検討が始まる。

ポイントは再開発でなく，リニューアルであるということだ。つまり現状の花キューピットシンボルを大きく変えず，微修正を加えることで，現代的な新しさを出し，かつかつてのアイデンティティは失わずにシンボルの印象

を変えようということである．シンボルのリニューアルが決まると，今度は現状シンボルの問題点が指摘されていった．

それらの与件を受け，花キューピットキャラクター（花キューピットちゃんと組合内では呼ばれていた）の線画を少し細くし，シンボルが小さく表示されても，身体の細部がつぶれずに見えるよう工夫をした．また手に持っていた矢を識別しやすいよう，そしてキューピットの羽を可愛らしく描き直した．地色のあるところに白抜きで載せられると花キューピットちゃんの目がよけいに大きく，迫力をともなって見えてしまうことも改良するため，目の大きさも若干小さくするなどの工夫が重ねられていった．

シンボルのロゴ（文字）部分に関してもリニューアルのための検討が重ねられた．現状の非常に丸みを帯びて美しく，特徴的なデザインをどう変えるべきか．現状の課題としてあげられたのは，通常の大きさの露出であれば問題ないのだが，カードや販促物などに小さく表示された時の判読性の低さであった．もとのフォントデザインの美しさを損なわないよう，判読性も高めるという難題を同時に解決すべく百近い数のデザインが開発された．

最終的に，花キューピットの真ん中の音を伸ばす「ー」を波型から直線に変え，漢字の「花」や「ピ」の部分の文字が交わる接点の出っ張りを削るフォントが選ばれた．これらの一連の作業が終わりつつあるとき，すでに2007年の秋を迎えていた．

図表4-2　旧シンボルと新シンボル

出所：「花キューピット協同組合」より．

(5)　新たな施策

協同組合では，新生花キューピットとして，新しい活動のあり方を模索していた．そしてそこからまた新たなサービスが生まれることになる．全ての

花キューピット取引を，きちんとブランドとして認識してもらうために，花束に「タグ」をつけようというアイデアである。

それまでは花キューピットで注文は受けても，配達時には各自店のラッピングで花を包み届けていた。お客様にも組合員にも，もっと花キューピットを意識し，愛着をもってもらうためには，自店の印以外にもきちんと花キューピットの取引であることが分かる印が必要ではないかというものであった。役員会でもすぐさま承認され，花キューピット取引の約束となっていった。

④ なぜ成功したのか

（1） 何が成果だったか

社員が普段同じ職場で働いている一般の企業でさえ，ブランディングを実行し，社内外に浸透させていくのは難しい。そんな中，全国の花店を集めた協同組合という形態でブランディングに取り組んだ試みは，この組織に何をもたらしたのだろうか。

現花キューピット協同組合の会長である井瀬美雪氏はこう語る。

「この組織は『親和と誠実』で始まりました。当時は信頼される花贈りがキーワードになり，皆で一致団結し活動してきました。その後，『3つの上質』というスローガンをつくり活動を継続しました。しかし時代が変わり，人々のライフスタイルも変わり，花が遠隔地から届くことも珍しくなくなるようになりました。今回のブランディング活動では，更に現在に合わせて花キューピットとはなんぞやという問いに答えを出したことだと思います。それが新しいスローガンである『こころにとどく』だったと認識しています。これは決して新しく生まれたものではなく，『親和と誠実』が根底の精神に流れているものだと理解しています。」

さらに井瀬は，今後の花キューピットの社会的存在についても明るい希望をもっていた。

「花キューピットの仕組みは，実は今の時代に非常に合っていると思っています。なぜなら，この取引が環境に優しく，かつ雇用を生み出す新しいシステムだからです。なぜならば，注文受け花店と配達花店が離れている場合，トラックを走らせるのは，お届け先に近い花店から配達先までの距離でしかありません。注文店から配達先までをトラックで走らせる必要がなく，CO_2削減に大きく貢献しているのです。また，1つのお客様の注文に対し，注文受け花店と配達店に仕事が生まれる仕組みであり，我々はこれをワークシェアリングと区別する意味で，ジョブシェアリングと呼んでいます。注文受け店には手数料が入り，配達花店には花の注文の仕事が入るという訳です。」

(2) 6つの成功要因

組織員同士の繋がりが企業体のように強くない組合組織においてブランディングを成功に導くには，次の6つの視点がとくに重要であると考えられる。

① 強いリーダーシップ

強いリーダーシップの存在が必要である。協同組合のような組織は一般企業と違って，組織内に平等意識が強く働いている。さまざまな意見をもった人間の集まりであり，このような組織で皆を説得して新しいことにチャレンジするのは非常に困難である。その際，強いリーダーシップを発揮する人物が一人でも存在することで，この局面を打開できる可能性が生まれるのである。花キューピットでは，役員間だけではなく一般組合員からも厚い信頼を勝ち得ていた佐藤氏の存在と，彼の決断がなければ花キューピットのブランディングは始まっていなかった。

②　全組合員の巻き込み

プロジェクトの早い段階から全組合員を巻き込み，ブランディングがなぜ必要なのか，我々が取りくむことのメリットは何か，をきちんと説明し尽くすことが重要である。平等意識が強い組織の中では，あらゆることが決まった後に皆に告知するようなことは強い反発を招きがちである。一般企業のブランディングプロジェクトでは，逆に早くから全社員を巻き込むことで，議論が堂々めぐりして何も決まらなくなることがよくある。その際企業では，ある程度のところまでを一部の組織で決めてしまってから，社内に活動を告知することがよく行われる。しかし協同組合のような組織では，それは全くの逆効果になりかねないのである。

③　客観的データの活用

客観的な調査データなどを上手く活用し，議論を進めていくこと。とくに保守的な組織においては，新しいことを実行することに対し，必ず抵抗勢力が存在する。その際，異なる立場の人間同士が主観でいくら語り合っても，議論はなかなか前に進まない。調査などを行い，客観的なデータを皆で共有することで，皆の意識を統合していくのである。

④　シンプルなブランド提供価値定義

ブランドの提供価値をできるだけシンプルに，かつ日々の活動に落としこめるようにつくることも重要である。個々の花店は，それぞれ社訓や経営理念などをもっている。その中で，更に協同組合のような組織のブランドの提供価値を記憶してもらい，日々の活動に活かしてもらうには，シンプルでかつ日々の活動に直結していなければ浸透していかない。

⑤　目に見える成果物の開発

ブランドスローガンやシンボルといった，目に見える形での成果物を開発することは重要である。普段は地元の花店で働く組合員の人達には，ブラン

ド戦略を導入し，今後変わっていかなければならないということは，言葉の説明だけではなかなか実感を伴って理解されにくい。そこで，目に見える形で変革を伝え，これからは変わっていくという決意を，理解してもらいやすくすることが効果的である。

⑥ インターナルブランディングの徹底

　通常の会社であれば，新ブランドの導入に際して，社内で発表会や特別イベントを行ったり，社内にポスターを貼ったりし，社員の意識を高めていく。しかし，協同組合のような組織では，個々の組合員は，通常自らの花店で働くのみで，一般企業のような環境にはいない。だからこそ，そのような環境下でブランドを浸透させ，組合員の意識を変えていくのは並大抵のことではない。しかし，いくら立派なブランドの約束をつくったとしても，顧客との接点においてそのブランドらしさが伝わっていかなければ，結果的にブランディングに取り組まなかったのと同じになってしまう。

　ブランディングの最終目標は，お客様にブランド価値を理解してもらい，ファンになってもらい，例え広告などをしなくとも，お客様の方から捜し求めてくれる仕組みをつくることである。そのためには，組合員の意識改革がもっとも重要なことであり，もっとも困難なことなのである。これを実現していくことで，はじめてブランドは浸透していく。

　新たなブランドを携え，花キューピットブランドは次の50年に向って走り始めている。

この事例からの学び

　商店街や企業同士連合組織のように，いわば一匹狼同士が集まった組織でブランド活動を実施することは困難を伴う。1つの企業体と違って，それぞれの組織員が自分の意見をもった集まりだからだ。この花キューピットの事

例ではこうした組織におけるブランド活動の1つの典型的な成功例をみることができる。

　4節にあるように，リーダーシップや全メンバーの巻き込みなどの要素がこうしたブランド活動には不可欠である。そしてこうした活動の全過程を通じて，「なぜブランド活動が我々にとって有益なのか」というロジックと説得力，そして情熱がこうした活動の遂行に求められるだろう。ブランド活動を行うとは，人を動かすことであり，そのためには，論理と感情の両方をもつことが必要なのだ。

〈謝辞〉
　本ケースは，花キューピット協同組合へのインタビューをもとに作成した。インタビューにご対応いただいた，花キューピットグループ協議会佐藤慶喜代表，花キューピット協同組合，井瀬美雪会長，川原常光専務理事に，心より感謝申し上げます（役職は2010年7月27日取材当時のもの）。

（長崎　秀俊）

CASE 5

ネット時代のフリーペーパーブランド

「R25」

本ケースのねらい

　『R25』は，毎号55万部を発行するフリーマガジンのメガヒットブランドである。インターネット世代に対し，紙メディアで挑戦したのはなぜだったのだろうか。また，フリーマガジンとしての新しいメディアの完成後もデジタルメディア，そして全国展開するなど，進化し続け，収益の源泉である広告主からの認知，支持も早期に獲得し，事業として継続，発展し続けることができたのはどうしてか。「読者」と「広告主」という2つの顧客層からの強固なロイヤリティは，どのように生み出されたのであろうか。

① どのように構想されたか

(1) リクルート社の事業

　株式会社リクルートは，1960年に東京大学新聞社の営業経験を元に，大学新聞の広告代理店業として江副浩正氏が創業した1大メディア企業である。ベンチャーの先駆けともいえる目覚しい発展を遂げ，現在ではグループ売上が7,527億円（2011年3月期連結決算・株式会社リクルート第51期決算報告書より），既に創業から52年を数える。求人情報雑誌の発行に始まり，人事研修，人材斡旋，人材派遣など人材系事業を母体に，大学・専門学校情報，住宅情報，その他ライフスタイル情報，近年では街の生活情報にまで取扱い

123

領域を広げている。

　発行メディアは雑誌に留まらず，Web，モバイルなど，新しいメディアにもいち早く取り組み，成果を上げている。またこれまで数多く生み出されたヒット作である，『ゼクシィ』『ダ・ヴィンチ』『ホットペッパー』など，そのほとんどは社員からの提案によるものである。

(2) ネット世代の提案

　ここで取り上げる『R25』も，創刊年の2004年から遡ること1年半，2002年に同社の新規事業開発コンテスト（通称・New Ring）で準グランプリを受賞した提案である。提案主は，『R25』の読者層と重なる世代である20歳代半ばの若手社員7名のグループであった。

　いわゆるインターネット世代と呼ばれる彼らが考えたコンセプトは，紙メディアを中心とした「ペーパーポータル」である。「ポータル」とは，インターネット上で必要な情報にアクセスしようとする時の入り口であるが，それを紙メディアで実現しようというものであった。

　この提案が，経営者に評価されたポイントは3つある。まず，この新メディアが提案された2002年当時のリクルートは，主力事業である情報誌事業をインターネットにシフトして，紙メディアをネット版商品に置き換えることで売上の拡大を目指していた。しかし売上高構成は雑誌売上が76.1％に対し，インターネットは15.9％（株式会社リクルート第46期決算報告書「第46期（2006年3月期）決算概要」より）で，いまだシフトチェンジの成否はまだみえない時期にあった。

　一方で，街のクーポン情報のフリーマガジン『ホットペッパー』が同年には全国で38版を発行するほどに拡大し，世の中のフリーペーパーブームを後押しするなど，新しい事業の芽も育ち始めていた。そのため事業経営の方向性は，「情報誌からフリーペーパー，ネットへシフト」（株式会社リクルート第43期決算報告書「第43期（2003年3月期）決算概要」より）とされ，インターネットだけにシフトするのではなく，フリーペーパーという新たな紙メディ

アへの期待値も高かったのである。つまりこの「ペーパーポータル」の提案は、一見インターネット時代、活字離れ世代に逆らうようにもみえるが、リクルートの社内では、フリーペーパー事業拡大の路線に沿ったものであった。

図表5-1　リクルートのインターネット関連とフリーマガジン売上高

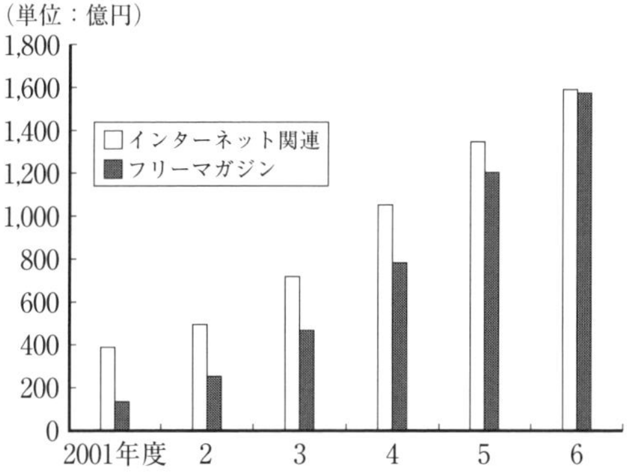

(単位：億円)

出所：日経広告研究所『広研レポート』2007年,11月号より。

図表5-2　リクルートのフリーマガジン

	版数		発行部数（万）	
	2007.10	2006.2	2007.10	2006.2
Hot Pepper	49	49	563.5	565
TOWNWORK	124	88	602.89	501.5
住宅情報タウンズ	58	34	207.74	141
住宅情報マンションズ	6	1	43.5	12.6
Car Smile		12		48
R25	1	1	60	60
L25	1		40	
合計	239	185	1,617.63	1,328.10

出所：図表5-1と同じ。

評価の2つ目のポイントは，この「ペーパーポータル」が，これまでリクルートが得意としてきた，目的が明確な消費者のための細分化市場向けの商品ではなく，M1層（男性20歳〜34歳）というボリュームゾーンを狙うマスマーケティング志向の提案であったことである。マスマーケティング領域は，これまでリクルートが取り込めなかった一般消費材などを扱うナショナルクライアント，つまり大企業広告主の広告出稿を受け入れることが可能になることを意味する。

　またこの提案は，リクルートとしては当時の成長戦略の中心的課題と位置づけていた，「アテンション・メディア」の提案でもあった。これまでのリクルートの情報誌は，徹底したターゲット・セグメントをして，そのターゲット・ニーズを具体化することを得意としていた。消費者の最終的な行動や購買（住宅でいえば問合せ・契約，求人でいえば応募・採用など）を促進する「アクション」に強いメディアのことである。

　つまりこれまでのリクルートの成功モデルは，消費者の心理プロセスモデルであるAIDMAでいえば，後半の4つ，すなわちInterest（興味）→Desire（欲求）→Memory（記憶）→Action（行動）をカバーしている。しかし，このプロセスモデルの起点となる，潜在顧客も動かすAttention（注目）のプロセスだけはカバーできていなかった。このペーパーポータル構想は，まだ取り込めていないこうしたプロセスもカバーできるプランであったことが評価された。

　評価された3点目は，「ペーパーポータル」という紙メディア上のポータルを目指すという提案点である。「ポータル」は，「Yahoo!」「Google」などインターネット上の入り口で知られるが，この提案は紙のメディアを起点として，そこからその他の情報へコンタクトしていくというものであった。インターネットのポータルサイトは，インターネット上でつながることができるが，ネット上で完結するのに対し，この「ペーパーポータル」と称した新メディアは，読者がそこで知った情報を紙以外の他メディアでも得ていこうという動機づけが想定されていた点が評価されたのである。

以上のように成長の可能性を幾重にもはらんで，この提案は受け入れられた。一見困難そうな命題であっても，新しい提案を受け入れる組織風土の源は，「他にやっているところがないから，そのマーケットは空いている。マーケットが空いているなら自分たちが取りに行く」と考えるリクルートらしいシンプルでアグレッシブな発想にある。

　このあと，メディア作りのプロセスでも，さまざまな決断の場面で，こうした姿勢が成功への決定を左右していくのである。

(3) 『METRO』から『R25』への発想のプロセス

　ペーパーポータル発案者の小林大祐氏は，当時入社3年目であった。「自分と同世代にぴったりのメディアがないと感じていたことが，そもそもの発端です。ネット時代に社会に出た世代は新聞を読まないという事実はあるが，だからといって政治や経済を含めた社会の情報に興味がないわけでも，紙媒体が嫌いというわけでも決してない」(「毎週60万部の巨大フリーペーパー『R25』誕生『宣伝会議』2005年1月号」p.70) と企画の端緒を振り返る。

　この構想の下敷きは，1999年にロンドンで創刊されたフリーペーパー『METRO』であった。都心で働く通勤客が毎朝通る駅で無料で手軽に手に入れ，通勤時仕事場に着くまでの時間で読むというスタイルが受け，アジア，アメリカにも進出したメディアである。現在では，世界各地でトータル日刊2,000万部以上発行されている。

　この提案は，『METRO』のような　フリーペーパーをつくり，東京を中心とした首都圏で発行し，M1層（20歳〜34歳の男性）に読ませるという計画である。当時首都圏のM1層は推定300万人であった。発行規模は，その3分の1を獲得する100万部と想定した。同世代向けの雑誌でみると，男性ヤングアダルト誌のカテゴリーで最大発行部数はマガジンハウスの『Tarzan』で，全国で171,892部（『マガジンデータ2010』日本雑誌協会）であった。ターゲットは違うがフリーペーパーとしては，職域内配布でOL向けの『シティリビング』が，やはり全国で，63万部（『日本のフリーペーパー2006』

日本生活情報紙協会）という規模であるから，その部数想定は非常に大きなものであったことがわかる。

　実際この100万部フリーペーパー構想は，日刊紙制作ノウハウや輪転機による印刷など物理的に不可能な点があり，最終的には新聞ではなく週刊のフリーマガジン50万部発行に落ち着くことになるが，あくまで都心で働く20～30歳代の男性を捉えるという，ターゲティングに変更はなかった。

　1年間の研究の後，事業化が決定，2003年10月「ペーパーポータル推進室」が組織され，「活字を読まない若い世代をターゲットにしたフリーマガジンをつくる」，「ペーパーポータルと名乗る以上首都圏で100万部のリーチを目指す」，「今までのリクルートとは違う全く新しい価値をもったメディアを目指す」をミッションとして事業化がスタートした。このタイミングで，後に編集長となる藤井大輔氏が事業に加わる。『ダ・ヴィンチ』『ゼクシィ』『エイビーロード』など支持の高い本づくりには定評がある藤井氏の参加で，ここから本づくり，ブランドづくりが一挙に加速する。

２　ブランドをつくりだす

(1) ターゲットの心を読む

　ターゲットセグメントは，M1層の中で，さらに捉えるのが難しいといわれていた「都心で働くビジネスマン」である。これまで，この層では，一般雑誌でさえ多部数を発行できるものはなかった。とくにファッションや趣味の分野は細分化され，大部数で発行されているものはない。購買意欲が高いといわれるのはM1ではなく，女性20～34歳のF1層であり，そちらを狙ったほうがよいのではないかという意見も多かった。

　そこで『R25』刊行のための準備室は，ターゲット世代に対する徹底的なインタビューを開始する。そのとき既に，1万人規模の定量調査の結果は手元にあったのだが，どうしてもそのターゲットの実像がみえないと感じてい

た。そこで定量調査ではみえてこない本音を聞くために，200人規模のインタビューが夜，居酒屋などで行われた。そして彼らの本音に接することができ，次のような実像を発見する。

「Ｍ１世代のビジネスマンは，情報に敏感で，多忙な中，時間を有効に活用したがっている。自分の価値に一番関心があり，自意識過剰でカッコつけ。そこそこイケてると思っているが，確信はない。顔には出さないが不安感もある。だから実は助言が欲しい。」

当初，編集の藤井氏は，Ｍ１層（若手ビジネスマン）が読者層と考えるならば，TVや映画などのエンターテインメント情報を本誌のコンテンツの柱になるだろうと考えていた。しかし，実は彼らは本音のところで社会的な情報を欲していて，しかも，それを分かりやすく教えて欲しいという希望が多いということに気づいたのである。

インタビューの中で，「日経は読みたいが難しい」，「自分たちの言葉でないので，『上から目線』に感じる」，「分かりやすくして欲しい」という声が多く聞かれた。当初，日経新聞を読んでいる，ワールドビジネスサテライトを見ていると言っていた彼らも，実は新聞もニュースの経済番組も見る時間がない。インターネットでニュースのヘッドラインは見ているが，それがどういうことなのか，それをどう考えたらよいのかという深い部分までは読み込めていないという実状もわかった。

それであれば，同世代の先輩のような立場で，読者と同じ視点に立って，それを読み解いてあげればよいのではないだろうか。「サルでも分かる」「基本のキ」という上から教えるような言い方ではなく，「そういえば○○ってどうなったの？」「そもそも△ってなに？」というような同じ目線の言い方を使うなども，こうした実際に居酒屋で行われたインタビュー調査から得られた成果である。

これらの成果が後に，関係者間で共有される「R25をつくるための10の原

則」となる。このときのことを，藤井氏は「若手ビジネスマンのカウンセラーじゃないが，傾聴と共感を大事にして話を聞きました。カスタマーの心に耳を傾け，共感していくうちに，彼らの本音に触れることができたのです。上から目線でなく教えて欲しいといわれたら，できるだけそれに従うというだけの簡単なこと。だから彼らの本音に忠実につくるだけでよかったんです」と語る。

さらにこのインタビューは，漠然と描いていたM1層を，「入社歴3年〜30代の前半までで危機感や問題意識をもつ層」と特定することに貢献した。これらが後に，一部広告主にも配布された「ブランドブック」や内部スタッフ向けの「ブランドカード」にまとめられる元になった。

定量調査ではみえなかった読者層の本音を引き出したこのインタビューは，『R25』ブランドの精神であり読者との約束の礎を築く大きなきっかけになった。そして『R25』は発刊早々に読者層に受け入れられ，ブランドとして認識されたのである。

(2) ターゲットの動線を描く

本誌の読者層とコンテンツはこれでほぼ決定したが，次に本誌の流通チャネルを考える必要がある。

本誌の読者シーンは通勤時と考えるが，さらに細かく，「通勤動線」上の彼らの行動シナリオを描いて，このマガジンが手に取りやすいポイントを特定していった。

これまで読者層の情報接触は仕事のときは仕事上の情報が優先され，帰宅すれば趣味など自分の興味がある情報に時間を割いて接していることが分かった。そのために，本来必要と考えている政治や経済など公共性の高い社会的情報を，入手する時間をもつことができないというのは明らかであった。

とくに，インターネットやニュースでヘッドラインを見ることはあるが，それを深く掘り下げる時間はないので，その内容をきちんと理解できていな

いし,それに対する焦りもある,とはインタビューから学んだことである。そこで通勤の行き帰りのどこに「ちょっとした心のスキマ」があるかを探っていった。

　すると,通勤時間の中でも,朝ではなく,「帰りの電車の中」という時間帯が浮かび上がってきた。とくに何をするでもないこのヒマな帰りの電車内で読んでもらえば,大事な時間を圧迫することもなく,またヒマつぶしとして気軽に手に取ってもらうことができる,と考えたのである。

　こうして終業後まっすぐ帰宅することが多いM1層には,会社から駅までの動線上に配布ポイントを網羅することにした。先行して発行されていたフリークーポンマガジンの『ホットペッパー』は,当時首都圏だけでも200万部近く配布していたが,事業部が違うこともあり,その場所を使うことができなかった。

　しかし読者層が違う『R25』にとっては,この独自の配布ラックの設置が奏効する。『R25』の配布ポイントは,駅の中の電飾看板があった場所を改

1　藤井［2009］。

良し棚をつけたものが多い。ここにラックをつけたのはリクルートが『ホットペッパー』で東急線から了解を取り付けたのが最初であるが，『R25』の創刊時に，この方法を他路線にも一気に拡大していった。

　もともと駅の看板は，駅の乗降客数によって予め決められた等級があり，設置位置によって通行人数などのデータもあるので，電鉄側も料金の設定がしやすい。月額単位で，列の大きさに応じて価格設定されたラックスペースは，その後リクルートに限らず多くの企業が利用を始めた。当時不況下でクライアントの広告宣伝費の削減から空きスペースとなっていた看板スペースが再利用されるという副次的効果もあった。元々看板スペースであるから，看板的な装飾ももちろん可能である。設置されたマガジンがすべてさばけてしまったあとは，宣伝媒体としても機能する。壁面に施されたロゴやビジュアルアイデンティティが目に付くからだ。

　駅に次いでコンビニエンスストアの店頭も重要なポイントであった。帰宅時の動線上にあるので，配布場所として中心になるのはもちろん，ターゲット層は帰宅時にコンビニエンスストアに立ち寄り，そこでなんらかの商品の購入をしている。しかもとくに『R25』の広告主のうち，もっとも出稿を期待されていた飲料，食品メーカーの商品を購入することが多い。これら企業は，主要な販売ポイントであるコンビニエンスストア内に自社の広告が掲載された本誌を置けることと，本誌そのものを帰宅の電車の中で読み，店に入る直前に広告に触れることの両面の効果に期待した。コンビニエンスストアは対読者だけ

でなく，対広告主からも期待されるポイントとして重点的に開拓された。

　駅やコンビニエンスストアへの設置だけでなく，その動線上にある書店，飲食店，クリーニング店などにも，網の目のようにポイントを張り巡らした。M1層が多く集まるターミナル駅で夕方5時から10時くらいを徹底的にリサーチし，設置の場所，数を特定していった。広告出稿の審査基準が厳しいJRは，構内に設置できないことも多かった。その場合は，駅から近くにある店舗などにどれだけ置けるかが，重要な戦略となった。結果的に，規模に応じて1駅あたり20～80ポイントを確保して，創刊時のポイント設置数は約3,000ポイントからスタートすることになった。

(3) どうデザインされたか

　誌名『R25』のRは，映画の年齢制限規定の用語で，R12やR18＋など，それ未満の年齢の人は見ることができない，という表記と同じ意味をもつ。つまり，「25歳以下お断り」という意味である。誌名はいくつかの案があったが，ロゴ，表紙をつくって比較してみると，『R25』がシンプルで，表紙上部にどっしり構えたデザインになった。また誌面に収録するレビューの数が25であったこととも合致しており，またRそのものに，「リボーン」や「レボリューション」といった変革，革新のイメージも感じられる。

　表紙デザインは当初アイドルの起用で写真を使用することを考えていたが，電車内で読むのに恥ずかしいという声から，イラストを使用することにした。これは後に，表4の広告を，広告主支給の純広告ではなく，「模倣表紙」として表紙面と似せて広告主の広告誌面をつくったときに，電車内で広げると大きな画面になってインパクトがあるというプラスの効果ももたらした。

　一度見て印象に残り記憶される，ネーミングがシンプルで覚えやすい，誌名そのものが媒体のコンセプトを言い表している，など，ブランドが浸透しやすい要件を満たしていることも早期のブランド化の大きな要因となった。

(4) もう1つの顧客「広告主企業」

　フリーマガジン事業の継続には，読者の支持はもちろんであるが，広告主企業からの継続的な出稿も不可欠である。『R25』がリクルートにとって新しい価値をもたらしたのには，もう1点，広告の営業を自社では行わず，広告代理店の電通に預けたという決断がある。これまでのリクルートの広告ビジネスは，自社の営業部隊が広告主と直接契約を行うケースが多かった。そのため代理店マージンが発生せず利益率が非常に高い事業が展開できていた。しかし，『R25』では，これまで窓口が少なかった大手広告主の宣伝部を取り込む必要があったため，ルートのない広告主の開拓は大きな負担となる。

　そこでリクルートは，自社の宣伝部の長年のパートナーであり，広告業界においてはライバルと称されることもあった電通に協業を依頼した。当時の広告業界は，不況のあおりも受け，2002年は日韓ワールドカップの開催年であったにもかかわらず，全体の広告費は2年連続で前年割れ，とくに雑誌を含むマス4媒体の2年連続減少が大きく響いており，唯一インターネットだけが前年から伸長したという状況であった。[2]

　その意味で，電通はいち早くクロスメディアでの絶対的成功事例を展開したいと考えており，そこにこの案件が飛び込んできたのである。電通1社買い切りというメリットも大きく，そこからリクルート，電通という2大メディア企業の協業が始まった。恐らく『R25』の創刊が5年早ければ，このようなタッグは組まれなかっただろう。『R25』のヒットには，このリクルートの英断と電通の決断が，実は大変大きな役割を果たしたといえる。

　実際の現場の担当者は，当時電通の雑誌局で『ホットペッパー』を担当し，サンプリングや交通広告とイベントを組み合わせたホットペッパーパーティーなどの提案をしていた内田正剛氏となった。内田氏はその後，リクルートに出向し，『L25』（R25の女性版・2006年11月創刊・現在は休刊）の編集

---

2 「2002年　日本の広告費」電通。

長も務めるなど,『R25』ブランドの成立にも大きな役割を果たしている。

創刊前の広告主へのヒアリングも電通が受け持った。マスメディア全体の広告出稿が減少する当時,新聞・雑誌といった紙メディアへの期待値は下がる一方であった。しかしM1層というターゲットを追うメディア『R25』には,まず飲料,食品業界が興味を示した。難航不落と考えられていたM1層と,チャネルとして有力なコンビニエンスストアをつなぐこの新メディアは,その点で一定の評価を得たのである。大手企業からの安定的な広告出稿は,メディアの成長に不可欠である。このヒアリングは,難しいメディアづくりであることを再認識させられたが,可能性も充分感じられるものとなった。

その電通とリクルートは2005年10月に,クロスメディア・プロモーションの専門会社,株式会社メディアシェイカーズを合弁で設立した。現在はR25スタッフもそこで本誌づくりを行う一方,『R25』に限らずクライアントへのクロスメディア提案をさまざまなメディアを駆使して,一手に行っている。

③ ブランド価値を高める

ブランディングの目的は,永続的な事業運営のためのものである。だとすれば,『R25』のブランド価値は,読者の心に刻まれるブランドアイデンティティ,ターゲット読者の獲得だけでは成立しない。それは,『R25』のもう一方の顧客である,『R25』を活用しようという広告主企業の宣伝部担当者の心の中に刻まれ,広告計画時に常に想起されるメディアとなって初めて,『R25』のブランドが機能したといえる。

2004年3月,『R25』は,トライアル創刊をした。毎週木曜に20万部を発行,これを4週間継続する。4週間後,読者のプロフィールは,男性比率が81％,そのうち20〜30代のビジネスマンが50％,会社員比率は72％を占め

た。無料で受け取れるメディアで，この数値は狙い以上の大きな支持を得たと読むことができる。これにより，2004年7月に正式創刊，週刊50万部でスタートを切ることが決定した。

(1) クロスメディアシステムへの発展

　週末直前の毎週木曜に50万部を発行，ほとんどのラックで，即日なくなるという圧倒的な支持を受け，『R25』の認知は早々に高まった。自店舗の販促になるからとラック設置を許可した商店では，あまりに早く『R25』がなくなってしまうため，自分で読む暇もないという話がいたるところで聞かれた。駅やコンビニなど，新しい号が入る都度，すぐになくなる状況は，単なるヒマつぶしを超え，充分「認知されたメディア」になったと言える。

　創刊当初は，広告出稿状況が思わしくなかったが，創刊してしばらくすると「結構読まれているみたいだ」と気づいた広告主企業から，電通に問合せが入るようになる。駅や街で日々目に入ることで早期の認知を獲得し，本来の『R25』の顧客である広告主市場にも広まり，事業の立ち上がりは早まることになる。

　『R25』の掲載料金はカラー1頁250万円である。先にあげたマガジンハウスの『Tarzan』がカラー1頁150万円。1部あたり広告費で見れば『R25』の方が安いが，グロスの金額では『R25』の方が高い。さらに，1社買い切りのキャンペーンにすると約5,000万円規模という高額案件でもある。さすがの電通マンも雑誌の提案としては滅多にない大規模案件で言い出しにくかったというが，売る側の意識に反して，大手広告主はこれを「キャンペーン予算」の中で判断した。

　当時雑誌のメディア価値は低下していたが，広告計画上『R25』は1メディアではなく，「全体コミュニケーション戦略」の一部として捉えられたのである。こうした広告主からの評価は，電通マンにも自信を与えることになる。創刊して3カ月目に，缶コーヒーのキャンペーン事案で，1号を商材のイメージカラーに合わせて赤と青の2色に刷り分け，また編集記事に連動

して紹介し，さらに電車の車内吊り広告もタイアップで掲出する企画が実現する。

こうした事例が入り始めると，さらに受注は活性化した。「他でやっているものを見たが，うちはもっとおもしろくやりたい」ということで，広告主側から競ったように引き合いや新しい企画提案が入るようになった。こうして『R25』は早期に，広告主市場に対しても，「唯一ではないが相当読まれているＭ１層に有効な活字メディア」である，というポジションを築いたのである。

(2) 広告手法に新しい価値を付加する

2004年7月の創刊と同時に，Webサイト『R25.jp』（現在『web R25』）が同時スタートをした。モバイルサイトは，2005年7月から『R25式モバイル』（現在は『mobile R25』）がスタートする。しかし，『R25』が広告主から評価されたのは，雑誌とインターネットという異質なメディアラインを同時に用意しているという単なるメディアミックス的な点ではなかった。

その評価は，まず『R25』とＭ１層のビジネスマンとの接点を通勤移動線で捉えるという「コンタクトポイント」の概念にある。つまりキャンペーン全体が実際に目に見える形で紙メディア，交通広告，設置ラックなどさまざまなメディア上で展開されていたことが，それまで「クロスメディアってなんだろう？」と疑問をもっていたクライアント層にその答えを提示することができたのである。

また，当時のクロスメディアに対して，広告主企業は，予算を立てるというイメージをもたなかったので，「フリーマガジン＝雑誌メディア」というメディア形態は，むしろ予算規模がイメージしやすく，広告主に対して非常にわかりやすい料金提示ができたと言える。TVCMよりは安く，しかしキャンペーンとしてはある程度のインパクトとボリューム感を得られるので，さらに上の社内稟議をとりつけるにも説明がしやすいものとなった。

広告宣伝作業では，「これまでにない」「新しい」という観点がとても大事

にされる。『R25』のこうしたクロスメディアキャンペーンとしての成功は，当初いわれていた「ターゲットニーズに合わせて，新聞を別の形に置き換える，というアイディアは刺激的だが，新しいものではない」といった見方を早々に覆した。飲料，食品，IT，デジタル家電に始まり，金融や，選挙，道路，国税など官公庁なども広告主として顔を揃え，幅広い業種から支持を得るまでになったのである。

(3) 『R25』らしさを維持する

　広告が入り始めると，本づくりをしている編集現場には，クライアントの要請を受けて行うタイアップ的な誌面づくりも増えてくる。これは編集長である藤井氏にとっては，困ったことでもあった。編集者として独立した立場で独自の視点で記事づくりをしたいというよりは，単純に，ネームバリューも販売量も歴史も，『R25』とは比べ物にならない大手企業のメジャーブランドが，「R25を食ってしまうのではないか」と思ったからである。

　通常の媒体では，広告掲載のルールを壊してでも担当している広告を目立たせることが営業の腕の見せ所である。一方で，編集側は細かいルールで縛り一部を緩和して，あくまでも媒体に広告を「載せてあげる」という運用をすることが多い。しかし，こうした既存の雑誌のやり方では，むしろ「フリーマガジンのよさが損なわれてしまう」と藤井氏は考えた。それであれば，記事と広告の垣根を越えることが『R25』のブランド価値なのではないか。

　たとえば，同じ缶コーヒーでも，明らかに広告とわかるようなクリエイティブ表現より，『R25』で缶コーヒーについて記事のように楽しんで読めれば，読者は支持をする。そしてさらにクライアントにとっても，価値がある広告手法になるであろう。こうして『R25』に広告を載せることは，単なる広告ではなく，情報・広告そのものをエンターテインメントに変えて，新たな価値を提示することになったのである。言い換えれば，広告は記事と同じくコンテンツであるという考えを『R25』の誌面で表現してみせたのであ

る。

　『R25』のブランド・コンセプトとして内部で共有されている「R25　10の原則」の中に，「R25はデラックスなヒマつぶしである」という一節がある。いわゆる雑誌におけるタイアップ広告は，記事に見せながらそれでも明らかに広告とわかるつくりのものがほとんどである。そしてそのために読者が読み飛ばすこともある。

　しかし『R25』では，それがタイアップ広告であっても記事としてしっかり読め，しかも読者からの支持も高い。つまりそれが広告であるか，記事であるかは関係がなくおもしろければよいのである。たとえば"100円マック"のタイアップ記事は，『GWは小さな大冒険』。編集者が実際に自転車でいろいろなところを訪れて，その途上でマクドナルドに入ったりする記事として読ませたが，読者支持率は大変高かった。

　映画『バットマン・ビギンズ』のタイアップでは，バットマンが悪者ということに絡めて『悪役を引き受けよう』という企画を入れ込む。職場でも，悪役という役回りを受け持つことで，どんなことがあるか，何ができるか，誌面で楽しみながら考えることができる。

　クライアントからさまざまなタイアップの要望がくることは，むしろ記事の自由度を高めているのかもしれない。またタイアップ広告では，通常はクライアントの主張や言い分をそのまま伝えることを要望されることが多い。しかし『R25』については，R25的コンセプトを入れることを，クライアントも理解している。

　『R25』の編集作業とは，クライアントの言いたいことと，読者の知りたいことのギャップを埋めることだ。だから，単に広告主の言い分を展開するだけより，圧倒的な価値を付加することができるのである。そしてこれらが集まって，読んでおもしろい『R25』になるのだ。

　しかし実際『デラックスなヒマつぶし』のための，編集の決まりごとはたくさんある。まず1コラムは電車で駅ひとつ分を移動する2分くらいで読める分量にしている。これを約800字と換算して，この塊をカセット形式で並

べる。

　編集には多くのスタッフが関わっている。当時編集部員は10名だが，うち契約社員が7名，業務委託が3名で，そのほかに外部スタッフが1号あたり10〜15人はいる。創刊当初は藤井氏ひとりで回さなければならなかったので，外部スタッフを多数巻き込んだ。その際主に藤井氏が『R25』の前に在籍した『ダ・ヴィンチ』の編集をしていたときのネットワークを使った。

　経済，政治，文化などそれぞれ得意分野をもつスタッフから無記名でネタを出してもらったものをブレストし，投票で掲載記事を決める。できるだけ読者に近い目線でネタを選択したいが故の方法であった。R25は物の本質を理解したい人のための記事をつくっているので，このやりとりは重要である。

　多くのスタッフが関与する編集で，必ずおさえなければならないトーン＆マナーの維持は，こうした本づくりの仕組みの中に埋め込まれ，さらにブランド・ステートメントの明確化，共有化で結実した。

(4) ブランド・ミッションを関係者間で共有する

　2005年10月に「ブランド・ステートメント」と「R25　10の原則」を作成した。これを持ち歩きできるようにカード形式にして，関係者間で共有をした。図表5-3は，そのカードの中でステートメントを更に具体的に理解できるよう掲載したものである。さまざまなバックグラウンドの人が集まって『R25』を作り上げる中で，「R25とは，『第2の成人』を迎えるための教科書である」というブランド・ステートメントの理解は不可欠なことであったのだ。またさらに理解を深めてもらうため，冊子にまとめたブランドブックを作成し配布した。ここでは『R25』と『R25』の読者の相互関係をイラストで解説し，ブランド・ステートメントを明記している。このような「ブランドのミッション」を，明確に関係者間で共有をしているからこそ，ブランド価値が維持されているのである。

　ブランド・ステートメントを共有して意識を合わせておくには，単に作り

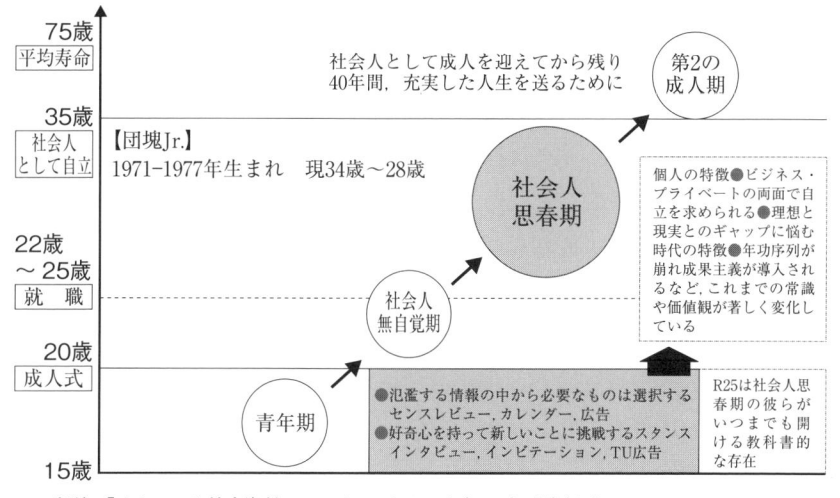

図表5-3　ブランド・ステートメント解釈図（2005年当時）

75歳 平均寿命
35歳 社会人として自立
22歳〜25歳 就職
20歳 成人式
15歳

社会人として成人を迎えてから残り40年間，充実した人生を送るために → 第2の成人期

【団塊Jr.】1971-1977年生まれ　現34歳〜28歳

社会人思春期

社会人無自覚期

青年期

●氾濫する情報の中から必要なものは選択するセンスレビュー，カレンダー，広告
●好奇心を持って新しいことに挑戦するスタンスインタビュー，インビテーション，TU広告

個人の特徴●ビジネス・プライベートの両面で自立を求められる●理想と現実とのギャップに悩む　時代の特徴●年功序列が崩れ成果主義が導入されるなど，これまでの常識や価値観が著しく変化している

R25は社会人思春期の彼らがいつまでも開ける教科書的な存在

出所：「リクルート社内資料・R25ブラントカード(2005年1月)」より。

手側の内部だけでなく，広告主サイドにも働きかけようと，2007年の10月には『R25』のクロスメディア・プロモーションを解説する，「クロスメディア・プロモーションのトリセツ」という冊子を作成，広告主企業にも配布した。

　当時のクロスメディアは，インターネットを中心に組み立てるものと考えられており，そのために難しいものと捉えていた広告主も多かったが，『R25』は広告主企業に馴染みのある「紙メディア」を起点としてクロスメディアを考えることができる，という具体的方法を示したのである。さらにこのように解説書を作成することで，『R25』は単に広告掲載ができるフリーマガジンという1媒体ではなく，クロスメディア・プロモーションを実現するシステムである，というこれまでにないポジションを確立しようとした。必要に応じて，このように顧客を巻き込んでいく方法論は，ブランド価値を高める上で，大変重要な役割を果たしたといえる。

第Ⅱ部　ブランド・ケース編

④ ブランド再構築への課題

　こうして『R25』は早期にブランドを確立した。しかし，それによりまた早くも成熟化の流れに入ってきているようにもみえる。それは年代別セグメントのメディアを作るとき，どのメディアも避けて通れない宿命だが，読者の加齢への対応が常に必要である。

　創刊から既に8年，創刊時の25歳もいまや33歳。変化し続ける読者，入れ替わる読者のニーズに答えるには，そのコンセプト部分の見直しも必要かもしれない。実際に編集部では2010年にも，当時M1層にあたる読者層のヒアリングを行っている。そこでは創刊時に描いたM1像とは大きく違う点も明らかになった。創刊時の徹底的なインサイト・リサーチから生まれた強固なブランド価値は，今また現在のターゲット読者と練り直していくことで，守られ，また新しくされていくものであろう。

　また一方，不況による広告市場の停滞により，収益面にも不安を抱える。『R25』は，他のリクルートのメディアと違い，利益率が低い。営業的に広告集稿が厳しくなった場合，コストを削減することしか，収益性の改善の策は見当たらない。事実2009年の10月に，それまでの週刊を月2回刊とし，設置ポイント数を4000から2000まで減らし，配送，設置コストの効率を高めている。

　しかし，このような中，2011年1月，首都圏媒体であった『R25』は，配布エリアを大阪・名古屋にも拡大し，2012年現在は発行部数を55万部としている。加えてデジタル領域でも，Web，スマートフォン強化の戦略を打ち出し『web R25』は月間1,000万ユニークユーザー，5,400万ページビュー，『R25 for Smartphone』は59万ダウンロードを獲得している。

　この読者市場と広告市場，2つの層を顧客とするメディアブランド『R25』は，実際は圧倒的に読者の支持がクライアント市場を牽引してブランドを築いた事例である。つまり読者のブランド・ロイヤリティが先行して確固たる

ポジションを築いたからこそ,広告主が支持するメディアとなったのである。次のステージに入る『R25』が,今また,読者ニーズを中心に再構築を図ることは,ブランドの維持,拡大に大きく寄与するであろう。

　『R25』の永続的な発展には,再度,次のR25世代の本音を探りながら,新たな『R25』ブランドを創出する必要がある。そしてこの新世代の読者の支持こそが,また新たな広告主を掘り起こし,ひいては事業の永続と安定を約束することになるだろう。それが実現したとき,読者にも,広告主にも,長く愛される真のロングライフ・ブランドになることができるのである。

この事例からの学び

　『R25』は,当初からブランドづくりを最優先にしていたわけではない。徹底してターゲットマインドの深層を探るインサイト・リサーチを重ね,さまざまなブランディング要素を引き出し,それを具体化してきた。さらにブランド・ステートメントをつくり,メンバー間で共有して作り手側の読者志向を深める一方,もう一方の顧客である広告主企業との共有も行い,読者市場・広告市場という異質な両者からの支持を強固なものとしたのである。

　結果として,『R25』の戦略は正にブランド・マネジメントの教科書的な手順をきちんと踏んだ,ブランド戦略の優等生ともいえる。『R25』ブランドの成立には,ターゲットである『R25』世代が無意識に求めていたものを,徹底して直接インタビューして聞き取り,「新聞より親近感,インターネットより信頼感」[3]のあるメディアを,1つ1つ形にしてみせた,丁寧な商品開発プロセスがあったのである。

　優れた商品づくりの根底には,必ずブランドにとって重要な核となるコンセプト,ブランディング,コミュニケーションという3要素が存在してい

3　藤井［2009］。

る。これら内在するものを，当事者自らが丁寧に掘り出すこと，これこそが短期のブランド化のカギであり，近道なのである。『R25』の事例は，それをわれわれに教えてくれる。

〈謝辞〉

本ケースは，株式会社リクルート事業開発室web R25編集長藤井大輔氏，同室古泉政英氏，株式会社電通雑誌局雑誌ブランドビジネス部スーパーバイザー内田正剛氏への2010年5～6月のインタビューを基に再構成したものです。快く取材に応じ，資料提供にもご協力いただいた皆様に感謝します（所属・肩書きは取材当時のもの）。

【参考文献】

岩村水樹［2006］「男性団塊ジュニア応援マガジン『R25』」『NTT東日本BUSINESS』（5月号）NTT東日本。

広研レポート［2007］「リクルートの無料誌，ネット関連部門2006年売上高」『広研レポート』No. 246　11月号，日経広告研究所。

週刊東洋経済［2009］「電通vsリクルートvsヤフー」『週刊東洋経済』6月13日号，東洋経済新報社。

宣伝会議［2005］「毎週60万部発行の巨大フリーペーパー『R25』誕生」『宣伝会議』1月号，宣伝会議。

宣伝会議［2009］「『R25. jp』リニューアル」『宣伝会議』1月号　宣伝会議。

田中洋［2002］『企業を高めるブランド戦略』講談社。

藤井大輔［2009］『「R25」のつくりかた』日本経済新聞出版社。

編集会議［2006］「巨大メディア企業分析」『編集会議』1月号　宣伝会議。

株式会社リクルート　決算報告書
　　＜http://www.recruit.jp/company/data/result/51.html＞（2012.4.23）

ヤノ・レポート［2006］「情報出版社　情報サービス出版社の台頭」『ヤノ・レポート』No. 1210，7月25日号，矢野経済研究所。

（京ヶ島　弥生）

CASE 6　独立行政法人がつくったブランド

「フラット35」

本ケースのねらい

　かつての住宅金融公庫は独立行政法人住宅金融支援機構に生まれ変わった。そして，公庫の時代と異なり，機構自らが商品をPRしていくことが不可欠となった。商品名を覚えてもらうという，住宅事業者や住宅情報誌からの当面の要望に応える形で始めたのが，ブランド活動だった。なぜ「フラット35」は住宅ローンブランドとして類例のない成功を収めることができたのだろうか。

① どのように商品が生まれたのか

(1) 住宅金融支援機構とは

　【フラット35】（以下，「フラット35」と表記）というブランド名は，現在では消費者に深く浸透している。そのことを物語る実際にあったエピソードを記してみよう。

　雨が降り続く4月のある日，タクシーに乗り込んだX氏は運転手に聞かれた。「お客さん，どこまで？」「あっ，水道橋の住宅金融支援機構までお願いします。」「フラット35ですね。お客さん，フラット35の方ですか？うちの娘がフラット35を借りて家を買ったんですよ。」

　この会話にもあるように，「フラット35」という名称は今では住宅ローン

の代名詞として，広く消費者に知られるようになった。住宅ローンという商品ブランドでこのような現象はかつてなかった。この意味で「フラット35」はブランド構築にとって興味深い成功事例となっている。

「フラット35」とは，名前が示すとおり，最長35年間，金利が変わらない住宅ローンのことであり，住宅金融支援機構が民間金融機関と提携して提供している。「住宅金融支援機構」とは，2007年4月に「住宅金融公庫」が生まれ変わった組織である。

1950年，住宅金融公庫は，長期固定金利の住宅ローンを安定的に供給する政府系金融機関として発足した。財政投融資資金を原資として住宅ローンを国民に直接融資し，第二次世界大戦後の日本が復興するにあたって大きな力となった。2006年（平成18年）度までに1,941万戸に融資を行ったが，これは戦後建設された住宅の約3割に当たる。

金融自由化に向かう世の中の流れはあったものの，住宅金融公庫は住宅ローンの多数のシェアをもち，努力をしなくてもローン商品を売ることができたのである。そして，小泉純一郎元首相のイニシャティブによる「聖域なき構造改革」の結果，住宅金融公庫はすでに設立当初の役割を果たしたと考えられた。

住宅金融公庫は2007年4月1日にその歴史を閉じ，同日，独立行政法人住宅金融支援機構として生まれ変わった。

この時期，トップに就任したのは島田精一氏[1]であった。彼は民間から抜擢された気さくで情熱のある人物である。島田氏はもともと三井物産の出身で，イタリアやメキシコの現地法人勤務を経て2000年に副社長になった。彼は三井物産時代，米ハーバード大学でIT（情報技術）分野の重要性を学び，帰国後は情報・サービス分野への投資を主張し，物産における情報事業を手掛けた。IT関連事業は今では三井物産の収入の柱の1つである。2001年に日本ユニシス社長に就任，2005年8月より住宅金融金庫総裁となった。

---

1 島田氏は2011年（平成23年）3月31日をもって住宅金融支援機構の理事長職を退いた。現在の理事長は宍戸信哉氏（住宅金融公庫時代を通じて，初めてのプロパー出身のトップ）。

CASE 6 「フラット35」

　2005年5月，日本ユニシス社長であった島田氏は日本経済団体連合奥田碩(ひろし)会長から一本の電話を受けた。「住宅金融金庫の総裁」になって欲しいという要請であった。この頃，島田氏は日本ユニシスの業績回復にめどをつけ，4年の任期終了を目前に隠居生活を準備し始めていた。島田氏は突然の要請に戸惑った。しかし，「これまで利益の追求ばかりしてきたから，最後は公の役に立とう」と悩んだすえ決心したという。

　島田氏は当時の住宅金融支援機構についてこう語っている。「我が社は，公庫時代と異なって自力で資金調達するようになり，組織も今では民間企業とほとんど変わらない。しかし，まだ職員には『親方日の丸』意識があるので，研修などを通じて人材の質向上を図り，意識改革を進めていきたい。」日本ユニシスで4年間の社長在任中に，"受け身"といわれていたユニシスの企業カルチャーを"積極提案型"に変えたパワーは，住宅金融支援機構においても如何なく発揮された。島田氏のリーダーシップのもと，同機構の改革が順調に進められた。

(2) どのような商品か

　住宅金融公庫の時代の直接融資に代わって生まれたのが，この「フラット35」である。

　「フラット35」とは，民間金融機関と住宅金融支援機構が提携して提供する最長35年間の長期固定金利の住宅ローンのことである。住宅金融支援機構は，民間金融機関による長期固定金利の住宅ローンの提供を証券化という仕組みを通じて支えている。

　その特徴は，次の3点である。
① 最長35年間金利が変わらないこと。
② 借入時に毎月の返済額が確定するのでライフプランが立てやすいこと。
③ 民間金融機関と住宅金融支援機構との提携によるローンであること。

　「フラット35」によって実行される住宅ローンの仕組みとは，おおよそ次

のようなものである(図表6-1)。
① 住宅ローンの借入れを希望する顧客が「フラット35」を取り扱う民間金融機関で申し込む。
② 顧客は住宅ローン資金の融資を受ける。
③ 住宅金融支援機構は民間金融機関から顧客の住宅ローン債権を買い取り,当該債券を信託銀行等に信託する。
④⑤⑥ 機構は保証した住宅ローン債権を担保としてMBS(資産担保証券)を発行し,債券市場(投資家)から債券発行代金を受け取ることにより,住宅ローン債権を機構が買い取るための資金を調達する。
⑦ 住宅ローン債権の買取代金を住宅金融支援機構は民間金融機関に支払う。

では,なぜこのような一見するとややこしい「証券化」という仕組みを通じて長期固定金利の住宅ローンを提供することが,金融機関やローンの借り手である消費者にとってメリットになるのだろうか。
証券化とは,債権を本来の貸し手から別の機関に移し,その債権のリスク

図表6-1 「フラット35」のしくみ

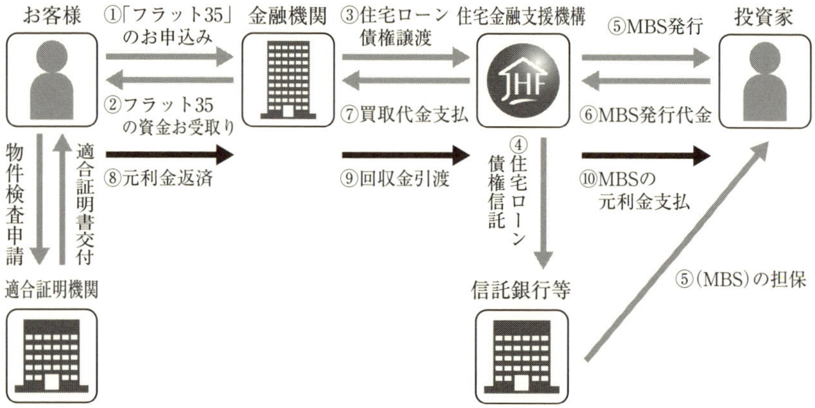

出所:＜http://www.flat35.com/loan/flat35/shikumi.html＞ (2010.10.31)

とリターンを有価証券（株式や社債など）の形で投資家に取得してもらうことを意味する。銀行などの民間金融機関にとっては，住宅ローンという債権を住宅金融支援機構に証券化してもらうことで，キャッシュフローを増加させることができ，ひいては資金調達コストを低減させることができるというメリットがある。

いっぽう顧客にとっては，長期にわたるライフプランが立てやすくなるというメリットがある。「フラット35」は金利が最長35年間変わらないため，資金の受け取り時に返済終了までの返済額が確定する住宅ローンだからだ。

一般の民間金融機関が提供している住宅ローンの金利タイプのほとんどは，固定金利期間選択型（返済開始後から一定期間のみ金利が固定される）や変動金利型である。固定金利期間選択型や変動金利型の住宅ローンは，返済途中で金利情勢によっては金利が上がって返済額が大幅に増え，その結果，元金がほとんど減らないことも想定される。

一方，「フラット35」のような長期固定金利の住宅ローンは，返済額が全返済期間を通じて変わらないため，長期間にわたって安定した返済を検討する顧客に向いているといえる。

融資基準が公開されている点も「フラット35」の特徴である。画一的な選別はしていないため，融資基準を参照して，基準に合致すれば融資を申し込むことができる。

また，「フラット35」の証券化について関連情報を公開していることも特筆される。透明性の高い仕組みでAAA（最上位の格付け）の債券を発行していることや，市場関係者から信用力の高い証券化であるとの評価を受けている。これらの事実をホームページや情報誌によって顧客に説明している。

さらに，この「フラット35」は，省エネルギー性や耐震性など一定の条件を満たした優良住宅向けに，一定期間の金利引下げが行われている（「フラット35S」）。「民間では絶対に出せない金利水準」（大手銀行）という声もある。つまり，ある意味で，住宅金融支援機構の政策的役割は増大しており，その中で中心的役割を果たしているのがこの「フラット35」なのであ

第Ⅱ部　ブランド・ケース編

る。2010年度末時点の「フラット35」の残高（買取債権残高）は6兆4,372億円となっている。

② ブランディングはどう行われたか

(1) ブランドネームを考える

　1960年代前半に住宅ローンがブームとなり，住宅金融公庫は確固たるローンの地位を築いた。しかしその当時，金融機関は，ほとんどローン商品の名前をもっていなかったし，ブランドを意識してはいなかった。金融機関でブランドを意識していた事例は，岡山の「トマト銀行」ぐらいであった。当時の住宅ローンのブランド化では，「新型住宅ローン」という名称程度で，他社商品とは区別がつかなかった。銀行が商品を売りやすいように，とりあえず「新型住宅ローン」という名前をつけ，販売にあたって各銀行が名前をつければ良いぐらいにしか考えていなかったのである。

　「新型住宅ローン」の広告には，卵の写真を載せてフレッシュなイメージを醸し出した。ブランド化への意識が芽生え始めていたのだ。一方，2007年4月に住宅金融公庫から住宅金融支援機構という新しい組織になって，コーポレート・アイデンティティを確立する必要性が高まった。当面は一日何回といったメディアへの露出を目標として広告を出した。新聞が主な媒体であった。このころ，金融機関は金融商品をネーミングすることにもはや抵抗感をもってはいなかった。

　2003年に「新型住宅ローン」がスタートしたころは，まだ「フラット35」というブランド名はついていなかった。それから1年ほど経過したころ，「新型住宅ローン」では書きづらいし，PRしづらいといった声が住宅情報誌等からあがるようになった。証券化と名称がリンクしていないため，リクルートの住宅情報誌では，「証券化ローン」と呼んでいた。また，1～2年たっても「新型」という名称では違和感があることや取扱い事業者が堅苦し

い名称であるというため，新たな名称を付けることになった。

　一方，住宅取得予定者等のアンケート調査でも「新型住宅ローン」という名称は，知名度が足りないことがわかった。「新型住宅ローン」を知っていた人でも，住宅金融公庫がなくなると思っていたり，住宅金融公庫はなくなったものとの誤解もあった。

　一般公募で新名称を募ったところ，10,000弱の名称案が集まった。「安定ローン」や，「コテイ君」，「あんしん〜」「フィックス〜」などのアイデアが集まった。漢字ばかりでなく，わかりやすく，親しみを感じさせ認知度が上がるネーミングが必要であった。長期金利を連想できる名称で，商標登録上抵触する事案がないかを調べることも行った。また，社員からも1,000通余りの新名称のアイデアが集まった。こうした多くの候補の中から選ばれたのが「フラット35」である。

　「フラット35」のネーミングは専門家のアイデアによるものではない。しかし語感がよく，わかりやすい。住宅ローン商品でネーミングされているものは他にはなく，今では「フラット」といえばわかってもらえるまでに普及した。民間金融機関や住宅事業者が，いちいち証券化の仕組みを説明する必要もない。

　「フラット35」のロゴは統一した形であり真っ平らにみえる。全固定，安心というイメージを醸しだしている。ネーミングのうえで，「住宅ローン」とはいっていないのも特徴である。商標登録にあたって，「長期」や「ローン」をつけなければならないといった規制はなかったからだともいえる。

　住宅金融公庫の当時のロゴはグリーンであったため，違う色も使ってみた

長期固定金利住宅ローン［民間と提携］
【フラット35】

出所：住宅金融支援機構より。

いという声が社内から挙がり，知的な落ち着いたイメージである紺色を「フラット35」のロゴカラーとして採用することにした。

(2) 知名度を上げる

　こうしてスタートした「フラット35」であったが，当初は知名度のなさに苦しんだ。顧客には住宅金融公庫がなくなったと思われ，住宅金融支援機構の名前にはいまだになじみがないことも問題だった。「フラット35」は，住宅金融支援機構が直接消費者に販売するものではなく，あくまでも販売するのは提携する民間金融機関であるため，金融機関の窓口で消費者（エンドユーザー）から「フラット35」を利用したいと言ってもらえるぐらいに認知度を上げることが目標となった。

　2009年から開始したテレビコマーシャル素材は認知度を上げることにこだわり，「フラット35」といえば，住宅金融支援機構をすぐに思い浮かべるというブランド構築を目指した。また，認知度アップとともに，安心というイメージをもってもらおうとした。

　とはいえ，テレビコマーシャルの予算は限られている。このため，有名スターを出演させることはしなかった。制作する広告代理店の選定にあたっては，住宅購入層である40代の人たちによって投票を行い，一番人気のあった作品を選んだ。若い夫婦が引っ越したばかりのシーンで家を買えた喜びを表現している。どこにでもいそうな雰囲気で親近感が持てるようなコマーシャルだった。このシーンをテレビコマーシャルやポスターに用いるとともに，ホーム

（画像提供）住宅金融支援機構

ページにも載せた。

　また,「フラット35」発売時からホームページ（www.flat35.com）を立ち上げている。インターネットでは関心のある人が検索するので効果的である。ホームページからは若い客からの反応が多かった。「もっと相談会をして欲しい。どこに行けばいいのか」といったものや「新型住宅ローンとは,仕組みをどのように変更したのか」などの声である。

　こうした広告・広報活動の結果,知名度は上がっていった。広告代理店による調査によれば,「フラット35」の認知度が7割を超えたこともある。

(3) マーケティング組織の誕生

　「フラット35」が生まれてから,機構にはこれまでになかった営業職ができた。現在は,業務推進部の中に「フラット35推進室」という「フラット35」の推進に特化した組織がある。

　住宅金融支援機構の職員は950人程度であるが,営業担当者は限られている。技術職が住宅事業者を回って「フラット35」のメリットなどを説明することもある。通常,一般顧客は住宅ローンの説明を住宅事業者から聞くことが多いため,住宅メーカーやマンション事業者の営業マンにもそのメリットなどをよく理解してもらうことが必要であった。

この事例からの学び

　「フラット35」ブランドが成功につながった要因として,商品力を核として,広告・ロゴ・ネーミング,営業,経営者の力量・リーダーシップ,組織改革が挙げられる（図表6-2）。

　住宅金融公庫時代にはなかった金融商品のネーミングは画期的であった。一般公募と社内投票によって名称が募集され,社内外ともに広く関心を集めるとともに,覚えやすくて分かりやすい名前をつけることができた。「フ

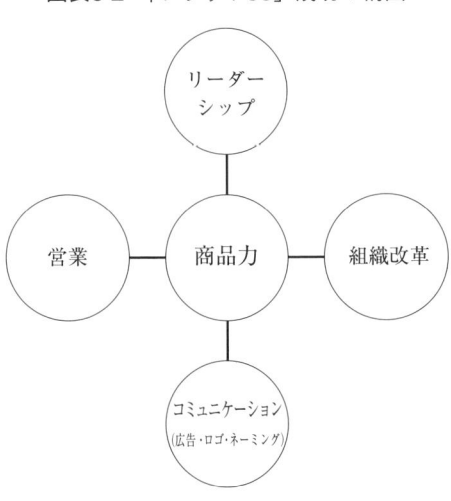

図表6-2 「フラット35」成功の構図

```
           ┌─────────┐
           │ リーダー │
           │ シップ  │
           └────┬────┘
                │
┌──────┐   ┌────┴────┐   ┌────────┐
│ 営業 │───│ 商品力  │───│ 組織改革 │
└──────┘   └────┬────┘   └────────┘
                │
        ┌───────┴────────┐
        │ コミュニケーション │
        │(広告・ロゴ・ネーミング)│
        └────────────────┘
```

出所:筆者作成。

ラット35」という名称は,最長35年間の長期固定金利をイメージしやすい。ロゴが単純明快,落ち着いた色づかい,真っ平らで,バランスよく安心感をもたせたことも成功要因であろう。

　「フラット35」の名称が業界や一般顧客に浸透してからは,「フラット35S」や「フラット50」のブランド商品を出すことによって,商品のライン拡張をすることもできた。

　広告はテレビコマーシャルを実施するとともに,新聞,雑誌,ポスター,ホームページ,とさまざまな媒体を利用した。経営者の明るく情熱的なキャラクターと経営手腕が,組織をまとめあげ民営化を押し進めた。それに伴ない組織改革が行われ,営業職が生まれたことも忘れてはならない。

　独立行政法人となった住宅金融支援機構にとっては,住宅金融公庫時代とは違って自らが商品をPRしていくことが不可欠であった。商品名を覚えてもらうという,住宅事業者からの当面の要望に応える形で始めたブランディングが,思いがけず,住宅ローン市場における競争環境をつくりだして市場

を拡大させ，消費者の商品選択という利便をも生み出した。ネーミングや広告が金融商品としてのブランドを確立し，テレビコマーシャルは広く住宅金融支援機構の存在をアピールするのに役立った。

　長期固定金利住宅ローンという画期的な商品力や政府の後押しはもちろんあったが，それだけでなくブランド，営業，広告，経営者のリーダーシップ，組織改革といった多方面にわたる改革が，長期固定金利住宅ローン「フラット35」の成功に結びついたといえる。住宅金融支援機構は，もともと政府系機関だった住宅金融公庫から脱皮して，民間金融機関と提携して大きな変革を遂げた。これにより，固定金利期間選択型や変動金利型を中心に展開する民間金融機関の住宅ローンと長期固定金利住宅ローン「フラット35」というラインナップが揃い，消費者の選択肢が大きく広がった。「フラット35」というブランドの発展が住宅ローン業界全体を巻き込んだのである。

〈謝辞〉
　住宅金融支援機構　経営企画部広報グループ長の三浦文敬様，調査役の松木大介様，住宅総合調査室の清水俊夫様には，快くインタビューや資料提供にご協力いただいたことに深く感謝申し上げます（役職は2010年6月取材当時のもの）。

【参考文献】
　島田精一［2009］「住宅の価値」『金融財政ビジネス』5頁。
　島田精一［2010］「住宅ローンの金利引き下げや融資条件の緩和で住宅の長寿命化と環境にやさしい優良住宅化を進めていく」『財界』44-45頁。
　住宅金融支援機構ディスクロージャー誌［2009］
　住宅金融支援機構ディスクロージャー誌［2010］
　　〔証券化業務に係る買取（付保）戸数の推移〕ディスクロージャー誌　20頁。
　　〔証券化支援業務（買取型）における業態別買取戸数〕ディスクロージャー誌　20頁。
　深尾光洋［1998］『金融用語辞典』日本経済新聞社。
　米倉　茂［2008］『サブプライムローンの真実―21世紀型金融危機の「罪と罰」』創成社。

住宅金融支援機構　島田精一理事長「インタビュー：環境戦略を語る」,『毎日新聞東京本社版朝刊』（2010年4月5日付け，7面）。
住宅金融支援機構理事長　島田精一「七転八起：海外で鍛えた不屈心」,『読売新聞東京本社版朝刊』（2009年11月23日付け，5面）。
「なるほどシェア：低金利で住宅ローン二極化」『日本経済新聞東京本社版夕刊』（2010年9月7日付け，3面）。
「らいふプラス：住宅ローン借り換え上手に」『日本経済新聞東京本社版夕刊』（2010年10月26日付け，7面）。
住宅ローン入門ガイド＜http://www.jhf.go.jp/jumap/atoz/guide/index.html＞（2010.10.31）。
住宅ローン：住宅金融支援機構（旧住宅金融公庫）
　　＜http://www.jhf.go.jp/index.html＞（2010.10.31）。
フラット35の認知媒体　p.2
　　＜http://www.jhf.go.jp/files/100014026.pdf＞（2010.10.31）。
フラット35のしくみ
　　＜http://www.flat35.com/loan/flat35/shikumi.html＞（2010.10.31）。

（舟橋　豊子）

CASE 7　小売グループ発の銀行ブランド

「セブン銀行」

本ケースのねらい

　今では当たり前になっているコンビニATM。その代名詞ともいえるのがセブン銀行である。セブン銀行が誕生した当時，多くの銀行関係者はATM事業で本当に収益が上がるのか，そのビジネスモデルを疑問視していた。というのも従来ATM事業は，銀行にとっても不採算事業でしかなかったからである。しかし，セブン銀行は開業から3年で単年度黒字化，5年で累積損失を解消，そして開業から7年目には上場を果たすまでに成長し，コンビニATMは全国に普及した。セブン銀行のビジネスモデルとブランドはなぜ成功することができたのだろうか。

(1) 銀行業界の今

(1) 銀行業界へ参入する

　1990年代以降のバブル崩壊や2008年秋に起きたリーマンショック，さらには2011年3月に起こった東日本大震災による影響等，長引く景気低迷の中，メガバンクを含め，既存銀行の合併や経営統合が相次いでいる。一方で2000年以降，インターネット技術の進歩とその利用者の急速な増加を背景に，インターネット専業銀行が設立された。

　2000年10月にジャパンネット銀行が開業して以降，翌年にはソニー銀行，イーバンク銀行（現楽天銀行）が相次いで開業する。本ケースで取り上げる

セブン銀行（旧アイワイバンク銀行，2005年10月商号変更）もアイワイグループ（現セブン＆アイグループ）によって立ち上げられた。

ごく近年では，住信SBIネット銀行や，ショッピングセンターや総合スーパー内にリアル店舗とATMを展開し，フルバンキングを掲げるイオン銀行，携帯電話を主要チャネルとするじぶん銀行など，さまざまな特色をもつ銀行が設立されている。

(2) セブン銀行のパフォーマンス

セブン銀行は，一般事業会社が単独で新しい銀行を設立，銀行業免許を取得した戦後初のケースである。多くの銀行が設立されているにも関わらず，業績が伸び悩んでいるケースも多く，新規参入銀行の経営がいかに難しいものかを物語っている。

その中でセブン銀行の収益性の高さは，メガバンクを含めた既存銀行と比較しても遜色のない水準にある。貸金業法改正によるノンバンク取引の減少，経済条件改定に伴う減収の影響により，2011年3月期は前期比減収減益となったが，それでもセブン銀行の経常収益（事業会社の売上高に相当）に対する当期純利益の割合は19.1％，従業員1人あたりの当期純利益は4億8,800万円と群を抜いている。

インターネット専業銀行は，インターネット・チャネルの活用により，リアルな店舗をもたないことで，設備投資や必要人員といったコストを抑制し，取引利便性の高いサービスを安い手数料で提供すること，また高金利の預金商品，低金利のローン商品といった価格優位性を打ち出すことで，既存銀行からの顧客（取引）シフトを促進させようとしてきた。

しかし当初の目論見通りにはいかず，苦しんでいる実態がある。その理由の1つとして，顧客にとって銀行取引が決済機能としての生活インフラであることが挙げられる。一旦口座を開設し給与等の振込先として指定すると，多くの場合，公共料金や保険料の引落しなどの決済口座としても指定し，入手金を集中することが大半である。なぜなら決済関連の変更手続きは面倒で

あり，よほどメリットがない限り，取引銀行を変更しようという意向は働かないからである。その意味で銀行業とは，ブランド・スイッチの障壁が高い業種といえよう。

図表7-1　各銀行の損益状況（2011年3月期）

	セブン銀行	イオン銀行	ソニー銀行	楽天銀行	ジャパンネット銀行	住信SBIネット銀行	三菱東京UFJ銀行	三井住友銀行	みずほ銀行
経常収益（億円）	839	197	295	350	184	291	26,924	21,087	10,349
経常利益（億円）	274	▲27	34	24	21	36	6,580	5,957	1,384
当期純利益（億円）	160	▲20	21	53	20	35	6,393	4,212	1,498
当期純利益／経常収益（％）	19.1%	−	6.9%	15.1%	10.7%	12.1%	23.7%	20.0%	14.5%
従業員数（人）	328	523	288	275	230	211	34,797	22,524	18,969
従業員1人あたり当期純利益（百万円）	48.8	−	7.1	19.2	8.5	16.7	18.4	18.7	7.9

注：①いずれも単体損益計算書②各行の従業員数は2011年ディスクロージャー誌記載の基準日現在。
　　③楽天銀行は旧イーバンク銀行。2010年5月より商号変更。

出所：各行および持株会社発行2011年ディスクロージャー誌より筆者作成。

② セブン銀行のビジネスモデル

(1) ATM事業の収益構造とは

　セブン銀行はATM事業を主体とした，従来とは一線を画した特異なビジネスモデルをもつ銀行である。本ケースを読んでいる方の中には，セブン銀行がどのようにして儲けているのか，不思議に思われている方も多いのではないだろうか。そこで「ATM事業はどのようにして収益を得ることができるのか，事業として果たして儲かるのか」ということに触れておきたい。セブン銀行は，セブン-イレブンをはじめとするセブン＆アイグループの店舗

に加え，駅やホテル，高速道路のサービスエリア等，全国47都道府県の多様な場所に1万6千台ものATMを展開している（2012年3月末時点）。また銀行をはじめ567社と提携関係を構築しており，一般的にATM1日1台あたりの平均利用件数が60〜70回が採算ラインといわれている中，100件以上の水準にまで達している。

図表7-2　セブン銀行の業績及び業容の推移　　　　（単位：億円＊）

	2002年3月期	2003年3月期	2004年3月期	2005年3月期	2006年3月期	2007年3月期	2008年3月期	2009年3月期	2010年3月期	2011年3月期
経常収益	19	115	291	479	646	754	836	898	888	839
経常利益	▲121	▲81	30	100	194	250	246	287	304	274
当期純利益	▲121	▲81	50	108	105	126	138	169	179	160
期末ATM設置台数（台）	3,657	5,250	7,804	9,981	11,484	12,088	13,032	13,803	14,601	15,363
ATM平均利用件数（件/台/日）	25	47	68	77	88	98	109	114	114	112
ATM総利用件数（百万件）	14	72	158	257	342	418	498	555	590	609
提携金融機関数	9	48	309	469	513	548	554	566	555	567

＊単位未満切捨。
出所：セブン銀行ディスクロージャー誌より筆者作成。

　セブン銀行が営むATM事業の収入源は，「ATM受入手数料」である。その受入手数料の大半は，提携金融機関が支払うものである。一部銀行以外の金融機関取引で顧客が時間外に利用した場合などで，ATMを利用した顧客が支払うものもあるが，いずれもATMが利用されるごとに発生する。
　そのためATM事業単体での収支は，「ATM1台あたり1日に有料となる利用回数が何回か」で考えると理解しやすい。総務省統計局によると，2010

年8月1日時点の推計人口は1億2,700万人，いわゆる生産年齢人口（15歳～64歳人口）は8,100万人である。また「2009年（平成21年）版金融情報システム白書」によると，2008年3月末時点の全国ATM台数は，13万8,000台であり，仮に8,100万人全員が，1カ月間に3回ATMを利用し，その半数が有料による利用だとしても，1日あたり約400万回，ATM1台あたりでは1日平均29回の利用件数にしかならない計算になる。

また，セブン銀行が開業した2001年当時を前提条件として，ATM1台の価格を850万円，年間ランニング・コストを85万円，2004年時点の全国銀行数129行，設置ATM台数73,101台から，仮にその平均値に近い1,000台のATMを設置しようとした場合，およそ初年度で約94億円，以降9億円程度の維持コストがかかる計算になる。

一方で，そのコストを5年で回収するとなると，1回あたり平均ATM利用手数料が仮に180円（業態，個社によって手数料体系は異なるが，セブン銀行の公表データ等から180円とする）として，ATM1台あたりが必要となる1日の平均利用件数は，ざっと210回となる。前述の通り，全国のATM利用件数が1日1台あたり30回程度だとすると，その約8倍もの利用件数＝8倍の延べ利用顧客を呼び込まなければ，収支はマイナスとなり，コストを回収することはできないことになる。本来的に如何に高いハードルであるかが理解できるだろう。

したがって通常，銀行にとってATM事業そのものは収支が合わない不採算部門である。銀行全体の取引の約8割は自行顧客による「入出金」取引といわれており，銀行にとってはほとんど収益とならない。それでも有人で対応するよりも割安なため，その大半をATMという無人機で対応しているのである。ではなぜ収益にならない事業に多額の資金をかけ，維持しなければならないのか。

銀行は，預金やローンといった個人にとって関与度の高いサービスを提供していることから，「安心感」や「信用」，「確実性」といった基本的なサービス属性とともに，「公共性」，「公平性」といった社会的使命ともいえる

サービス属性を負っている。自行ATMが，その営業エリアに設置してあること（顧客に対してキャッシュ・ポイントが確保されていること）も基本的なサービスとなる。

顧客が，自身の預金口座から入出金することは当然に発生する行動であり，その行動に対して不便さを感じるようなことがあれば，大いに顧客不満を招くこととなるからである。

ではATMを設置するには，どのようなコストがかかるのだろうか。

ATMの設置コストには主として，①ATM機，②設置場所，③セキュリティ・システム，④資金調達と現金デリバリーといった費用に加え，システム関連費用等のコストがかかる。

① ATM機

現在こそコンビニATMといわれる省力スペース化されたATMが流通しているが，セブン銀行が開業準備をしていた当時，ATM1台あたりの価格は，約700万円～1,000万円といわれていた。またランニング・コストがかかってくるとともに，ATM設置のためのインフラ整備が別途必要となる。

② 設置場所

顧客が不便さを感じるような場所に設置しても意味がないため，銀行の店舗外に設置する際には，駅前や，人通りの多い場所といった，賃料が相対的に高い場所を借りることとなる。

③ セキュリティ・システム

無人であるため，盗難等を監視し，トラブル等が発生した際に対応するための回線を含めたセキュリティ・システムが必要となる。

④ 資金調達と現金デリバリー

ATMは利用顧客の入出金に対応するために，常に一定量の現金を維持し

なければならず，現金の装填および回収が必要となる。一方で銀行ビジネスの基本は，現金を集め，その現金を融資や市場等で運用し利鞘を稼ぐことである。そのためATMに現金を入れておくことは，銀行にとって収益機会の損失であり，そのこと自体は何ら収益を生まないことになる。

通常，銀行店舗外に設置してあるATMでは，この現金の装填と回収を外部企業に業務委託しており，1回の出動で約3万円程度の手数料を支払うことになるため，出動回数，ATM台数が多くなれば，その分コストも積み上がることとなる。

(2) なぜセブン銀行は収益を上げられるのか

セブン銀行は，既存ATMの損益構造から大きくコストを削減することに着手し，従来に比べ，約3分の1程度にまでコストを低減することに成功したといわれている。コストを低減することで，損益分岐点を大きく下げることが可能となり，その上で採算が十分に取れるだけのATM利用回数を獲得したということである。

① ATM機：独自開発によるATM

セブン銀行のATMは，セブン－イレブン店舗に設置することを前提に，1から独自開発されたことから，スリムで省スペースな設計となっている。一方でセキュリティ面への配慮として，テンキー部分や表示画面を他人から覗かれないようにするためのさまざまな工夫が施されている。また，取引に伴うコンピュータ処理，ATM稼働監視，セキュリティ（警備），データプログラム配信と，従来は4回線必要なところを1回線に集約している。更に独自に開発することで，従来は1台あたり700～1,000万円するATMを250万円程度にまで抑制できたといわれている。

② 設置場所：好立地条件と視認性の高さ

セブン銀行は，セブン－イレブンの店舗内という立地条件の良い場所に，

相対的に低い賃料水準でATMを設置することが可能である。コンビニエンス・ストア（以下，CVS）は，駅前や人通りの多い場所に多く，店舗開発時に集客力を十分検討した上で出店されている。CVSの店舗規模は，120〜130㎡程度であり，買物客からの視認性が高いことも優位に働くこととなる。

またセブン銀行のATMは原則，店舗入口からすぐのレジカウンター側に設置されている。決まった場所に配置することで利用顧客の探索コストとそのストレスを低減している。セブン銀行は，セブン－イレブン店舗ネットワークというグループ経営資源を有効に活用することで，立地条件の良い場所に，かつ有利な条件でATMを設置することを可能としたのである。

③　セキュリティ・システム：24時間365日有人店舗という環境

セブン銀行が独自に警備体制を確保しているとともに，365日24時間営業の有人店舗であるセブン－イレブン店舗内に設置していることから，より安全な有人監視体制というメリットを享受している。

④　資金調達と現金デリバリー：キャッシュ・マネジメント

セブン銀行のビジネスモデルを表象しているものの1つが，このキャッシュ・マネジメントである。ATMに装填している現金は，本来収益を生まないものである。そのため装填する現金はできるだけ少ない方がよいが，少なすぎて現金切れが起こるようでは利用顧客に迷惑をかけることとなるため，キャッシュ・マネジメントが重要となる。

セブン銀行は，親会社のもつ小売業のノウハウを活用し，独自のソリューションによって，キャッシュ・マネジメントの最適化を実現している。小売業にとって在庫管理，在庫最適化は，事業を行う上で重要なポイントであり，そこには長年蓄積されてきたノウハウが存在する。セブン－イレブンでは，来店顧客に「欲しいものが，欲しいとき，欲しいだけ，より望ましい条件で」商品を提供することができるよう，単品管理が行われているのである。

その単品管理の考え方は，ATMに「どういったタイミングで，どれだけの金額が，どのような券種の」現金が必要となるか，その最適化を目指すことに繋がる。セブン銀行は，個々のATMで，日々どの程度入出金が行われ，その際にどの券種が出入りしているかを検証し，70通り以上もの現金装填パターンを用意し，個々のATMごとに使い分けている。

現金デリバリーの面においても，グループの経営資源を活用することで，利便性の提供と，コスト削減を同時に実現している。それがATMによる「売上金入金サービス」である。それまでセブン-イレブン各店舗では，日々の売上金を入金するために，店舗外にある銀行の窓口やATM，夜間金庫（銀行の店舗に併設された営業時間外の現金投入用設備）を利用せざるを得なかった。このサービスにより，現金を持ち運ぶという手間や，時間的コスト，セキュリティ上の問題を解決したのである。

さらにATM取引の約8割が出金であることから，総体として現金装填が必要となる中，「自動的に」入金を確保し，現金装填コストの削減に成功したわけである。取引・サービスを上手く組み合わせることにより，現金切れを発生させず，かつ装填現金の最適化を実現し，セブン銀行は，ATM1台あたりの現金装填額を平均2,000万円に抑えることを可能としている。この金額は既存銀行が通常装填している金額に比べ，およそ半分程度であり，それだけ資金を効率的に運用していることになる。このように他の銀行では到底真似ができないキャッシュ・マネジメントの最適化を実現しているのである。

（3） 共存関係を築く

もう1つの特徴は，提携金融機関との「共存関係」の構築である。2011年3月期末での提携金融機関は，銀行系をはじめ，クレジットカード会社，消費者金融，証券会社，生命保険会社等，金融業界全般に渡り，その提携先数は567社にまで達している。

既存銀行におけるATM事業では，主としてその対象顧客が「自行顧客」

であるのに対し，セブン銀行ATMの利用顧客の大半が「提携金融機関の顧客」であることに，ビジネスモデルとしての根本的な違いがある。まさに逆転の発想であり，セブン銀行のATM事業は，提携金融機関のATMの代替を果たしているのである。しかもその大半が24時間365日営業しているセブン－イレブン店舗内にあり，提携金融機関は多額の投資を行うことなく，自社顧客に対して，圧倒的な利便性を提供することが可能となっている。

そして共存関係を象徴するのが，その手数料体系における決定方法，および収受方法である。ATM利用手数料は通常，ATM保有金融機関が決定しているが，セブン銀行では手数料体系を提携金融機関が決定している。

また顧客が利用手数料を支払った場合，ATM保有金融機関が受け取るのが一般的であるが，セブン銀行では提携金融機関が受け取っている。このことによりセブン銀行の提携金融機関は，ATM手数料を自社戦略に合わせて決定，柔軟に運用することが可能となる。

たとえば，平均預金残高が100万円以上の顧客はセブン銀行ATMの利用手数料を月間4回まで無料とし，さらに給与振込があると何回でも無料とするといった，顧客ロイヤリティ戦略を実施するとしよう。仮にその決定権がATM保有金融機関側にあるとすると，独自に手数料体系を変更することもできず，変更したい場合はATM保有金融機関と交渉し，提携内容の変更を行わなければならない。

また，ATM利用手数料を提携金融機関側が受け取ることで，提携先金融機関は，より容易に自社顧客のATM利用状況と運用状況を把握することができる。そして，「ATM画面のカスタマイズ」も，セブン銀行の「共存」に対する姿勢を表象しているといえよう。提携金融機関の顧客がセブン銀行ATMを利用する場合，各金融機関のATM操作画面が表示される。使い慣れた操作画面が現れることで，ストレスを感じることなく利用することができるのである。

このようにセブン銀行のATM事業は，自身の経営努力もさることながら，共存体制の構築と，グループのもつ店舗ネットワークと小売業のノウハウと

いったグループのもつ経営資源をATM事業に上手く活用することで，独自のビジネスモデルを確立したのである。

③ セブン銀行発展のプロセス

　セブン銀行は，開業後2002年3月期，2003年3月期と2期連続で赤字決算となるが，開業から3年目に黒字化以降，順調にその業績を伸ばしてきた。本節では，その成長過程を説明するにあたって，4つの発展段階に区分した。準備段階から銀行設立までの約4年間を「創業期」とし，ブランドの認知度向上に向けたさまざまな試行とその成功により，業容の拡大を実現，単年度黒字化までの期間を「ブランド過渡期」とした。
　さらにグループのコーポレート・ブランド変更と合わせ，銀行名（商号）を変更，累積損失の解消までを「ブランド成長期」，そしてジャスダックへの上場，ATM事業の多角化，新商品・サービスの投入といった現在のセブン銀行と今後の事業展開を「ブランド拡張期」とした。

(1) 創業期

　セブン-イレブン店舗へのATM設置に関する検討が開始されたのは1997年のことである。その重要なきっかけとなったのは，セブン-イレブンが毎年実施している「1万人調査」であった。調査項目の自由記入欄への回答の中に，「ATMがあったら便利」という回答が多数寄せられ，セブン-イレブン店舗に対する要望として，毎回の調査で上位にランクされるようになっていたのである。そういった顧客の声に応えるため，1998年には正式なプロジェクトとして動き出し，翌年にはグループとの取引がある当時の都市銀行をメンバーに加えた研究会を発足させた。
　取引銀行としても，自行ATMの代替えとして，セブン-イレブンにATM設置を安価にアウトソーシングすることができるとすれば，十分にメリット

があったのである。さらに1999年9月にはATMの運用を行う会社の設立を目的とした「ATM共同運用会社設立準備委員会発足」が公表された。その名称の通り，その当時はATMの運用会社の設立が目的であり，銀行としてATM事業を行うことを考えていたわけではなかった。

しかしその後の展開を大きく変える出来事が起こる。当時の金融監督庁（現金融庁）が，「現行の銀行法の下で，預金の取扱いは免許を取得している銀行にのみ認める」という判断を明確に示したのである。このことはセブン－イレブンが自らの店舗にATMを設置しても，そのATMは取引銀行の共同出張所としての取扱いのみ許されることとなり，セブン－イレブンがその主体性を発揮することが不可能であることを意味した。

そのためセブン－イレブン内では，当時既に国有化されていた旧日本債券信用銀行（現　あおぞら銀行）の子会社である旧日債銀信託銀行（現　あおぞら信託銀行）の買収も検討されていた。しかし買収プロセスとその後の制約がネックとなり，最終的には断念したのであった。

このような紆余曲折を経て，ついに当時のアイワイグループは，独自で銀行免許を取得することを決断する。1999年11月に金融監督庁に「銀行設立趣意書」を提出し，銀行設立プロジェクトが正式にスタートした。しかし，戦後初の一般事業会社，かつ異業種による新銀行の設立となること，また当時の金融当局が銀行業への参入にあたってのガイドラインを策定し，銀行設立後「3年以内の黒字化と5年以内の累積損失解消」という参入条件を示したばかりであった。このことから，銀行免許の取得までには，慎重に審査を進めたい金融当局との間でさまざまな議論が交わされるのであった。

そして2001年4月25日，ついに銀行免許を取得，「アイワイバンク銀行」が誕生した。新しい銀行のトップには，元日本銀行理事であり，当時国有化された旧日本長期信用銀行（現　新生銀行）の頭取に転身，その再建を担った安斎隆（現・代表取締役会長）（以下，安斎会長）が，アイワイグループからの強い要請に応え，初代の代表取締役社長に就任することとなった。

(2) ブランド過渡期①

　現在でこそ日本全国で認知され，多くの顧客が利用するに至っているが，セブン銀行が歩んできた道のりは決して順風満帆といったものではなく，現在のビジネスモデルを確立するまでに，多くの課題と直面することとなる。

　初年度のATM平均利用回数（日／台）は，24.9回，翌年度も46.8回と，採算ラインとして設定していた70回には程遠いものであった。また，提携金融機関数も初年度9社，翌年度も48社と伸び悩んでいた。一方でATM設置台数は，東京23区内に設置した64台からスタートして以降，約3カ月間で東京，埼玉，静岡，大阪，兵庫の5都府県で1,563台にまで増加，2002年3月期末には3,657台，2003年3月期末で5,250台にまで達していた。設置台数が先行する中，利用件数，提携金融機関の増加が伴わない厳しい状況下で，強烈なジレンマに陥っていたと思われる。

　ここでセブン銀行がぶつかった障壁の中から，特に2つの課題を取り上げたい。

　まず，「セブン銀行（当時，アイワイバンク銀行），およびATMに対する認知度の低さ」である。セブン-イレブンは国内CVSの先駆者であり，既にそのブランドを確立していた。セブン銀行が開業した2001年時点で全国に7,000店舗を展開しており，年間1,000店舗のハイペースで店舗網を拡大，売上高も順調に伸ばしていた。一方で，その店舗にセブン銀行のATMが設置されているということは，ほとんどの利用顧客に意識されていなかった。そのため「セブン-イレブン店舗にATMがあること」を知覚してもらい，認知させ，実際にATMを利用してもらう，サービス経験まで結び付けていく必要があったのである。

　次に，「提携金融機関数の伸び悩み」といった課題が挙げられる。そもそもATM事業を主体としたビジネスモデルに対して，金融業界全体が懐疑的であったことから，多くの地方金融機関は他の金融機関の出方を様子見している状態であった。元々が商品・サービスに対しての横並び意識が強い業界であったこともあり，提携交渉は難航したのである。

第Ⅱ部　ブランド・ケース編

　また事業の前提となるATMを設置するため，セブン－イレブン店舗の9割強を占めるフランチャイズ店舗オーナーの理解を得る必要があった。店舗面積が120～130㎡（36～39坪）と限られた中で，オーナーにとって，如何に売上高を増加させるかが最重要事項である。そこにわずかとはいえ売場面積を削減し，ATMを設置するメリットを理解してもらうことは，実績がない中で，困難な作業であった。

(3)　ブランド過渡期②

　セブン銀行は，いかにしてATMの認知度を向上させたか。テレビやラジオでのCMを展開，全国および地方での新聞広告や，車両内でよく見かける宙づり広告といった，マス・コミュニケーションを継続的に展開したが，その訴求ポイントこそが重要な要素であり，実に明快であった。象徴的な例は，2001年12月に静岡県内で流れたテレビCMや新聞広告である。そのキャッチフレーズは，「『しずぎん』あります」というものであった。決して「しずぎん」（静岡銀行，静岡県内でトップシェアを持つ有力地方銀行）のテレビCMではない。あくまでセブン銀行のATMを訴求するためのものである。

出所：『セブン－イレブン・ジャパン社史』より。

　まさしく顧客視点に立った訴求である。先に述べた通り，セブン銀行のATMを利用するのは，他社（提携金融機関）の顧客である。そういった潜在的な利用顧客にとって関心のあることは，「24時間365日営業しており，普

段から気軽に立ち寄っているセブン-イレブンでお金がおろせること」なのである。

　訴求し続けたのは，「セブン銀行」ではなく，ましてや「ATM」でもなく，「セブン-イレブンで，そのエリアの銀行キャッシュカードが使える」ことであった。この試みで手応えを得たことから，地域ごとに代表される提携金融機関をきめ細かく選定し，ローカライズを徹底したのである。

　まだ顧客からその存在を知覚すらされていない自行および自行ATMをゼロから訴求するよりも，既に顧客からの高い認知度を誇り，その「利便性」を連想させる「セブン-イレブン」ブランドを前面に押し出すこと，さらに訴求すべきターゲットを明らかにすることで，「まずATMがあることを知ってもらう」ことに注力した。

　さらにセブン銀行は，全国に店舗展開しているセブン-イレブン店舗において，ATMの設置場所，設置する向き，CVS店舗の外看板などを「パッケージ化」した。まさしく小売のノウハウである。仮に今まで行ったことのないセブン-イレブン店舗を訪れたとしても，必要なものを探すのにそれほど手間が掛からない。このことは無意識のうちに誰もが経験していることであろう。

　これは商品種類によって置かれている場所がどの店でも標準化され決められているからだ。そうすることで全国どこのセブン-イレブンに行っても，顧客は迷うことなく，目的の商品に辿り着くことができるのである。こうしてセブン銀行のATMは，その認知度を向上させていった。

　では提携金融機関の増加についてはどうだったか。開業初年度である2002年3月期末時点では，わずか9社だった提携金融機関数が，開業3年目の2004年3月期末には309社，そして開業5年目となる2006年3月期末には513社と飛躍的に増加することになる。

　その背景には金融機関との提携交渉にあたり，当初からぶれなかった軸の存在がある。それこそが，徹底した「共存関係」の構築である。セブン銀行のATM利用顧客の大多数は，提携金融機関の顧客である。そのためセブン

銀行が自行にのみ有利な提携条件を意識していたら，更に提携交渉は困難なものとなっていたであろう。難航が続く提携交渉にあたっては，安斎会長が自らトップセールスを行い全国行脚したという。

　交渉先に対し，提携メリットと共存関係を地道に説明することで，徐々に提携金融機関数を拡大していったのである。そして提携金融機関数が拡大し始めると共に，ATMの利用実績が上昇したことで，それまで様子見であった金融機関は，セブン銀行との提携に前向きな姿勢へと転換した。その結果，一気にATMの利用拡大と提携金融機関の拡大という好循環が生まれた。

　またATM画面を提携先ATMの操作画面にカスタマイズすることは，顧客に対する使い勝手の良さを提供すると共に，提携金融機関との強固な結び付きを示すことにもなり，セブン銀行およびATMへの「安心感」，「信用」にも繋がっていった。銀行として重要なサービス属性を得たことで，実際に使ってみると便利であることを経験した利用顧客がリピーターとなり，更に，当初若年層に偏っていたと思われる利用層が，中・高齢層へと拡大するという波及効果を生んだと考えられる。

　またATMの利用件数が徐々に拡大し，顧客が顧客を生むといった好循環が実現され始めると，自店へのATM設置を希望するオーナーが一気に増加した。ATMでの「売上入金サービス」が店舗オーナーの負荷を軽減するとともに，セブン銀行のキャッシュ・マネジメントに寄与し，収益拡大の一助となっている。

　セブン銀行がさまざまな課題をクリアしてきたその背景には，「顧客目線で考える銀行サービス」という一貫した姿勢の存在が大きい。安斎会長は自らが出演したテレビ番組や取材の中で，「顧客目線」の重要性，「社会インフラ」としてのATMネットワークの意義について述べており，開業以来，愚直にその姿勢を貫いてきたことが，現在のセブン銀行につながっていると語っている。

　そして安斎会長が「大きな決断だった」と挙げていることの中の1つに「ATMのセブン-イレブン全店設置」がある。銀行免許取得には，銀行設立

後「3年以内の黒字化と5年以内の累積損失解消」という条件が付加されていることから，稼働率の早期向上を図らなければならないという思いがあった。そして駅前立地の店舗や，売上高・来店客数の高い店舗を優先し，首都圏の中でも設置状況にバラツキがあった。

しかし開業から2年目後半に，「セブン‐イレブンだったら，どこにでもATMがある。どこのセブン‐イレブンでも同じようにATMを利用することができる」という，ネットワーク価値こそが差別化のポイントであると，セブン‐イレブン全店へのATM設置を決断したのである。

結果，開業から5年間で7,350台のATMを設置する当初の事業計画に対し，5年間の最終年度にあたる2006年3月期末には，計画比1.5倍強に相当する11,484台のATM設置を完了させる。この決断と時期を同じくして，提携金融機関数が急増，利用件数が格段に伸長したのである。

(4) ブランド成長期

2005年10月11日，「アイワイバンク銀行」は「セブン銀行」へと商号を変更する。当時アイワイグループは，イトーヨーカ堂（商号はイトーヨーカ堂，ブランドはイトーヨーカドー）を中心とするグループ体制だった。しかし，2005年9月1日付で株式移転方式によりセブン＆アイ・ホールディングスを純粋持株会社とする持株会社体制に移行，グループのコーポレート・ブランドは「イトーヨーカドー」から，「セブン‐イレブン」ブランドを強く打ち出したものへと変更になったのである。

グループ全体のブランド変更に伴い，商号変更を実施するに際して，2005年6月3日に発表されたプレスリリースでは，その目的を次の通りとしている（以下，一部抜粋，省略）。

① 社名の認知度向上

セブン‐イレブンを中心に設置したATMによる24時間365日のサービス提供という，事業展開の特徴を想起させ，かつより馴染みやすい「セブン」という名称を社名とすることにより，銀行そのものの更なる認知度向上を図

る。

② グループ呼称との親和性

イトーヨーカドー（IY）グループの名称にちなんで「アイワイバンク銀行」を社名としてきたが，グループが「セブン＆アイ・ホールディングス」となることを踏まえ，より親和性のある「セブン銀行」に変更し，グループ企業であることを的確に反映する。

③ めざす姿の反映

誰にでもわかりやすい，簡単，スピーディーなサービス提供を目指していることから「セブン」というシンプルな語感にその意味を込める。

こうしてセブン銀行は，その銀行名をより「セブン-イレブン」ブランドに近づけることができたのである。以降セブン銀行は，マス・コミュニケーションにおいて，自行ブランドの強化に転換を図っていくのである。

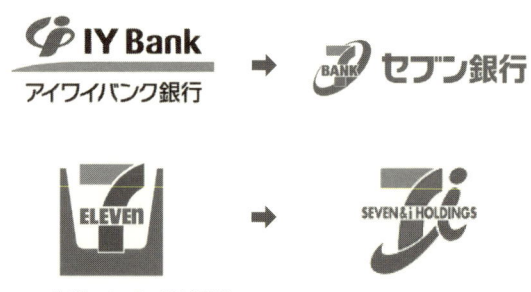

出所：セブン銀行提供。

グループの持株会社体制への移行は，コーポレート・ガバナンスの強化と共に，グループ内での経営責任の明確化を可能とした。そしてセブン-イレブン色を明確に打ち出すことで，グループとしての方向性を明示することも狙いであったと思われる。2005年2月期決算の営業収益では，親会社であるイトーヨーカ堂がセブン-イレブンの7.2倍に当たる約3兆6,000億円を計上するものの，当期純利益ではセブン-イレブンが，イトーヨーカ堂の5.2倍

となる963億円を稼ぎ出していたのである。まさしく，グループの牽引役がイトーヨーカ堂からセブン-イレブンへとシフトする転換期であった。

また持株会社体制への移行は，資本政策上の理由からも必要なことであった。2005年当時，イトーヨーカ堂は，子会社であるセブン-イレブンおよびデニーズ株式の50％超を保有していた。しかし既に時価総額では，イトーヨーカ堂が約1.5兆円，セブン-イレブンは約2.3兆円と親子会社間で資本のねじれ現象が起きており，敵対的買収リスクにさらされていた。そのためセブン-イレブン関連ビジネスをイトーヨーカ堂傘下から分離させることが必要だったのである。

(5) ブランド拡張期

商号変更後も順調に業績を伸ばすとともに，2006年には定期預金の取扱いや，現在首都圏で5店舗ある有人店舗で，他行の商品・サービスの説明から販売までを手掛ける銀行代理業務を開始する。また2007年には，提携する金融機関等のさまざまな金融商品を取扱うWEBサイト「みんなのマネーサイト」を開設した[1]。自行以外の多種多様な商品・サービスを取扱うことで，顧客ニーズに応えると共に，ATM利用手数料以外の収益源拡大を目指したのである。そして2008年2月29日，セブン銀行はついに開業から7年目でジャスダック証券取引所（現在は大阪証券取引所JASDAQ市場）へ上場，さらに2011年12月26日，セブン銀行は東京証券取引所第1部（東証1部）への上場を果たした。

現在セブン銀行は，ATM事業の多角化による安定収益基盤の拡大と，個人向け少額ローンや海外送金といった新商品の投入による収益機会の創出によるブランド拡張期を迎えている。

---

1 2011年6月にサービス終了。

④ 今後の課題—法改正への対応—

　2010年6月に全面施行された貸金業法改正により，消費者金融会社やクレジットカード会社からの借入金額が原則年収の3分の1に制限，専業主婦（夫）については配偶者の同意が必要となった。これらの入出金にセブン銀行のATMが多く利用されており，貸金業法改正がセブン銀行に与える影響は決して小さくない。また中長期的な視点からは，日本全体の人口減少が影響を与えることとなろう。

　このマイナス環境に対峙すべく，セブン銀行は，2010年1月から個人向け少額ローンの取扱いを開始した。貸金業法改正により，ATM利用手数料はマイナスの影響を受けることとなるが，逆に貸金業法の適用外である銀行にとっては，個人向けのローンが新たな収益源となり得る。15,000を超えるキャッシュ・ポイントを「自前で」保有するセブン銀行にとって，この個人向けローン商品は，セブン銀行にとって新たな収益源としての可能性を秘めていると言えよう。またセブン銀行の調査では，セブン－イレブン利用顧客のATM利用率は未だ6割程度という結果が出ており，残り4割の未経験者をいかにして取込むかも今後のポイントとなる。

　そして更なる成長戦略を描くには，個人向けのローンや，2011年3月より開始した海外送金サービスなど，いかにATM利用手数料以外の収益源を開発，育成していくかが，セブン銀行にとっての重要な経営課題といえよう。

この事例からの学び

　セブン銀行最大の成功要因は，セブン＆アイグループという国内最大級の小売グループ，とくにセブン－イレブンがもつブランドイメージと在庫管理手法や店舗レイアウトなどの小売ノウハウ，全国に広がる店舗ネットワーク

を銀行のビジネスモデルに活用したことである。

　開業当初，自行の認知度向上よりもセブン-イレブン店舗にあるATMの利便性そのものの認知を最優先し，利用に結び付けることに注力した結果，「セブン-イレブン」ブランドがもつ「利便性」「気軽さ」といったイメージを銀行として基本的かつ重要なサービス属性である「安心感」，「信用」へと融合することに繋がっていった。

　このことは，「セブン-イレブン」のもつ小売ブランドからの銀行業への優れたブランド拡張であるといえよう。

　そしてATM事業という，従来は銀行業界でも不採算部門として捉えられてきた事業に，逆転の発想ともいえるビジネス機会を見出し，徹底したコスト削減を実現，紆余曲折の中でもATM事業に対して，愚直な経営努力と改善を続けてきたことも，その成功に繋がった大きな要素であろう。

　当時もセブン-イレブン・ジャパンのトップであり，セブン銀行の設立を決断した鈴木敏文セブン＆アイ・ホールディングス代表取締役会長・CEOの「顧客ニーズに的確に応えることでこそ成功する」という言葉通り，セブン銀行は開業当初から「顧客目線による銀行サービス」を徹底して実践し続けているのである。愚直なまでのその姿勢があってこそ，開業から3年目での単年度黒字化，5年目で累積損失解消という偉業を成し遂げたのだ。

〈謝辞〉
　本ケースを執筆するにあたり，複数回に渡る取材に快く応じていただき，資料の提供にもご協力いただいた，株式会社セブン銀行企画部CSR・広報室長　山本健一氏に感謝の意を表する（役職は取材当時のもの）。

【参考文献】
　「直撃！トップの決断」BSジャパン（2009年11月7日放送）。
　セブン銀行　ディスクロージャー誌2009，2010，2011。
　セブン銀行　2009年度決算および2010年度業績見通し（2010年5月）。

セブン銀行　2011年度決算説明資料，補足資料，参考資料（2011年5月）。
セブン銀行　プレスリリース（2005年6月3日）。
イトーヨーカ堂　プレスリリース（2005年4月20日）。
セブン＆アイ・ホールディングス　プレスリリース（2005年9月1日）。
セブン―イレブン・ジャパン社史「終わりなきイノベーション1991-2003」。
中央大学ビジネススクールシンポジウム基調講演（2009年11月21日）。
産経新聞「わが道わが友」（2009年3月31日～4月4日掲載）。
日本経済新聞「私の履歴書」（2007年4月24日～4月25日掲載）。
「今，この人に聞きたい　安斎隆氏の巻」『2020 VALUE CREATOR』2008年8月号。
フジサンケイ・ビジネスアイ「明日への布石」（2007年7月2日～7月6日掲載）。
三菱UFJフィナンシャルグループ，三井住友フィナンシャルグループ，みずほフィナンシャルグループ，イオン銀行，ソニー銀行，楽天銀行，住信SBIネット銀行，じぶん銀行　各社2011年ディスクロージャー誌。
金融情報システムセンター［2008］『平成21年版金融情報システム白書』財経詳報社。
セブン銀行HP＜http://www.sevenbank.co.jp/＞
セブン＆アイ・ホールディングスHP＜http://www.7andi.com/＞
セブン―イレブン・ジャパンHP＜http://www.sej.co.jp/＞
イトーヨーカ堂HP＜http://www.itoyokado.co.jp/＞
金融庁HP＜http://www.fsa.go.jp/＞
総務省統計局HP＜http://www.stat.go.jp/＞
全国銀行協会HP＜http://www.zenginkyo.or.jp/＞
社団法人日本資金決済業協会HP＜http://www.s-kessai.jp/shikin/＞
イーネットHP＜http://www.enetcom.co.jp/pc_main.html＞
大和総研HP＜http://www.dir.co.jp/souken/index.html＞

（竹石　祐也）

第6章
地域ブランドの戦略ケース

【本章のねらい】

　近年，日本のあちこちで地域起こしや地域の再開発が試みられている。そのなかで脚光を浴びているのが「地域ブランド」である。地域ブランドにもさまざまな種類がある。代表的な地域ブランドとは，まず，特産品や土産物などの「地域の商品ブランドづくり」，もうひとつは観光地域や産業地域としてその場所をブランド化することを目指す「場のブランドづくり」である。

　本章では，地域の商品ブランドづくりの事例として「由比桜えび／駿河湾桜えび」と「揖保の糸」を，場のブランドづくりの事例として「熱海」を取り上げる。

　「由比桜えび／駿河湾桜えび」と「揖保の糸」について特記すべきことがあるとすれば，2つともプレミアム価値をもったブランドとして，同類の商品ブランドよりも高い価格で売買されている事実である。なぜこれらのブランドはそのような価値をもつに至ったのか。これは興味深い問題である。

　一方，場の地域ブランドとして苦闘しているのは「熱海」である。かつては日本を代表する温泉町であり，東京という大都市に近く，交通も至便という環境にある。それにも関わらずなぜ熱海ブランドは没落してしまったのか。またどのようにして復活を遂げようとしているのか。

　こうした地域ブランドの事例に学ぶことで今後の日本の地域の発展に参考になることは多い。

第Ⅱ部　ブランド・ケース編

高価格を維持する地域ブランド

CASE 8

「由比桜えび／駿河湾桜えび」[1,2]

本ケースのねらい

　静岡市由比地区（旧由比町）[3]は「桜えびの町由比」のキャッチフレーズで，地域資源を活かして全国的なブランド魚として「桜えび」を核とした地域づくりをしてきた。桜えびに関する産業に従事しているのは，由比地区の約40％にものぼる。これまで「由比桜えび」「駿河湾桜えび」は，他の水産物ブランドに類例がないような成功をおさめてきた。なぜ，この桜えびブランドは，高い価格を維持できるブランド構築を果たすことができたのだろうか。

① ブランドの源流

　大分県知事の平松守彦氏が県内の町村長に対して，「一村一品運動」を提唱したのは，1979年11月のことだった。各市町村がそれぞれの特長を生かした特産品を育てることにより，地域の活性化を図ったのである。この運動の過程で大分県内ではシイタケ，カボス，豊後牛，関あじ，関さばなどが全

1　「由比桜えび」・「駿河湾桜えび」はともに，地域団体商標として登録されている。
2　現地取材は，筆者が2009年7月に行った。
3　2008年1月に静岡市と旧由比町が合併した。現在は静岡市清水区由比地区に由比漁業協同組合，由比桜海老加工協同組合があり，ケースとしてあげているのは両組合のある旧由比町である。

CASE 8 「由比桜えび／駿河湾桜えび」

国，に通用するブランドとして生み出された。運動開始当時の1980年は143品目，販売額で359億円だった。約20年後の2001年には336品目，販売額で1,410億円と，それぞれ2.3倍，4倍と増加している。

これらの取組みをきっかけとして，他の地域でも「地域づくり」のメニューとしての地域の特産物を創りあげる動きが活発化してきた。「有名になりたい」，「所得を増やしていきたい」という気持ちが動機となり，1980年代から農林水産物のブランド育成ブームの波が押し寄せたのである。

とくに水産物では，新鮮さ，地域特産を売りにした「差別化戦略」に取組み始めた地域が多かった。代表的な成功例として，「関あじ・関さば」，「大間マグロ」，「明石鯛」，「氷見寒ブリ」などのブランド魚がある。しかし，全国区ブランドとなった魚介類はほんの一部で，多くの魚介類は大衆魚（コモディティ）にとどまっているのが実情だ。

なぜ水産物のブランド化はうまくいかないのだろうか。

「水産物」は海の中で成長していく生物で，人為的なコントロールが困難である。このため，水揚げされた魚介類でも1回の投網で多くの魚種，さまざまな大きさの魚が入ってしまう。いちいち仕分けして販売することが困難なのだ。これがブランド構築の大きな障害になっている。つまりブランド商品として均質な品質を保つことが困難なのだ。

工業製品であれば素材を選択し，規格をそろえ，製造方法を高度化していくことが可能だ。水産物ではこの規格化を実践することが困難を極め，ブランド育成の大きなハードルとなっている。しかしそれにも関わらず，いくつかの地域では水産物の「ブランド化」に成功している例がある。なぜだろうか。

たとえば，ブランド魚として成功した大分県佐賀関漁港で水揚げされる「関さば」の価格はブランド化の施策として，生簀で魚の状態を見て値段をつける「面

写真提供：由比桜海老商工業協同組合

181

第Ⅱ部　ブランド・ケース編

買い（つらがい）」，流通チャネルとしての特約店制度，大都市を中心にしたプロモーション，1匹ずつ尾びれに商標タグを付けていき，商品としての品質保証を行い商品を創りあげた。こうした方策が成功してから約15年間で1キロ当たりの値段が10倍となり，全国的にも有名なブランド魚として知られるようになった。つまり水産物をあたかも工業製品のように，手間をかけて商品の均質化・規格化を行っていることになる。

（1）　偶然生まれた「桜えび漁」

　4～5月に富士山をバックに大井川河口付近で「桜えび」を干す映像をテレビや新聞などで多く扱われるようになって，駿河湾の春の風物詩として全国的に定着してきた。5月の連休には由比漁港周辺にて「由比桜えび祭り」が開催され，2010年5月には期間中だけでも6万人もの人たちが押し寄せ静岡県内でも指折りの行事となってきた。

　由比桜えびが水揚げされる静岡市由比地区は駿河湾の奥の方にある。南側は駿河湾に面し，北側は急峻な山間部となっており，みかんの栽培も盛んである。由比地区の人口は2009年9月末現在9,525人のうち漁業就業者数，水産加工就業者は全就業者の40％を占め地域産業の中核をなしている。また，由比地区全体の製造品出荷額は265億円であるが，うち約9割を占める233億円が漁業関係の製造品の出荷額である。

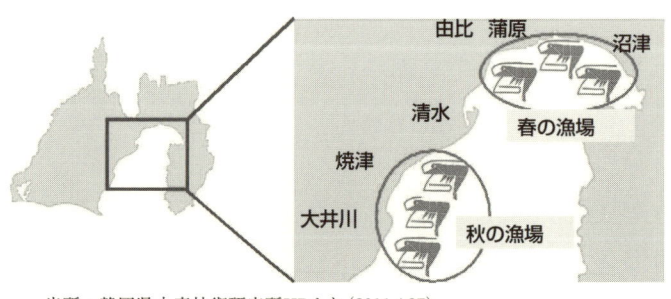

図表8-1　駿河湾における桜えびの漁場

出所：静岡県水産技術研究所HPより（2011.4.27）。

CASE 8 「由比桜えび／駿河湾桜えび」

　この桜えびが食用にされるようになったのは，約100年前からである。駿河湾に住む漁民は江戸時代から「桜えび」が採れることを知っていたが，どのような時間帯にどんな条件で漁獲すると多く採れるかは知らなかった。

　1894年12月のことだ。今宿（由比地区）の漁民の望月平七と渡辺忠兵衛がアジの夜漁に出たときに漁網はもっていたものの，「浮き」をもってくることを忘れてしまった。このとき，本来であれば「浮き」によって浅瀬に広く漁網を広げて浅瀬にいる「あじ」を漁獲するつもりであった。しかし，漁網を引き上げると，なんと１石以上の「桜えび」が採れたのである。

　そのときに漁網がちょうど「桜えび」のいる水深100メートル前後まで下がったという偶然が，今日まで続く，桜えび漁のきっかけとなった。その後は２艘の漁船で漁網を引いて漁獲するスタイルが構築され，多くの漁民が「桜えび漁」に参入した（大森，志田［1995］）。

　「桜えび」は３月下旬～６月上旬の春漁と10月下旬～12月下旬の秋漁と年に２回捕獲するシーズンがある。産卵の時期は水深150メートルくらいのところで６～８月に１匹の雌は1,500～2,000個の卵を産み，産卵した桜えびはその後１～２カ月後に一生を終えていく。産卵された桜えびは秋には３センチくらいになり，１年～1.5年半後には４～５センチの成体へと成長して一生を終える。春漁の特徴は成長して１年近く経過していることから体長が大きく，見た目が良く値段も高く，秋漁はやや小さいが身が軟らかいという特徴をもっている。

　また，桜えびは日中に200～300メートルの深いところで生活しているが，夜になると水深50～100メートルのところまで上がってくる習性をもっている。このため，浅いところに上がってきたものを２艘の船で漁網を引き捕獲している。この漁獲スタイルは桜えびを大量に捕獲した明治時代から変わっていない。

　桜えびは身が美味しいが鮮度低下が非常に早い。このため，水揚げ後にすぐ乾燥や冷凍などの加工をすることが必要となる。

　商品のラインナップとして以下のようなものがある。水揚げ後にすぐ天日

でよく乾燥させた①素干し桜えび（約400円／10g）。煮熟したものを低温流通させる②釜揚げ桜えび（約1,000円／100g）。これは佃煮，お好み焼き，スナック食品などに利用されている。また，近年需要が伸びている③冷凍生エビ（約600〜800円／100g前後）の3種類ある。

この由比桜えびは，同じ商品カテゴリーとみられる小エビ類の5倍前後の値段で販売されている。以前は10センチほどになる長い桜えびの「ひげ」は廃棄されていたが，桜えびの資源量が減少してきたことから，煎餅，調味料などの原料として活用されるようになった。

現在，桜えび漁を行っているのは由比漁業協同組合である。1968年9月に由比漁業協同組合と蒲原漁業協同組合が合併して設立され，現在の組合員数は694名。事業としては水揚げされる魚介類の中で桜えびが98％を占めている。桜えび漁のための製氷冷凍冷蔵事業，利用事業，指導事業，無線事業等を行っているほか，レストラン「浜のかきあげ屋」にて桜えびのかき揚げ丼をはじめとする桜えび商品の販売を行っており，観光客向けに漁業体験ツアー，定置網漁，シラス漁等も行っている。

水揚げされた桜えびを加工しているのは，由比桜海老商工業協同組合だ。1968年3月に設立され，現在の組合員数は42名。事業としては桜えびの加工に必要な資材等の共同購入・販売，宣伝・販促事業にてイベント，桜えびのPR活動，教育・情報事業として桜えび加工に必要な経営指導，食品衛生法，労働基準法などの改正法規の学習会，婦人部活動事業にて桜えびの料理研究，先進地視察等を行っている。

② ブランド化はどう進められたか

桜えびがブランド化した，そのプロセスを検証するために，1960年代から現在までを4つの時期に分けて，この桜えび漁がどのような経過をたどって変化してきたかをみてみよう。

(1) 第1期：プール制度の導入 (1964～1976年)

　静岡県漁業調整規則では，1964年度からは6月10日～9月30日まで禁漁期間として指定されている。この時期は桜えびの産卵期間（6月～8月）と重なっており，この期間の漁獲は一切認められていない。この期間中は桜えびの産卵状況や成育状況を把握するために静岡県水産試験場が定期的に調査を行い，秋漁や翌春の桜えびの漁獲想定量を算出している。

　1966年の春漁から「プール制度」がはじめて試験的に導入された。これは，由比地区の5統10隻（2隻で1統が構成され魚網を曳いて漁獲する方法）の船主グループの中で水揚げした桜えびの販売代金を均等配分していく方法のことだ。このときのねらいは桜えびの資源保護の目的よりも，個別操業から集団的な出漁による分業化によって操業の効率化を図りグループの漁獲量を増加させることにあった。

　そんな中で，1968年の春漁は大豊漁が続き，終漁間際の6月4日には桜えびの魚価が著しく暴落した。このとき，怒った漁師が約50トンの漁獲した桜えびを海上投棄するという事件が起こってしまった。その後，しばらくは市場を通さずに船主が個々に桜えびを販売するといった異常な事態が続いていた。このために8月になってから静岡県と各町の仲介で漁師側と仲買人・加工業者側とで問題解決が図られるようになった。

　この間も由比地区では断続的にプール制度が試みられていた。1966～67年の試行的なプール制度の開始から10回の出漁日の漁獲量と価格を比較するといずれも実施後に価格が上昇していることに漁師側は気付いた。プール制度は価格維持対策に有効であることがわかったのだ。ここから，1968年の秋漁に至って全体の調整が進んで，蒲原漁業協同組合と大井川漁業協同組合を加えて，漁業協同組合ごとにプール制度が始まった。

　プール制度が始まるまで，漁師にとって「先獲り」のための「不毛な競争」が続いていた。しかしこの時期，試験的に行われたプール制度によって限られた資源をルールに基づいて漁獲していくことが効率的であるとわかったのだ。こうして漁業協同組合ごとのプール制度の目的は，導入当初の「資

源保護・効率性」の思想から「流通・価格面」に関わる側面へと変化していった。それを反映して、漁獲量は減少傾向にあるが、価格は維持されている（図表8-2）。

しかし、漁業協同組合ごとに行われてきたプール制度の不備な点も目立つようになった。プール制度のルールを破って出漁する漁師もいたのだ。狭い駿河湾の漁場では、漁船・漁具が過当競争の状況にあった。このため、出漁時間、操業時間、操業方式などを3つの漁業協同組合で調整してきた。しかし、内部で監視する機関が無かったことからプール制度を無視する漁師が出てきてしまったのだ。こうした反省に立って導入されたのが、次に述べる「総プール計算制度」である。

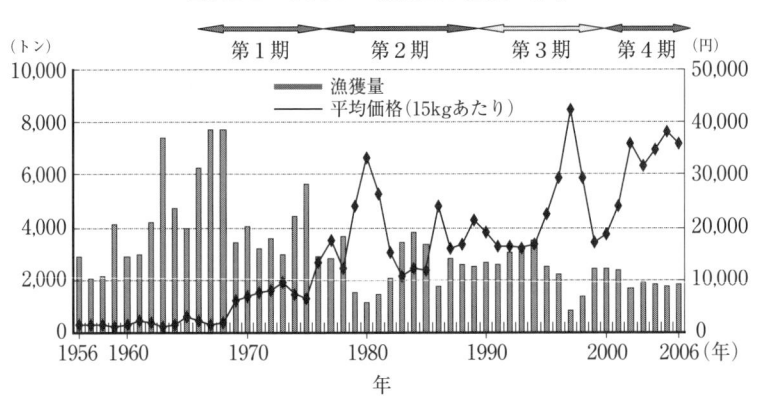

図表8-2　桜えびの漁獲量と値段の推移

出所：由比漁業協同組合資料をもとに筆者作成。

(2)　第2期：共存共栄へ向かって（1977年～1987年）

共同操業によって効率的に限られた資源に応じた漁獲量の調整を行う「プール制度」は、この時期に全国的に広がった。そういう中にあって、この「桜えび漁」では、「総プール計算制度」を全国ではじめて導入した。これは漁獲した水産物を出漁した船員間で均等に配分するやり方である。

「総プール計算制度」が導入されたのは，1977年の春漁からである。第1期の失敗を教訓にして，3つの漁協の全船60統120隻を統合したのだ。さらに，1983年から由比地区の3つの漁協に加えて，大井川の漁業協同組合間とも総プール計算制度により配分されることになった。全船が統一して操業に当たり，水揚金額も全船平等に配分される制度が確立したのである。

　さらに漁場での混乱を避け，資源状態や翌日の天気によって漁獲量を調整するために，1967年に創設されていた「出漁対策委員会」が強化された。

　出漁対策委員会は，漁の期間中に由比漁業協同組合にて午後1時から開催される。出漁が決まった際には午後5時くらいに出漁し，港に帰ってくるのはだいたい午後10～12時くらい。その後，朝に競りが始まるまで漁港にて保管する体制が構築される。

　出漁対策委員会の権限は非常に強い。漁に出るか出ないか，漁網を引く時間帯の海上の天候，静岡県水産試験場や気象庁のデータや，期間中の出漁回数・漁獲高を考慮しながら，出漁について決定していく最高意思決定機関である。

　出漁してからは出漁対策委員長の指示が絶対的だ。4つの班に分けられた漁船は全船出漁（60統120隻）する。出漁対策委員会で当日の曳網を行う班の順番を決め，出漁期間中に平等に漁獲する。それぞれの出漁した漁船は，魚探装置で桜えびの魚群の位置・密度を探っていく。その情報をもとに委員長の指示で1回目の投網を30統60隻が行い，13ノットに制限された速度で漁網を曳いていく。

　漁網を曳いた後で直ちにどれくらいの漁獲があるか，全船の漁獲量が指示船に乗っている出漁委員長のところへ報告される。目標とする量を確保できたらそのまま漁港へ帰る。しかしもし足りなかったら次の15統30隻が網を入れていく。そのため，出漁しても海に網を投げない漁船15統30隻が出てきてしまうこともある。

　1992年からは，桜えびを漁獲して販売した収入を1日単位で毎日精算を行っている。出漁した船員に対して収入を均等に配分する体制になった。ま

ず，総漁獲量から桜えび漁をしていくための固定費として市場手数料，燃油の補助としての運搬費を差し引き，魚群探知機の修理代積立金や，氷を使用した場合は氷代金を確保する。

そして，固定費を除いた販売額のうちその55％を乗組員，45％を船主の分として配金とすることが規定化されている。収入を透明度の高い方法によって配分する制度が確立されたのだ。

現在の総プール計算方式による桜えび漁の評価について，實石正則専務理事は次のように語っている。

「プール制度を導入した昭和40〜50年代にはプール制度を試験的に導入したものの，各漁業協同組合においては漁船・漁具の過当競争，出漁時間，操業時間，操業方式等を守らない者も出てきてしまった。警告を行ったりして，統制を取ろうとしたが抜け駆けして目標量を超える漁獲量を採った漁船もあり，プール制度が揺らいでいた時期もあった。現行制度になってからは統制が取れるようになってきている。ここ20年くらいは制度自体を批判するものはいなくなった。また10〜15年に1回程度経験する大不漁を経験したとしても漁民にはある程度の最低所得が入ってくる。このため組合員からの不満が，噴出せず，不漁年のときほど，地域の漁家の結束力が高まっていくことを繰り返してきている。」

この時期の桜えびのブランド確立について重要な出来事がある。それは流通の変化である。平成に入る前までには干し桜えび，釜揚げ桜えびしか流通していなかった。このため流通経路としては卸売業者，問屋を通じた相対取引が主だった。

この時期の流通では，川上である漁師と漁業組合と，卸・小売などの川下とは情報の点で断絶していた。消費者のニーズやトレンドが川上に伝わることがなく，桜えびの流通主導権は卸や仲卸が握り，価格もこうした中間流通業者がほぼ決めていたのである。

CASE 8 「由比桜えび／駿河湾桜えび」

　こうしたあり方に対して，プール制度が定着して以降，供給＝漁獲量がコントロールされるようになり，しかもブランドとして価値が高い桜えびの流通取引が変化してきた。漁業協同組合が主導権を握り，価格の下落が防げるようになったのである。図表8-2を見てもわかるように，漁獲量が減少した年には価格が上昇するが，漁獲量が増えた年でも価格が高値安定する仕組みが確立されるようになったのである。このように，漁業協同組合が価格決定に大きな影響を与えている水産物取引は全国でも数少ないといわれている。

図表8-3　一般の水産物と桜えびの流通経路

（通常の水産物の流通経路）

価格決定権

漁家 → 漁業協同組合 → 卸・仲卸 2次ユーザー → 店舗 → 消費者

物流・商流は川上から川下へと流れるが，川下から川上への情報は断絶している。また，漁業協同組合の単位で地域の海産物の商品開発が進められるが，卸・仲卸による消費者情報に頼っており，訴求点は常に値段が優先されることが多い。ということは間接的には卸・仲卸の意向による商品設計になってしまう。

（駿河湾さくらえびの流通経路）

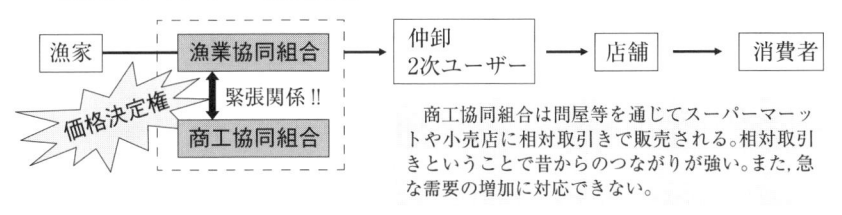

漁家 → 漁業協同組合 ⇔ 商工協同組合（緊張関係!!）→ 仲卸 2次ユーザー → 店舗 → 消費者

価格決定権

商工協同組合は問屋等を通じてスーパーマーケットや小売店に相対取引きで販売される。相対取引きということで昔からのつながりが強い。また，急な需要の増加に対応できない。

出所：筆者作成。

(3)　第3期：競合の登場と変革（1988年－2000年）

　1977年から漁師がそれまでに漁業協同組合別で行っていたプール制度から，3漁業協同組合が合同の総プール計算制度になった。つまり，価格の決定が漁師側に有利に運ぶ傾向が一段と強まったのである。それまでも，漁獲量の低下と価格の上昇に対して先行きを心配した加工業者がアジア諸国に桜

えびに類似した資源を求めるようになった。

1970年代後半から台湾などから輸入されたアキアミ類が「桜えび」,「駿河湾特産桜えび」と偽装表示されて市場に出回っていることが問題となり,静岡県が関係者に行政指導を行うことになった。

そのような中,静岡県蒲原町の業者が台湾南部東港で桜えびに近い種類のえびが底引き網で漁獲されることを発見した。その後に,このエビは当時の東京水産大学大森信教授らによって桜えびと同定された。由比の桜えび産業の関係者に衝撃が走った。1988年頃から台湾産素干しえびが輸入されるようになり,駿河湾で漁獲される桜えびとの競合が問題になった。

この頃から台湾から約20トンの輸入が開始された。2000年には約900トンまで増加したが,その後,乱獲が進んで2002年には240トンまで減少した。その後は資源の枯渇が危惧されるような状況に追い込まれている。

この台湾桜えび事件をきっかけとして,由比桜えびの生産や物流・流通のあり方に大きな変革が迫られるようになった。

1つは商品表示の問題であり,もう1つは品質管理の問題である。

「桜えび」の商品表示は長年の問題であった。静岡県桜海老加工組合連合会は名称表示の取り決めを行い,2004年11月から施行した。このとき,桜えび以外のツノエビや小エビなどを「桜えび」と表示して販売することへの取り締まりが本格的に始まった。また,生鮮品については「駿河湾」,「静岡県」,「台湾沖」などの水域名を明示することを義務化した。

この表示の改正をさらに後押しすることとなったのは,2002年秋漁の漁獲量の低迷である。それ以降,桜えびの価格は高止まりしている。静岡県桜海老加工組合連合会では一部の業者の表示詐欺により業界全体のイメージが悪化することを恐れ,表示の統一,ルール化が急務となった。

しかし,このような行政による表示に対する強化,近年の消費者の意識向上があるにも関わらず2010年に事件が起った。静岡市の水産物流通業者が原産地である「台湾」の桜えびを表示せずに静岡産と表示したのだ。静岡県中部民生活センターに情報が寄せられ,立ち入り検査を行い違反していること

を確認した。ブランドを守るためには桜えびに対する表示偽装対策を強化していく必要に迫られている。

　台湾産桜えびの輸入がもたらしたもう１つの改革は，さらなる品質の向上である。駿河湾産桜えびは，特産品として加工業者が品質をさらに要求するようになったのである。このため，製造技術と品質管理の開発が急激に進められた。

　しかし桜えびの鮮度維持は漁師の全面的な協力なしには行えない。漁師に対して漁獲方法，漁港までの運搬方法，競りまでの保管方法等，製品の品質向上が加工業者等から求められるようになった。

　またこの時期，需要が伸びている「生桜えび」への漁船装備の対応が進んだ。以前は素干し加工による流通が大半を占めていた（1994年出荷形態は素干し60％，釜揚げ30％，生10％の比率）。2001年には桜えびの形態，鮮度の維持を図り，衛生状態を改善していく装備ができた。海上から桜えびを海水とともに吸い上げていくフィッシュポンプが全船に装備されたのである。低温の水中にいた桜えびに素手で触れると，桜えびは「火傷」してしまう。しかしフィッシュポンプという革新によって，桜えびの商品価値を損なうことなく出荷できる体制ができた。

　また，３漁業協同組合の魚市場保冷庫の完備により，品質管理と鮮度がさらに向上した。近年の消費者ニーズは，桜えびを魚の生に近い状態で食べたいというもの。このニーズに合ったかたちで出荷できるようになったのである。2009年頃には素干し40％，釜揚げ30％，生30％の比率に変わった。

　この第３期には桜えび商品の商品基準の明確化が行われ，消費者に応じた「生桜えび」の販売が実施されることになった。資源が限られた桜えびの生産と流通をどのように扱っていくかが，桜えび関連団体の共通課題として認識されるようになった。

　しかし，当時から要望されてきた，流通している「由比桜えび」が本物であるという証明や，監視をしていく第三者機関の創設は，現在でも実現されていない。これらが課題としてまだ残されているのである。

(4) 第4期：地域団体商標へ（2001年～現在）

　2001年以降は春漁では1,500トン前後，秋漁では500トン前後の漁獲量，年間40億円以上の水揚高を維持している。桜えびの資源量が減少傾向にある中で，どのように付加価値をつけて販売していくか，安定的な漁獲量を確保していくのかといったことが根本的な問題となっていた。

　第3期では桜えびの商品づくりという点ではほぼ完成してきたといえるだろう。従来の素干し，釜揚げに代わる生桜えびへの消費者ニーズの変化に対応してきた。そして，生で食べるときのために，桜えびの鮮度の維持，形態がしっかりと保て，衛生状態に問題がないよう，必要最低限なハードルをクリアすることができた。全国的に「有名になりたい商品」から「ぜひ，食べてみたいブランド」へとさらにステップアップしてきたのである。

　2006年度には改正商標法が施行され，地域団体商標制度が創設された。従来の商標法では，「由比桜えび」のように，地域名と商品名からなる商標は商標登録を受けることができなかった（図形と組み合わされた場合や全国的な知名度を獲得した場合を除く）。これは商標として識別力を有しない，特定の者の独占になじまないという理由によるものだった。[4]

　たとえば，「夕張メロン」は商標権を取得した農産物としてよく知られている。現在では関連商標まで含め，230件もの商標を取得している。しかしながら最初の商標を取得するまでに全国の知名度や認知度のデータを提出し「自他商品等識別力」が特許庁に認められ取得するまでに20年を要した。[5]地域団体商標制度が発足するまではこの夕張メロンのように多大な苦労を重ねないと地域ブランドの商標は登録できなかったのである。

　この地域団体商標制度を利用した出願商標の数は2011年7月末現在993件で（うち農林水産物471件），登録されたものは480件にのぼる。その中には有名な「松阪牛」，「越前かに」，「京の伝統野菜」等が含まれる。

　由比桜海老商工業協同組合と由比漁業協同組合も，この地域団体商標制度

4　永野［2006］。
5　パテント編集委員会［2007］。

を利用して商標権を取得した。旧由比町では「桜えびの町由比」をキャッチフレーズに地域づくりを推進してきた。そのため，地域団体商標制度が開始されることが伝わると旧由比町の職員が特許庁に直接相談したり，地域団体商標の研修会に参加した。

また，町の有力者による後押しもあり両組合とも商標出願に対しては積極的になり，弁理士による商標権の取扱い方や地域団体商標の活用の仕方などを相談した。2006年4月1日に「由比桜えび」の地域団体商標を出願し，2006年11月24日に商標登録が認められることになった。

一方，これよりも先に3漁業協同組合で「駿河湾桜えび」の地域団体商標を2006年4月1日に共同出願しており，2006年11月17日に登録された。

「由比桜えび」の地域団体商標の使用基準は，次の通りである。

① 駿河湾にて捕獲され，由比漁港で水揚げされた桜えびを100％使用した商品で，
② 一定の基準をクリアしたもののみに付する。

図表8-4 由比桜えび地域団体商標の使用基準と品質

地域ブランド「由比桜えび」規約(抜粋)

(使用の基準)
第六条 許可認定者であって，駿河湾で捕獲され，由比漁港で水揚げされ市場に上場された桜海老を100％使用した商品とし，…
　(1) 素干し桜海老：水分含有量18％程度であって，色，つや，光沢のあるもので，丁寧に不純物の除去作業が行われているもの。
　(2) 釜揚げ桜海老：塩度4.5度以下で煮沸したものであって，充分水切りをし丁寧に不純物の除去作業が行われているもの。
　(3) 生(冷凍含む)：特に鮮度の良い物を使用し，各自の適した洗浄・滅菌方法，及び充分な水切りをしたものであって，丁寧な不純物の除去作業が行わわれているもの。
　(4) その他加工品：素干し・釜揚げ・生(冷凍含む)を原料とした商品

⬇

使用を許諾する委員会が許諾した者に対して上記の品質をクリアしたら，使用することは可能である。しかし，使用後の実績や，違反行為等をチェックする体制はない。

出所：由比漁業協同組合から提供された「由比桜えび」規約から筆者作成。

このように由比の漁業組合では，他の駿河湾の桜えびよりもより良いもののみを販売していくことを目指している。

　また，新たな展開としては2007年から小中学生に対して市場見学，冷蔵庫・冷凍庫の見学，朝食，乗船，シラスの釜揚げの漁業加工体験教室（ブルーツーリズム）を行っている。2009年は6月〜9月の間に28校，今年から3校の高校が来る予定であり，延べ5,000人くらいになる。対応については10人ほどいる漁協の若手の職員を中心に都市・漁村交流に参画している。将来的にこのような経験をした子供たちは魚が好きになり，由比地区のこと，シラス，桜えびのことが印象に残り，長期的に由比のファンになってくれることが期待されている。

この事例からの学び

　桜えびがブランド化していった背景には，いくつもの施策やプロセスがある。そこからどのようなことを学べるか，以下3つにまとめてみよう。

① 水産物事業を革新したこと

　素干し，釜揚げといった伝統的な加工法だけではなく，1988年にチルド配送による全国配達が可能になってからは「冷凍生桜えび」を食べることができるようになった。これは今までは地元でしか食べられなかった幻の桜えびであったが，気軽に解凍してすぐに旬の生桜えびを食べられるようになってからは需要が伸びた。

　また，「生桜えび」は桜えびの形態，鮮度の維持，衛生状態の維持が商品の生命線になる。このため漁船の装備，取扱い方，仲卸・加工業者の配送方法のイノベーションに素早く対応してきた。結果，人気商品が生まれ，全国的にも知名度をあげ「ぜひ，食べてみたい商品」になったと考えられる。

② 地域団体商標を活用したこと

　地域団体商標制度を利用して登録された団体は2011年3月末で約460件であるが，多くの出願者が国（特許庁）から商標登録されて認証されたということに満足しているように感じる。商標登録されてから，どのようにブランドとして育て上げていくのかというビジョンが乏しいことが問題としてあげられる。例えば，商品管理を厳しく，またどのような商品だけにブランドが適用できるかを明文化し，客観的に管理できる体制を取っている地域はまだ少ない。

③ コアユーザーを形成する努力を行ったこと

　魅力的な商品を単なる特産物で終わらせてしまってはいけない。特産物をブランド化して，売れ続ける仕組みの構築が必要である。そのためには生産から流通・店頭までを管理する仕組みが欠かせない。また，そのブランドのコアな購入層を形成する努力が必要である。例えば，その商品が出来る過程を見たい，訪れたいといった滞在型ファンを作る。グリーンツーリズム，ブルーツーリズムなどの仕組みづくりも「由比」では進めている。

〈謝辞〉

　本ケースは，由比漁業協同組合の實石正則専務理事，由比桜海老商工業協同組合の安部玄太郎理事長らに2009年7月に行なったインタビューを基に再構成したものです。両氏に感謝の意を表する（役職は取材当時のもの）。

【参考文献】
　上田隆穂［2003］『ケースで学ぶ価格戦略入門』有斐閣。
　大森信・志田喜代枝編著［1995］『さくらえび漁業百年史』静岡新聞社。
　漁業経済学会編［2005］『漁業経済研究の成果と展望』成山堂書店。
　永野周志［2006］『よくわかる地域ブランド』ぎょうせい。
　パテント編集員会編［2007］「夕張市農協組合インタビュー・ブランド夕張メロン」『パテント』第60巻第7号，19-27頁。
　平松守彦［1990］『地方からの発想』岩波書店。

大分県HP＜http://www.pref.oita.jp/life/ 4 /16/45/ ＞（2011.8.6）
静岡県水産試験場HP＜http://www6.shizuokanet.ne.jp/suishi/homepage 2 /mame/sakuraebi/sakuratopp.htm＞（2011.4.27）

（千葉　孝仁）

CASE **9**　老舗温泉ブランド活性化への道

「熱海」

> ### 本ケースのねらい

　静岡県熱海市は，伊豆半島の入り口に位置し，温暖な気候・海と山の美しい景観・美味しい味覚に恵まれた，日本を代表する古くからの温泉観光地である。しかし，宿泊客数は1960年代をピークに，2008年には半減。観光産業の低迷に伴い，人口減少・地域経済やコミュニティの衰退・市の財政危機など，さまざまな問題に直面している。行政と民間という立場から，この窮状を打破しようと立ち上がった一群の人たちがいた。彼らの熱海ブランド活性化はどのようなアプローチによるものだったのだろうか。

１　熱海の誕生・発展・衰退

　熱海温泉の起源は，西暦755～765年頃。「阿多美」という字があてられていた時期もあったが，海底から温泉が湧き上がり，魚が焼け死ぬほど海が熱くなったことから「熱海」になったといわれている。以下，３期に分けて，熱海の繁栄と衰退をみていこう。

(1)　第１期：政財界人や文化人の保養地

　江戸時代初頭（1604年），熱海を訪れた徳川家康は，熱海の温泉を大いに気に入り，幕府の直轄領とした。このことで，土地の治安・風紀が守られ，

諸大名が次々と湯治に訪れるようになった。

　温暖な気候，美しい景観，美味しい味覚に魅せられ，明治以降も，時の要人，軍人，文化人などが頻繁に熱海に訪れ，歴史的会談も行われた。また，皇族・華族・政財界の有力者は別荘を構えた。

　1885年（明治18年）に日本発の温泉療養センター「噏ㇳ舘（きゅうきかん）」が設立された。ドイツの気圧吸入器が設置され，当時としては最新式の医療施設であった。1889年（明治22年）には，体の弱かった大正天皇のために，現在の熱海市役所の場所に，横浜・神戸に次ぐ3番目の御用邸として，熱海御用邸が建設された。多くの文豪たちも居を構え，名作を執筆した。以下では著名人と熱海の関わりを示す。

- ▶ 熱海に住居・別荘を構えた著名人：伏見宮家，久邇宮家，梨本宮家，朝香宮家，桂太郎，犬養毅，吉田茂，岩崎小弥太（三菱財閥），住友吉左衛門（住友財閥），三井別荘（三井財閥），根津嘉一郎（東武鉄道創設），坪内逍遥，徳富蘇峰，佐佐木信綱，志賀直哉，吉川英治，谷崎潤一郎，永井荷風，杉本苑子，横山大観など。

- ▶ 1897年（明治30年）より6年間「読売新聞」「新小説」に断続的に掲載された尾崎紅葉の小説『金色夜叉』は，熱海の海岸での別れの場面で有名。舞台となった場所には，現在「二代目お宮の松」と主人公「貫一・お宮の像」が建っている。

- ▶ 熱海梅園：内務省の初代衛生局長である長与専斎氏の提唱を受け，温泉療養センター「噏ㇳ舘」などで療養する人たちが，散策など適度な運動をするための場として，横浜の豪商・茂木惣兵衛氏が私財を投じ，明治19年に開園。

- ▶ 熱海の芸妓：当時は，静養に訪れた知識階級の暇つぶし・昼間の遊芸師匠としての役割が主。現在熱海には少なくとも100を超える「置屋」があり，250名余り（全国に2,800人と言われる芸者の約1割強）の芸者が活躍。

(2) 第2期：大衆温泉観光地へ

　1925年の国鉄熱海線の乗り入れ，1934年（昭和9年）の丹那トンネル開通による東海道本線開通を契機に，熱海を訪れる観光客の数が増加し，観光業発展の基礎がつくられた。1950年の熱海大火により，市街地の4分の1が壊滅したが，この後まちの整備がすすみ，1953年頃には，大火前をしのぐほどのにぎわいとなった。

　昭和30年代の高度経済成長期に入ると，国内全体の好景気によって熱海の観光産業は一層盛んになった。また，東京オリンピックの開催に向けて交通網が整備され，1964年に新幹線熱海駅が開業し，観光都市として更に発展した。

　皇族や知識階級とのゆかりが深い土地であることから，熱海に行くことは"ステイタス"となり，新婚旅行のメッカとして，一見して新婚とわかるカップルでにぎわった。

　昭和30～40年代の旅行の主流は，職場や自治体の団体旅行だった。熱海も団体客を誘致し，その客目当てのストリップ劇場や風俗店が増え，「歓楽街」または仕事帰りに行く「宿泊宴会型の観光地」というイメージが定着してしまっていた。熱海の町は，煌びやかな夜のネオン，仲居・番頭・店の売り子など観光に従事する多くの従業員が，旅館や店のおもてにでて呼び声もにぎやかに，もっとも華やかな時代を謳歌していた。

(3) 第3期：衰退期

　しかし，1970年代になるとその栄華に徐々に翳りが見え出した。熱海の宿泊客数は，1969年の約530万人をピークに減少傾向となり，2008年には290万人にまで落ち込んだ。

　入湯客数（宿泊利用＋施設利用）のランキングにおいても，1986年以降は箱根にトップの座を譲り，2002年以降は3位に，2005年以降は4位に後退した。

　バブル崩壊による景気の低迷を受け，団体客が減ることで，休館に追い込

図表9-1　熱海の宿泊客数の推移

（単位：万人）　　　　　　　　　　　　　　　　　　　　　（入湯税ベース）

出所：「熱海市の観光」（平成21年版／平成22年版／平成23年版）財政部課税課資料をもとに筆者作成。

まれる旅館が目立ち，温泉街に寂れた印象が漂いはじめた。また，人件費削減の為，サービスを簡略化した旅館も増加し，従業員数も減少。このことが，熱海市全体の人口減少にもつながった。高度成長期の投資により高層化・大型化したホテルの建て替え・大規模改修を要する時期がバブル崩壊期にあたったこともあり，二代目・三代目が旅館業を継がずにマンションへの転換や廃業する旅館も後を絶たず，宿泊施設などの受け皿も減ってきている。

図表9-2　全国入湯客数の推移

年度	1位	(万人)	2位	(万人)	3位	(万人)	4位	(万人)
1984	熱海市	410	箱根町	399	別府市	287	加賀市	278
1985	熱海市	418	箱根町	418	別府市	288	藤原町	268
1986	箱根町	444	熱海市	414	別府市	291	藤原町	286
1987	箱根町	459	熱海市	416	別府市	296	藤原町	283
1988	箱根町	453	熱海市	406	別府市	288	伊東市	283
1989	箱根町	469	熱海市	399	藤原町	303	別府市	273
1990	箱根町	479	熱海市	418	伊東市	308	藤原町	307
1991	箱根町	482	熱海市	418	藤原町	324	伊東市	312
1992	箱根町	548	熱海市	417	藤原町	321	伊東市	300
1993	箱根町	532	熱海市	389	藤原町	341	伊東市	278
1994	箱根町	466	熱海市	357	藤原町	325	伊東市	286
1995	箱根町	471	熱海市	369	藤原町	309	別府市	263
1996	箱根町	470	熱海市	381	藤原町	295	伊東市	285
1997	箱根町	464	熱海市	366	藤原町	281	別府市	278
1998	箱根町	442	熱海市	358	札幌市	300	藤原町	270
1999	箱根町	414	熱海市	345	札幌市	299	藤原町	266
2000	箱根町	417	熱海市	330	札幌市	292	藤原町	267
2001	箱根町	589	熱海市	328	札幌市	315	藤原町	245
2002	箱根町	594	札幌市	321	熱海市	321	藤原町	237
2003	箱根町	594	札幌市	343	熱海市	315	伊東市	257
2004	箱根町	583	札幌市	344	熱海市	315	伊東市	256
2005	箱根町	560	日光市	356	札幌市	353	熱海市	312
2006	箱根町	578	札幌市	380	日光市	321	熱海市	317
2007	箱根町	642	札幌市	378	日光市	330	熱海市	302
2008	箱根町	630	札幌市	392	日光市	325	熱海市	304
2009	箱根町	615	札幌市	357	日光市	303	熱海市	293

出所：(社) 北海道観光土産物産協会のデータを参考に筆者作成。

２ なぜ斜陽化したのか

　熱海が衰退した原因は何だったのであろうか。それは１つではなく，いくつかの要因が複雑に絡まりあっていた。

第Ⅱ部　ブランド・ケース編

(1) 要因①：変化への対応遅れ

　近年の旅行形態は，経済低迷や国民の価値観・ライフスタイルの変化により，【団体・職場旅行の宴会型】から【個人・小グループの体験型】へと変化した。熱海は，これらのニーズに，迅速かつ適切に対応できなかった。宿泊施設をみても，団体向けで規模・収容数が大きい旅館・ホテルが多い。

(2) 要因②：危機意識の低さ

　宿泊客数は減少しているとはいえ，2008年の観光入込客数629万人／宿泊客数290万人を誇る日本有数の温泉観光地の地位は保持していた。そのため，熱海温泉全体として，危機感はなかった。

図表9-3　熱海の体系的なブランド戦略の欠如

コースタルリゾート 地中海風のイメージで 区画整理された海岸線	主な土産は，干物・饅頭・たくあん
芸妓をフューチャーして， しゃれた和のイメージを訴求	文豪の町，昭和の雰囲気が残る町

また，古くから政治と密接な関係にあり，昭和20～30年代には畠山鶴吉氏（つるやホテル）・山田弥一氏（大月ホテル）という2人の国会議員を選出した土地柄，政治依存的体質も強かった。

(3) 要因③：アイデンティティの弱さ

熱海は，風光明媚な自然景観，温泉，文豪の町，芸妓文化など，観光資源となりうる要素が豊富である。このことが逆に，熱海全体としての統一感の欠如やイメージのつくりにくさにつながっている。

世代によっても，熱海にもっているイメージがバラバラで，昭和世代以上では「歓楽街」，過去の華やかな時代を知らない平成世代の大学生以下では「キレイな海と近場の温泉地」というイメージである。

さらに，これまで「熱海」を傘とした総合的・体系的なブランディング戦略が行われていなかったことも，ブランドイメージやメッセージの不明確さにつながっている。

(4) 要因④：ブランド管理の困難

熱海の古くからの旅館は，熱海在住の初代が一から商売をたちあげて大きくしてきたところが多い。外部からの観光資本の流入は非常に少なく，箱根における小田急のように，熱海全体のブランド管理を行う中心的役割を担う立場が不在である。

さらに，長期視点でのブランド構築よりも，短期的な収益目標の優先（花火の打ち上げなど単発的イベントや，飲食店における質をおとしてコスト削減等）により，全体の質の低下によるブランド力の弱体化を招いていた。

(5) 要因⑤：街づくりの不明確さ

熱海には，日帰りや短期宿泊する観光地というだけではなく，別荘などによる長期保養地という顔もある。昭和40年代には別荘が急増し，その対策として，1976年に熱海市別荘等所有税条例が制定された。そのため，街づくり

において，観光客をターゲットとした観光地と位置づけるのか，別荘族やIターン組などの新住民を含めた熱海市民が暮らしやすい地域づくり・街づくりを目指すのか，明確な方向性が描けていない。

③ 行政はどう動いたか

(1) 若き市長の登場

2006年9月10日，熱海市長選の投開票が行われ，無所属の齊藤栄氏が，現職市長川口市雄氏をわずか62票の差で破り，新市長となった。3期続いた川口市制ではゴーストタウン化した熱海は変わらないと感じた熱海市民が，熱海を変えて欲しいという願いを若き齊藤氏に託した結果であった。

齊藤氏は，1963年東京生まれ。東京工業大学大学院修士課程（土木工学専攻）終了後，アメリカデューク大学でMBAを取得。1988年に国土庁（現国土交通省）に入庁。国会議員政策担当秘書を経て，熱海市長となった。市長を志したのは，国土庁で働いていた頃。『鄙の論理』（細川護熙，岩國哲人著）を読み，地方自治の重要性に開眼し，「中央で官僚が全てを決める仕組みはいずれ破綻する。中央集権の日本を変えていくのは首長しかない」と思った。齊藤氏の原点は，「地方自治」と「市民」。市政は市長や議員，市職員だけのものではなく，市民一人ひとりが市政に参画し，共に築いていくものと考えた。

所信表明では，「効率的で開かれた市役所づくり」「歩いて楽しい観光地づくり」「住みたくなるまちづくり」という3つの基本政策を打ち出した。

しかしながら，当選して息つく暇もなく，波乱万丈のスタートが待ち受けていた。2006年9月14日に初登庁してみると，その日に建設費約40億円の庁舎立替の為のコンペが行われる事になっていた。知らなかったのは齊藤市長だけだった。齊藤市長は強権を発動して延期させ，これが業界の一部との軋轢を招く結果となった。10月・11月は助役なし。市議21人の中で，齊藤市長支持は2人のみで，市の財政状態を細かくチェックすることもできなかった。

熱海市発表によると，2005年までは黒字を計上していた。しかし，黒字にみせるトリックがあったのだ。市の「貯金」にあたる基金を取り崩して，決算に繰り入れていたのである。そのため，1995年には132億3,770万円あった基金が，2005年には19億2,490万円と激減してしまった。このままでは財政破綻するとの強い思いから12月に出した『財政危機宣言』は，観光業界や商工会議所などあらゆる経済団体から宣言の撤回を要求され，孤独な戦いが続いた。[1]
　このような逆境の中，齊藤市長は，「市長報酬の30％カットと退職金廃止」「市長公用車の廃止」「職員数削減と，職員給与の8％カット」「新庁舎建設延期」「業界団体への補助金カット」「議員定数の削減」など，さまざまな公費削減に取り組み，財政スリム化を果敢に実行してきた。
　また，前市長の時からの事業であった年1回の【市長タウンミーティング】も引き続き行い，齊藤市長自らが熱海各地区に出向き，市政全般について市民と意見を交換し，市政に反映させた。

(2) 行政ビジョンを打ち出す

　観光客離れに対して，熱海市観光業界全体としての動きがない事に業を煮やした齊藤市長と行政は，業界をたきつける為に，施策としてビジョン作成を行うことを決定した。こうして，齊藤市長を中心に，熱海の観光・まちづくりを目的として，行政主導の再活性化がスタートした。市長発案の「長期滞在型の世界の保養地」をコアとなるコンセプトに据え，「観光戦略会議」を市長直轄のもと市役所に常設。「観光戦略会議」のメンバー構成は，政策立案の壁を取り払い，産学官民の多様な人材によって観光戦略を検討するため，観光の専門家，学識経験者，市役所職員，公募で選出した市民委員。2007年4月から12月までに7回，市長を座長とする会議を設け，「熱海市観光基本計画（熱海市の観光ビジョン）」を策定した。
　2008年3月には，「熱海市観光基本計画（熱海市の観光ビジョン）」をもと

---

1 田原［2007］。

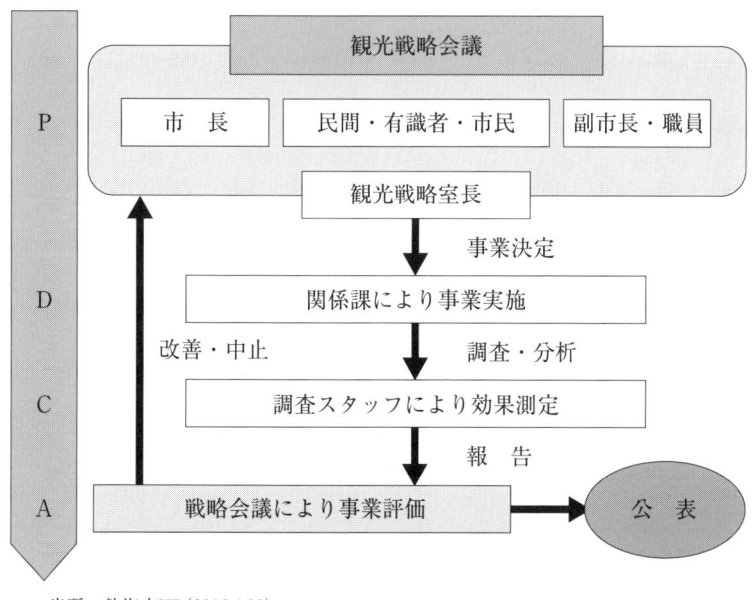

図表9-4 熱海観光戦略会議の組織図

```
         観光戦略会議
    ┌─────────────────────────┐
P   │ 市長  民間・有識者・市民  副市長・職員 │
    └─────────────────────────┘
              ↓
         観光戦略室長
              ↓ 事業決定
D    関係課により事業実施
              ↓ 調査・分析
C    調査スタッフにより効果測定
              ↓ 報告
A    戦略会議により事業評価 → 公表
     ↑ 改善・中止
```

出所：熱海市HP（2012.4.22）。

に，2010年までの3年間を基礎づくりの期間として，「実施計画（アクションプログラム）2008〜2010年」を策定。熱海の目指すべき将来像を【長期滞在型の世界の保養地──心と体を回復させる　現代の湯治場「熱海」──】と設定。実現の為の4つの柱は，「①温泉中心主義──湯治場「熱海」の復権──」「②もう一度行きたくなる街──満足度アップの仕組みづくり──」「③歩いて楽しい温泉保養地──経済効果の各業界への拡大──」「④全員参加のまちおこし──総合的な観光事業の実施──」。

2008年度には，住民を巻き込んで，観光資源棚卸ワークショップ・テーマ別／地区別トライアルミーティング（地域課題の解決において住民主体で検討）などを開催。

行政主導で始まった取り組みは，一定の成果をあげた。しかしながら，税収の落ち込みに歯止めがかからず，2009年には普通交付税の交付団体（国の

援助を受けなければ標準的な行政サービスを提供することができない団体）となった。このことからも，大金投資による観光まちづくりは困難な状況となった。また，観光戦略会議の課題や役割についても整理・見直しを行う段階にきているとの判断により，2009年4月から，観光戦略会議を観光企画室へ改組。市役所の役割を，企画立案・事業実施から，民間団体の育成・支援など民間独自で展開できるように指導・仕掛けづくりを行い，大きな脱線をしないように見守る方向に転換した。

4 新住民が活躍する

(1)「オンたま」とは

　観光基本計画のビジョンは「長期滞在型の世界の保養地」と壮大であったが，実際の取り組みの1つとして成果をあげたのは，熱海に潜在する資源を観光資源にする考えの下に実施された，体験交流型プログラム「熱海温泉玉手箱」（通称：オンたま）であった。これは，熱海の現在の価値やイメージを活用して，今ある街中・店や路地裏，生活の一部をみることにより，熱海在住者が熱海のよさを認識し，それを外に伝えていく試みである。運営は，熱海市観光協会とNPO atamista。その中で，主要な役割を果たしたのが，【市来さんとその仲間達】であった。

　市来広一郎氏は，1979年熱海市生まれの熱海育ち。東京都立大学大学院理学研究科で学んだ後，東京でIBMビジネスコンサルティングサービス会社に入社。ビジネスコンサルタントとして活躍した。だが，東京から帰郷するたび，「熱海が沈んできた」と実感。20歳前後の頃に見た真っ暗なゴーストタウンとなった熱海の街の光景が忘れられなかった。こうして，学生時代から抱いていた「熱海に戻って地域づくりをしたい」との気持ちから，2007年に熱海にUターンした。

　熱海に戻った市来氏は，「100年後も豊かな暮らしができる熱海（まち）を

つくる」ことをミッションに，NPO atamistaの活動を2007年4月に開始した。まずはじめに，地域の情報発信と交流の場づくりとしてAtami-naviを開設したが，最初の1年はあまりうまくはいかなかった。市来氏は，失敗の原因を次のように振り返る。「人だけ集めてイベントをしたり，理念やロジックよりも政治的理由からこの人を動かさないといけないという気持ちがあった。」

しかし，活動を継続していく中で，自分以外にも，「"たった1人"が大事にしてきたもの，次の世代に残していきたいものを守り育てよう，そして新しいものを創り上げようと，現場でカラダを張って取り組んでいるかっこいい人たち」がいることに，市来氏は気付いた。「周りで活動している人たちが自分たちのもっているものを持ち寄って一緒にやれば，もっとインパクトあるもの・いろんなことができる。人が元気なら町も元気。元気な人たちが一緒になって地域を耕していく場を提供したい」との思いが湧き上がってきた。

(2) コラボレーションの展開

1年目の失敗経験と，周りにいた"たった1人で活動しているかっこいい人達"との出会いにより，市来氏は自らの立ち位置を見直した。「自分たちがやりたいことをやるのではなく，自分が触媒となる。触媒があることで反応がすすむ・コラボレーションが起こる。イベントが目的ではない。各個人・団体が活動をブラッシュアップ・ステップアップする実験の場の提供が必要。そのためには，信頼関係の構築が重要なのだ。」

こうして，地域取材を通して出会った地元の農家　山本進氏（日帰り温泉経営，農地オーナー），小松伸一氏（小松しんちゃん農園），椎野和義氏と，若き熱海っこ3名（市来氏，長谷川純氏：チーム里庭代表で地元企業の会社員，石垣尚之氏：会社員）が協力して，遊休農地を活用した農業体験，里庭プロジェクト「チーム里庭」を開始した。その活動の初期段階で，市役所のニューライフ支援室の移住交流促進のイベントとコラボレーションし，Iターン新住民のニーズをヒアリングする機会に恵まれた。

「自分達のやりたいことと方向性が合致している」と感じた市来氏は，Iターン新住民をメインターゲットに活動を展開。Iターン組は，熱海について学ぼうとする意欲が強く，中には活動の「参加者」から「一緒に活動する仲間」へと変わっていく人もでてきた。また，イベントに参加したIターン組により，Uターン組は自分達が気づかなかった熱海の良さを再認識することもあった。

このように「暮らしやすい町，生活者の視点」で市民活動を展開してきたNPO atamistaを中心に，2009年1月から「熱海温泉玉手箱」（略称オンたま）が実施された。町おこしの考え方に共感した熱海市観光協会が，財政支援とともに，窓口や予約受付を担当。行政も，新聞などの外向けの広報を担当。各自が可能な範囲での役割分担を行った。

但し，「オンたま」の活動は，初めから順風満帆というわけではなかった。熱海の旧来勢力や世代間での意識のギャップは大きく，いくら説明しても活動内容への理解が得られないことも多々あった。しかし，形をつくれば理解してくれるとの考えの下，地道に活動を続けた結果，協力してくれた商店街や住民の意識や目の色が段々変わってきた。活動が終わるたびに「次はこんなチャレンジをしたい」と，さまざまなアイディアや提案がでてくるようになった。

2011年8月現在，実行委員会スタッフは14名程度，スポンサー企業42社，応援してくれている地元住民・別荘住民・観光客は約900名に至る。

こうした体験型プログラムは，全国のさまざまな場所で行われ，草の根のネットワークが充実してきている。「オンたま」も，NPO法人ハットウ・オンパクの支援協力のもと，「オンパク的手法」を取り入れ，開催された。

5 地域ブランドに必要なもの

青木幸弘（学習院大学）氏は，地域ブランドづくりのために必要な体制づ

くりとして,「ビジョン,利害の調整,選択と集中」を挙げている。また,地域ブランドが成功する為には,「バカ者,ヨソ者,ワカ者」という『3つの者』の存在が鍵を握るとしている[2]。さらに,地域活性プロデューサーの藤崎慎一氏は,青木氏の『3つの者』を以下のように解釈する。「若者」とは「積極的に活動に取り組むいわば"実働部隊"」のことで,地域おこしのためにはどうしてもこうした人材が必要となる。「ばか者」とはアイデアマンのことで,「突拍子もないことを言い出すため周囲からは異端児扱いされる」ような人のこと。「よそ者」とは「第三者の視点をもった整理屋」のことで,「客観的な情報から地域の強みや弱みを分析し,方向を示してみんなの後押しをする人物」である。つまり地域ブランドづくり＝地域活性化のためにはこのような多様な人材が必要になるということだ。

熱海のケースの場合,鍵となるのは,(1) ビジョン,(2) 生活者視点,(3) 選択と集中,である。

(1) ビジョン

ビジョンを掲げたのは"行政"であった。そして,市民が「自分達の問題である」との意識をもつため,情報を公開し,住民主体の改革を図った。つまり,行政は旗振り役をかってでたが,徐々に住民や民間が主体の取り組みへと移行し,サポート役に役目を変えている。

(2) 生活者視点

その地域に住む生活者が,地域に満足し誇りをもつことが,最終的には地域外に住む人たちを魅了することになるのである。船井 [2006] も,「地域全体のレベルをあげることで,街全体に独自の文化,風土が育ち,それが訪れた人たちの感動を呼ぶ。音楽祭や映画などのイベントそのものが重要なのではなく,その下地になっている文化や風土が重要である。」とし,生活者

---

2 青木 [2006]。

である住民視点での地域活性が成功の鍵としている。

　博報堂［2006］においても，地ブランドを構成する3つの領域として，「場」に着目する観光地ブランド＝行きたい価値，「モノ」に着目する特産品ブランド＝買いたい価値，そこに住む人や生活に着目する暮らしブランド＝住みたい価値を挙げている。

　熱海では，『3つの者』が別個に存在するのではなく，バカ者・ヨソ者・ワカ者の要素を併せ持つUターン組の存在が地域活性に大きく貢献していた。Uターン組は，一度地域の外に出たことにより，地域内にいた時には感じなかった地域の良さや欠点を客観的視点で見ることができる。また，自分が育った地域への愛情も深い。

　また，熱海を愛し／熱海に憧れて移住してきたIターン組という新しい血が入る事により，Uターン組や旧来の熱海市民が気付かなかった熱海の価値を再認識するきっかけともなっていた。

(3) 選択と集中

　ビジョンを実現する為に可能な方向性を選択・集中する過程において浮かび上がってきたのは，「潜在する資源を観光資源にする」「住民参加による街づくり」であった。これらは，Uターン・Iターン組の"生活者の視点によるアプローチ"と合致し，「オンたま」という形となって実現した。

第Ⅱ部　ブランド・ケース編

この事例からの学び

これらの視点を総括して以下のような図表にまとめてみよう。

```
           ＜行政＞
         地域活性化の「ビジョン」作成
                ↓
   選択・集中において，浮かび上がってきた実現可能な方向性
```

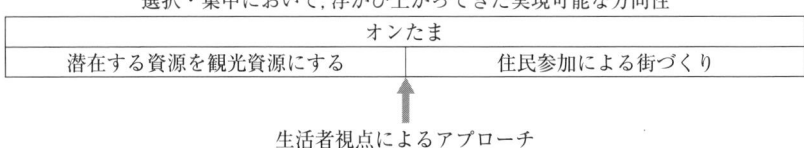

オンたま	
潜在する資源を観光資源にする	住民参加による街づくり

生活者視点によるアプローチ ↑

＜Uターン組＞	＜Iターン組＞
地域への愛情をもつと共に，一度外部に出たことにより良さや欠点を客観的視点で見ることのできる存在	地域に対する新しいファンであり，新たな気づきを促す存在

▶その地域に住む生活者が，地域に満足し誇りをもつことが，地域外の人たちへの地域の魅力の提供につながる。
▶ある生活者1人の行動が，それに感動・共感した人たちとの連鎖を生み，人と人とのつながりが地域の豊かさとなる。

　熱海ブランド再生の活動はいまだに道半ばではあるが，少しずつ成果が見え始めている。またそれ以上に地域ブランドづくりのために参考となる情報をいくつも提供してくれている事例である。

補注：その後の熱海市の動向
(1)　2010年9月12日，熱海市長選の投開票の結果は，齊藤栄氏（12,996票）が，田島氏（8,596票）を破り，再選を果たした。「厳しい戦いだったが，財政再建への取り組みが評価された」と齊藤氏は振り返った。『都市データパック』（東洋経済新報社）の「住みよさ」ランキングによれば，熱海は斉藤氏が市長に就任した2006年の「住みよさ」ランキングは493位。当時の熱海の財政状況は，夕張に次いで全国ワースト6位。それが，齊藤市長就任の4年間で

304位に上昇した。
(2) 第5回となる秋のオンたまも，2011年10月8日からスタートした。プログラムの数は73。2009年第1回の20プログラムの3倍以上に膨れ上がっている。

〈謝辞〉
本ケースは，2010年2月1日のインタビューをもとに再構成したものです。執筆にあたり，取材や資料提供に快く応じていただきご協力くださった，熱海市観光課，NPO法人atamista代表理事　市来広一郎氏に深く感謝いたします。

【参照文献】
青木幸弘［2006］「識者に聞く成功の条件～バカ者・ヨソ者・若者を集めよ」『日経MJ』1月4日正月特別編集，15面。
「熱海市観光基本計画」（2007.12.6策定）
「熱海市観光基本計画実施計画」（2008.3.31策定）
「熱海まちづくりビジョン」（2009年9月）
田原総一朗［2007］「徹底検証　徹底分析10年後　日本再生への旅」，月刊『現代』6月号。
『都市データパック』2010年版。
「中期財政見通しと今後の財政運用の考え方」（2006年12月）
博報堂　地ブランドプロジェクト［2006］『地ブランド』弘文堂。
船井幸雄［2006］『まちはよみがえる』ビジネス社。
藤崎慎一［2006］「地域活性化にはマーケット感覚が不可欠」（NBオンライン）
　　＜http://business.nikkeibp.co.jp/as/jichitai0925/2.html＞
熱海温泉玉手箱（オンたま）＜http://wla.jp/ontama＞
「熱海芸妓組合」＜http://atami-geigi.jp/＞（2010.2.5）
熱海市HP＜http://www.city.atami.shizuoka.jp/＞
熱海市観光協会HP＜http://www.atminews.gr.jp/＞（2010.2.5）
「ウィキペディア　熱海温泉・熱海」
atamista HP＜http://atamista.com/＞
「定年バンザイ　＼（＾o＾）／」～2006年9月10日・2010年9月12～13日
　　＜http://tak05.cocolog-nifty.com/banzai/＞（2010.10.7）
「日本移住・交流ナビ」＜http://www.iju-join.jp/＞（2010.10.3）
北海道観光土産物産協会HP＜http://omiyagehokkaido.jp/＞（2011.8.19）

「毎日jp」
　＜http://mainichi.jp/area/shizuoka/news/20100914ddlk22010099000c.html＞
　（2010.10.5）

（松田智恵子）

CASE **10**　協同組合が育てたプレミアムブランド

「揖保乃糸」

本ケースのねらい

　揖保乃糸(いぼのいと)は高級素麺(そうめん)ブランドとして，長年日本の消費者に愛されてきた存在である。兵庫県の播州平野に生産と販売の本拠地をもつ。株式会社ではなく協同組合（兵庫県手延素麺協同組合）によって長年維持されているブランドだ。トップダウンが可能な企業と違って，協同組合のような組織をまとめること自体は難しい。しかしなぜ揖保乃糸は，長期的な景気や消費トレンドの波にもまれながら，そのブランド価値を維持し発展させることができたのだろうか。

1　歴史と課題

(1)　揖保乃糸とは

　「揖保乃糸」は，多くの消費者に馴染みの深い高級素麺ブランドである。その価格はたとえば，高級品である「特級」品は10束500gで1,500円。安価な素麺なら250gで95円程度の商品がスーパーなどで売られていることを考えると，低価格商品から約8倍ほど高いことになる。まさにプレミアム価格帯商品に属する素麺なのだ。したがって夏の中元など贈答用として用いられることも多い。

　その産地は兵庫県の播州平野。そこを流れる清流揖保川の素麺づくりに適

215

した水，それに，流域の肥沃な土地で栽培される良質の播州小麦，それらに赤穂の塩を加えてつくられてきたのがこの揖保乃糸である。素麺づくりに最適な気候風土で，郷土特有の産業食品として，長期保存できる良きスローフードとして，また夏の風物詩として，揖保乃糸は長年日本人に愛されてきた。

しかしながら，揖保乃糸が協同組合組織によって生産されていることは案外知られていない。播磨国揖東西両郡素麺営業組合が発足したのは1887年（明治20年）9月。現在の兵庫県手延素麺協同組合の前身である。2007年には創業から満120年を迎えた老舗だ。その間，経済社会情勢の激変する中，とくに戦時中は産地存亡の危機に陥るなど，幾多の困難に遭遇した。しかしその苦境を乗り越え，「白き糸の創造と伝承」をスローガンに今日の「揖保乃糸」ブランドを築き上げてきた。

売上に目を転じてみても，2011年現在，揖保乃糸は生産者数が470軒と協同組合としては大規模な組織でありながら，組合としての機能が十分に発揮

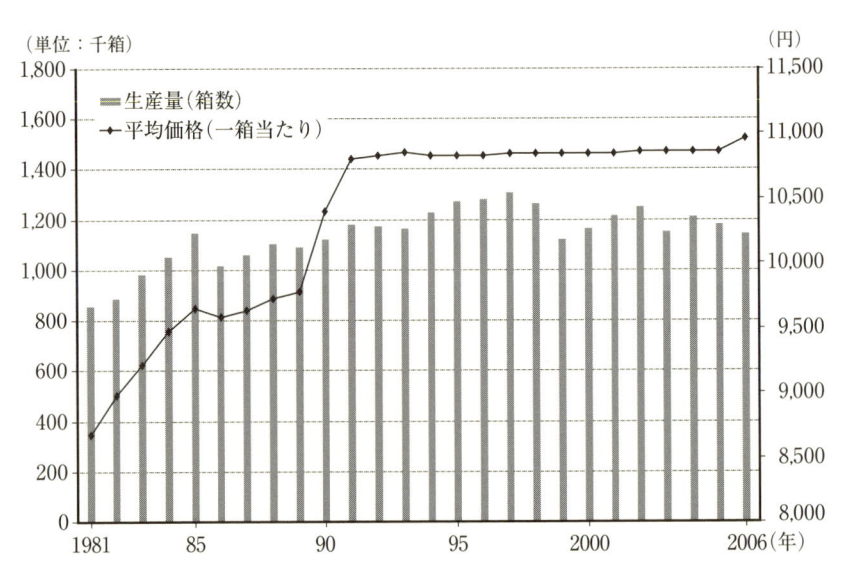

図表10-1　揖保乃糸（素麺）の生産箱数と平均取引価格の推移

され，その売上高は2009年3月期に160億円を突破した。協同組合でありながら，すぐれた業績を上げている株式会社となんら遜色のない近代的経営体として運営されているといえるだろう。

戦後日本の高度成長期やバブル期を背景に，揖保乃糸の取引価格は一定の上昇を続け，バブル崩壊後も高止まりをみせている。

さまざまな食品ブランドが，消費者や流通の圧力から値下げに踏み切り，ブランドとしての価値を損なったものも少なくない。そのような状況の中で，揖保乃糸は組合をあげて商品のブランド化に取り組み，多様なマーケティング・ミックスの実施により取引価格の維持に成功してきた。

本ケースでは，揖保乃糸について，バブル期前後から現在に至るまでの価値創造に向けたプロセスや取り組みをまず明らかにする。そして，取引価格を高く維持できるようになった要因を探求する。一般的に株式会社に比べ，協同組合組織では組織構造の特異性により商品のブランド化は困難と考えられている。組合員が増えればそれだけ組合員同士の利害関係や意見の不一致が多くなり意思統一が難しくなるからだ。しかしこの揖保乃糸の例を見る限り，協同組合であっても，そのブランド戦略によって高いブランド価値を生み出すことができることになる。なぜそのようなことが可能だったのか。まず同組合が抱えた課題からみていこう。

(2) 2つの課題

我が国の2008年における乾麺全体の市場規模は約2,400億円であり，そのうち手延素麺260億円（18kg換算で330万箱），手延冷麦60億円（18kg換算で85万箱）の市場を形成している。その中で揖保乃糸は，手延素麺115万箱，手延冷麦23万箱を製造し，売上高は160億円，手延素麺市場で約60％の金額シェアを獲得している。2006年から2008年にかけての世界的な原料高をものともせず，その業績を伸ばしている。

しかし，日本の他の加工食品生産者組合は業績低迷に苦しみ，大手製造企業でさえも不況と原材料価格高騰になすすべなく業績を落としている。

一般に，食品の協同組合組織の抱える課題は，大きく2つある。

1つ目の課題は，品質管理である。協同組合組織は通常，多数の生産者によって組合を形成しているため，品質管理基準を統一することが困難であることは容易に想像できるだろう。組合で生産する場合，同一ブランド内で品質の異なる商品が混在するケースが多く，これを理由に流通業者から商品価格を買いたたかれることが多いのだ。

このように小売価格が下落するとどういう事態が予想されるだろうか。まず価格が安定的に維持されないことで，生産者に組合への不満を生み出す。つぎに組合員の脱退や倫理感の欠乏による，さらなる品質の低下を招く。そして取引価格の低下に拍車をかけることとなる。

つまり，協同組合組織における食品のブランド化においては，生産される

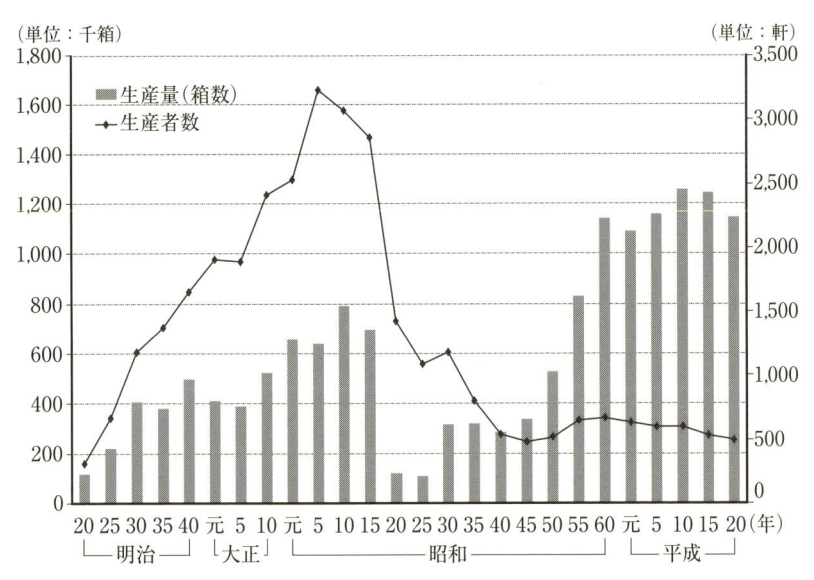

図表10-2　揖保乃糸の生産箱数(18kg換算)と生産者数の推移

＊昭和初期までは，組合員に製粉業者なども含んでいたため，多くの組合員から組合が形成されていた。その後，戦争を経て組合員，生産量は激減したが，高度成長期を背景に，生産量は持ち直した。

商品の品質基準の統一と向上によって，流通業者との取引価格を維持していくことが必要不可欠の課題なのだ。取引価格の向上が組合全体の資金力を押し上げるとともに生産者の生活を支え，よりよい商品の開発や生産につながり，高い品質を実現していく。

2つ目の課題は，需給管理である。協同組合組織である以上，個々の組合員の生産量の合算が組合として市場へ投入する商品の全体量となる。このとき，組合として需給全体をどのように調整していくかが問題になる。

とくに農産物や漁業においては，気候変動による需給量の影響を極端に受けやすい。商品の需給量が年々の取引価格に大きな影響を与えるため，豊作貧乏なる現象が毎年各地で見受けられる。これも協同組合組織特有の問題であろう。市場に過不足なく商品を届け，適正な取引価格で在庫を抱えることなく商品を売り切る努力が，一般企業以上に強く求められるのだ。

以上から，協同組合組織による食品のブランド化においては，次の3つの要件が必要になることがわかる。

① 組合全体として商品品質を維持して市場へ提供していくこと。
② 適正な需給管理を行い，供給と取引価格管理を行うこと。
③ 流通業者と安定した取引関係を形成し，最適な流通経路を確保すること。

この3つが「高級品」というブランドイメージを消費者に根付かせていくための必要条件と考えられる。以下では，揖保乃糸がこうした課題をどのようにクリアしていったのか，プロセスを追って明らかにする。

② どう品質を管理したのか

揖保乃糸の生産を担っているのは，兵庫県手延素麺協同組合であり，組合員約500軒を抱える大所帯である（図表10-3参照）。

120数年の歴史をもつ組合として，品質管理の上でさまざまな課題を抱え

第Ⅱ部　ブランド・ケース編

ていたが，多くの課題を一気に解決することは困難であった。

品質管理の難しさについて，組合の営業部部長・長谷川邦男氏は次のように語っている。

「揖保乃糸は500軒の生産者が兵庫県内の広範囲に住んでいます。冬になると北と南では気温が5～6℃違います。このように条件に大きな差がある中

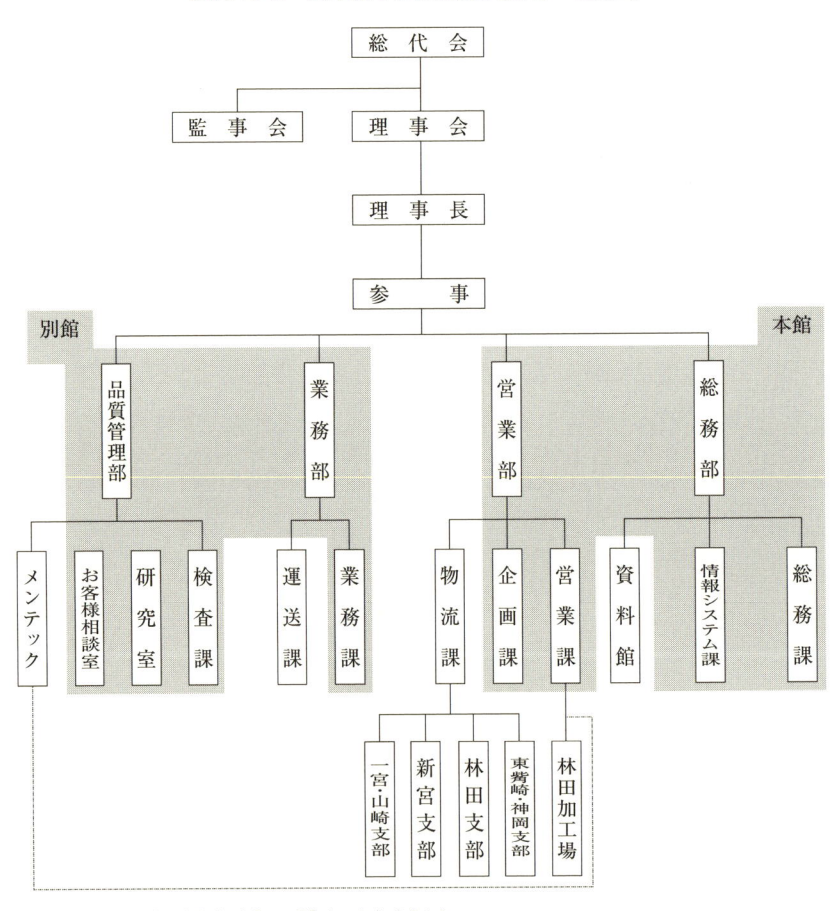

図表10-3　兵庫県手延素麺協同組合　組織図

```
                    総代会
                   ／    ＼
              監事会      理事会
                          │
                        理事長
                          │
                         参事
         ┌────────────────┼────────────────┐
     別館│                                 │本館
    ┌────┴────┐              ┌──────┴──────┐
  品質管理部　業務部           営業部        総務部
    │         │               │              │
 ┌──┼──┐    ┌┴┐          ┌──┼──┐       ┌──┴──┐
メ お 研 検  運 業        物 企 営 資    情報    総務
ン 客 究 査  送 務        流 画 業 料    システム 課
テ 様 室 課  課 課        課 課 課 館    課
ッ 相                              │
ク 談                      ┌──┬──┼──┬──┐
  室                     一 新 林 東 林
                         宮 宮 田 菊 田
                         ・ 支 支 崎 加
                         山 部 部 ・ 工
                         崎          神 場
                         支          岡
                         部          支
                                     部
```

出所：兵庫県手延素麺組合［2008］『百二十年史』より。

で，全体として同じものをつくっていかなければならない。これが揖保乃糸の品質管理の原点なんです。」

(1) 原因究明とトレーサビリティ

　組合が採った品質管理の方法とは，毎年，消費者や流通業者からのクレームや組合員からの要望の中でとくに大きな要素を占めるものやすぐに改善できそうなものに絞って改善目標を立てることである。そして，その原因の徹底究明と，トレーサビリティを重視した生産者を特定できる仕組みの構築により，問題箇所を集中的に改善していこうとした。

　たとえば，揖保乃糸の素麺は原材料に綿実油を使用するため独特の風味を発する。麺の保存状態や管理の仕方によっては，その油の風味が損なわれ，ある種の油臭を発することがある。こうしたクレームが年間数件寄せられていた。しかし，今までのような検査員の目視や嗅覚チェックによる管理だけでは根本的な油臭の原因がわからない。毎年数件のクレーム処理のために大量の出荷済み素麺を回収することもしばしばあった。

　そこで，その原因を究明するため，1998年に素麺を科学的に分析する揖保乃糸総合研究所を設立し，科学的根拠に基づいた原因究明がなされることとなった。2009年現在も油臭原因究明の研究は続けられており，さまざまな条件下で発生する油臭の原因を１つ１つ特定していくことで，現在，その発生率は研究所設立前の１／３以下に減少した。

　また，食肉の偽装表示や中国産食品への警戒感が強まっていったここ10年来，食品の安全への意識の高まりがみられた。こうした傾向にも揖保乃糸はいち早く対応し，物流倉庫の効率化と徹底したトレーサビリティ体制の構築に着手したのである。

　量販店で販売されている６束包装の素麺の場合，次のような検査工程をたどる。

　　① 各生産者により箱詰めされた素麺は生産時点で，検査員の格付検査を終えた後，組合専用の保管倉庫に移され熟成保管される。

② 素麺は一度開蓋され，ひとまず箱ごとに生産者コード，製造日ごとの麺水分，製造日ごとの箱数などの製品情報の入ったバーコードシールを発行・貼付される。
③ 素麺の香りや汚れを人の手を介してチェックされ，包装機により6束ずつに包装される。
④ 包装と同時にパッケージに印字された商品情報を専用カメラにより確認し記録される。
⑤ 金属検出器やウェイトチェッカーを通して出荷用の段ボール箱に箱詰めされる。
⑥ 商品情報や生産者コードなどの情報が目視により確認され，バーコードの印刷された検査証を自動貼付される。
⑦ パレットに積み上げられ，出荷される時点で最終的な商品情報をPC内に取り込み，出庫される。

このように，生産時点と倉庫搬送時点での二重の検査体制を設け，生産者や商品の情報をコンピュータで一元管理することで，不測の事態が起こったときにすぐさま原因を特定し，該当する生産者への対応をすばやく講じることができ，ブランドに生じた傷口を最小限に食い止める体制を構築している。

さらにこれに付随し，組合では商品クレームに対して，操業停止や減産処分を含めた生産者減点制度を1994年から実施している。減点の対象期間は毎年9月1日から翌年8月31日まで。減点の種類は毛髪などの異物混入，製造年月などの表示，製造不良の3種。異物混入は混入物によって3〜30点，表示は3点，製造不良は3〜10点で，クレーム減点が10点で1日，20点で2日，30点で3日の操業停止，40点で次年度生産量の5％カットという厳しい制度である。同制度で組合員の意識改革も進み，1994年（平成6年）度は高級品の比率が上昇するなど好結果を生んでいる。

組合としては，このような他産地とは異なる近代的で優れた品質管理体制

を対外的に発信していくことが，揖保乃糸のブランド育成にとって重要であると認識していた。そして，それを直接伝える相手は消費者だけでなく，主な取引先の流通業者へ向けた発信が不可欠であると捉えていた。特約店担当者や特約店を通して大手小売のバイヤーを定期的に地元に招待した。彼らに研究所や物流倉庫，製造所等を見学してもらうことで，流通業者に大手製造業者と変わらない品質管理体制を敷いていることをアピールし，取引するに十分値するという安心を植え付けたのだ。結果として，取引規模の拡大や消費者への間接的な信頼感の醸成へとつなげてきた。

組合の営業部長で販売責任者の長谷川氏は次のように語る。

「フードは風土なり。バイヤーを招待する際の決め言葉です。どんな食品もやはり地元に足を運んでもらって，製造現場を見たり，地元の気候を感じたりしてもらわないことには，それが本当にいい食品だということを分かってもらえませんから。」

(2) 小売業との協同

もう1つ，品質管理上の特質すべき施策がある。それは小売業との協同作業である。

大手小売，とくにコンビニチェーンのバイヤーとの取引の中で，小売側から共同での新商品開発の依頼を受けることがある。そうした依頼に対応しながら，コンビニと取引のある食品加工ベンダーなどとのネットワークを広げ，その食品加工における品質管理のノウハウや手法を積極的に取り入れ，自社の体制に組み込んできたのだ。コンビニの求める品質管理基準は流通業界内でもっとも高い水準である。コンビニとの新商品の共同開発においてさまざまなベンダーのノウハウを取り入れ，コンビニの求める高い基準に応えることは，消費者や他の流通業者の信頼を得る上でもっとも有効な方法の1つであるといえよう。

ただし，揖保乃糸の品質管理の政策上，また事業の理念として，コンビニのプライベート・ブランド（PB）商品の製造は決して行わなかった。初め

て大手コンビニチェーンのバイヤーと商品開発部隊とが，揖保乃糸の調理麺を自社チェーンでのPBとして扱わせてほしいと依頼してきた当初から，新商品は揖保乃糸ブランドが表に立つものでなければ協力はしないと断り続けていた。当時，コンビニの弁当や総菜などの調理した食品は，外部との共同開発においてもすべてPB品として売り出されていた。このため，コンビニ側においてもこの申し出を受け入れることは大きな問題と捉えられていた。しかし最終的には，揖保乃糸ブランドを付与するという販売条件を受け入れ，2000年にコンビニで初めてPB以外の調理麺が弁当コーナーで販売されることとなった。

　共同開発には合意したものの，実際の販売に向けては困難の連続だった。当時の揖保乃糸の組合内では，コンビニ用に素麺を提供することは，高値を保ってきたブランドを切り売りするようなものだという反対意見も多かった。また，古くから1束ごとに帯を巻いて販売してきた商品を，帯で結ばずバラの状態で納品することへの抵抗感も多くあった。さらに，調理した麺を消費者が口にした際，品質に何らかの問題があった場合の責任の所在も大きな問題と考えられた。

　しかし，素麺の主要購買層が40代以上の年齢層に集中していたため，20～30代の若年層の取り込みによる購買層の拡大は，ブランドの将来を見据える上で重要な課題と位置付けられてもいた。そこで，組合では，反対する者たちを説得するため，商品化の際に，実際に麺をゆでるベンダーを何度も視察し，品質管理が行き届いていることを確認する作業を繰り返した。また研究所においてコンビニ調理麺に適した麺がどのような性質のものであるかを研究し，コンビニチェーンと共同で検証したりした。また，コンビニチェーン，ベンダー，組合で結ぶ三者契約上も，ゆでる調理前の原麺での納品までが組合の責任であり，その後で生じた問題はいかなる場合も組合は責任をもたないという内容の契約を交わした。このことで消費者への責任の所在を明確にし，商品化を許諾した。これが揖保乃糸ブランドを調理麺として世に出すときの揖保乃糸の責任であり，品質管理への強い思いの表れであろう。現

在，コンビニチェーンへ提供している揖保乃糸ブランドの素麺は約3万箱（540トン）と少量で，生産量の約2.5％に過ぎないが，コンビニを利用する若年層へ向けたブランドの浸透に大きな役割を果たしている。

また，これらの大手コンビニチェーンとの共同開発には副次的な2つの効果が発生した。

1つは，コンビニとの共同開発用に使用する低コストでまとまった量の素麺の製造にあたり，通常の生産期間外である秋・春時期を利用することができたことだ。これにより生産期間を延長することができ，生産者の収益を支える上で大きく寄与できた。また，生産者の収益上昇により，生産者のモチベーションを高めるとともに，それぞれの生産者宅での機械化が進み，自主的な品質向上に効果があった。

もう1つの効果は，このように揖保乃糸自体の品質管理体制が強化され，求める基準が高まるにつれ，取引のある機械メーカーにもそのノウハウが蓄積されたことだ。機械メーカーが他の生産地へそのノウハウを持ち込むことによって他の生産地の品質基準も高まり，結果として素麺カテゴリー全体の品質が向上し，素麺という食品そのものへの信頼感の向上につながった。業界全体へ信頼が寄せられると取引価格形成に大きな影響を与えるようになり，シェアNo.1の揖保乃糸の売上の増加へと還元されるという好循環を生み出したのだ。

このように市場の求めに応じた客観的な立場での品質のあり方を見据え，外部のノウハウを積極的に吸収することで品質基準の向上に成功するとともに，ブランドの立場から「揖保乃糸」の商標と製造者の責任を頑なに守り抜いてきた意地ともいえる強い理念が，今日，高い品質の実現と消費者の支持を得るに至った大きな要因の1つであると考えられる。

(3) ブランド体系

揖保乃糸には現在，「揖保乃糸」ブランドを傘に，素麺6種，冷麦1種，うどん2種の個別ブランドがある。それ以外に，揖保乃糸ブランドを付与し

ていないラインとして，手延中華麺「龍の夢」と「手延そうめんバチ」（素麺を上下2本の管に掛けて引き伸ばす製造過程でできる下管の部分）の2種がある。さらに揖保乃糸ブランドの上に位置する生産者3軒のみが製造を許された最高級ブランド「三神乃糸」があり，高級料亭など一部の業務用市場で流通している。

揖保乃糸ブランドの素麺には，製造を組合が選抜指定した熟練製造者に限定した「特級」，国内産小麦だけを使用した「縒（より）つむぎ」，胚乳中心部を用いた小麦粉を使用した白色度の強い「上撰」，地元兵庫県の播州小麦を使用した「播州小麦」，厚生労働省認定の手延製麺技能士による製造後1年間倉庫で熟成させた「熟成麺」，もっとも歴史が長く消費者にとって馴染みの深い赤帯の「上級」という6段階の格付けがなされている。「特級」と「上級」以外の4種は，ギフト市場でのみ販売されている。

各ブランドのそれぞれが組合の指定する特定の生産者によって生産され，生産者の技術や熟練レベル，工場の品質管理基準によって製造できる麺の種類と生産期間，生産量が異なる仕組みとなっている。具体的には，市場に流通している素麺全体の82％が「上級」であり，揖保乃糸ブランドの主力商品として，全生産者により毎年10月から4月の間に生産され，6束包装により主に量販店で販売されている。

また，高級麺である「特級」は，全生産量のうち11％を占めている。選抜された350軒（全生産者の約70％）の生産者が，冬場の12月から2月の最大3カ月間に集中的に生産に従事している。「上級」「特級」に次いで生産量の多い「縒つむぎ」は全体の1％強を占め，その他が1％弱となっており，ごく一部の生産者により春先に製造されている。また，冷麦は，気候条件の劣る秋口9月と春先5月の計2カ月間に限定し，ほぼ全生産者が製造に従事している。

このように，いくつかある揖保乃糸ブランドのラインアップの中で，個別ブランドごとの明確な格付け基準が設けられており，生産者の生産技術レベルによって，生産に従事できる個別ブランドの種類，生産期間，生産量が詳

細に規定されている。そして，それぞれの基準に沿った高い品質を維持できる仕組みを構築することで，ブランドを体系的に管理している。

③ 需給調整はどう行われたか

(1) 需給変動への対応

　協同組合組織は，多数の生産者から構成されているため，その年々の需給変動に対応するのが困難である。揖保乃糸も例外ではなく，前年の生産量と翌年の販売量が等しくなければ需給の均衡は達成されない。素麺は元来，長期保存食の側面を持ち合わせ，保存料を使わない健康食品としても昨今注目を集めている。賞味期限は良好な保存状態を条件に3年半と規定されている。適正な温度と湿度の管理体制の下では，麺が発酵し風味が増すため，「古（ひね）」として通常麺よりも高値で取引されている。

　仮に需要予測を下回る冷夏の年に商品を多く作り過ぎてしまった場合でも，長期保存可能な倉庫で1年以上寝かせ，翌年，翌々年にさらに高値で売りきることが可能となる。従来はこのようにして突発的な気候変動に需給をなんとか対応させてきたため，生産量の調整はほとんど行われてこなかった。よく売れた年は生産量を増やし，翌年は少なくするといった具合に，年ごとの生産量の波が大きかった。

　しかし昨今，小売側の食品の安全基準が強化され，取引時点で賞味期限の2／3以上が残っていなければ導入を見送られるケースが多くなり，売れ残った在庫が翌年以降取引しにくくなったため，ますます需給の調整が重要視されるようになってきた。そこで組合では，過去数年の気候と販売量の変化から翌年の生産目標を推測し，その販売目標を超えた生産を厳しく制限する施策を採るようになった。

　食品に関わらず大手のメーカーでは，急な需要減退に対して多くの在庫を抱えてしまい，結果的に工場での生産を中止し，従業員の解雇を決断しなけ

ればならないことも少なくない。そのような状況に陥らないために，揖保乃糸では元来から制約となってきた生産期間と生産日数に上限を定めた。需給状況に合わせて柔軟に調整することによって，売れた年も翌年に向けて大幅に生産量を増やすのをやめ，年ごとの生産量の波を小幅に抑える施策を採るようになった。従来であれば，雨が続く悪天候な日も生産量を増やすために品質を落としてでも製造する生産者が多かった。しかし，この方針を取り入れてからは，悪天候時の無理な生産はやめ，品質を意識し，状態の良い日を選んで生産に従事するようになった。このように安定した品質と生産量を維持できれば，翌年の販売量のシミュレーションが容易となり，無理なく価格維持に対応できるようになる。また，結果的に生産者の収入も安定し，そこで働く従業員の雇用も保障されるようになるのだ。

④ 特約店制度と価格政策

(1) 特約店制度とは

　揖保乃糸は，古くから取引のある卸売業者100社を組織化した特約店制度による販売網を築いてきた。

　これは元来，素麺の販売を全国に行きわたらせることを目的に，組合の機能を生産管理に集中させ，実際の販売は卸売業者に代行させることで販売にかかるコストを低減し，卸売業者のよりよい取引条件を引き出すための施策として組織化された。

　知名度も物流も全国に行き届いた今，さらなる利益確保のために特約を解消し，広く卸売業との取引を行うか中抜きによる小売との直接取引を行うかという選択肢もあった。しかし，今後も組合では特約店制度を長く維持していく方針である。特約店が現在の揖保乃糸ブランドを支えているという強い信頼があるためだ。

　特約店との付き合いは長く，仮に1特約店につき3名の担当者がいるとす

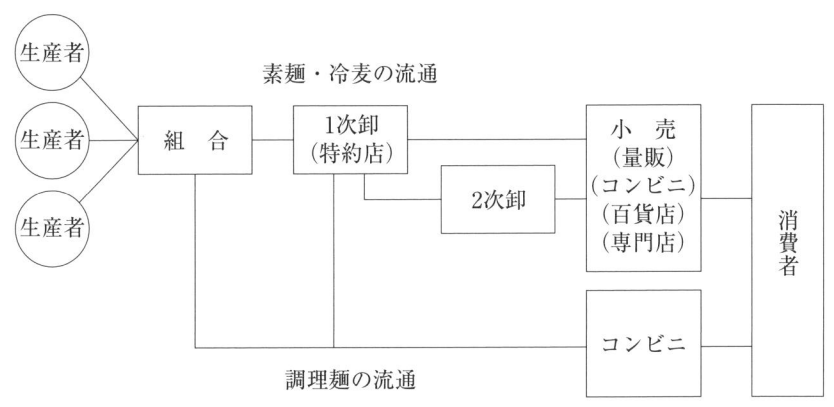

図表10-4　揖保乃糸の流通

```
                     素麺・冷麦の流通
 ┌─────┐
 │生産者 │
 └─────┘╲
 ┌─────┐ ╲  ┌──────┐   ┌──────┐        ┌──────┐  ┌──┐
 │生産者 │──→│ 組　合 │──→│ 1次卸 │───────→│小　売│  │消│
 └─────┘ ╱  └──────┘   │(特約店)│        │(量販)│  │  │
 ┌─────┐╱              └──────┘        │(コンビニ)│  │費│
 │生産者 │                    │           │(百貨店)│  │  │
 └─────┘                    ↓           │(専門店)│  │者│
                         ┌──────┐        └──────┘  │  │
                         │ 2次卸 │────────→        │  │
                         └──────┘        ┌──────┐  │  │
                              │          │コンビニ│→ │  │
                              └─────────→└──────┘  └──┘
                     調理麺の流通
```

出所：組合への取材をもとに著者が作成。

れば，その背後には300名のステークホルダーが存在することになる。彼らは組合と運命共同体であり，揖保乃糸の繁栄が彼らの生活を支えているといっても過言ではない。つまり，単なる組合の営業代行の側面を超えた信頼関係を共有し，強い販売力の原動力となっているのである。現実的な側面からも，組合には営業部員が6名（2008年現在）しかいないため，特約店を省いた販売機能の維持は不可能なのである。

(2) どう価格を改訂したか

また，価格調整においてもこの特約店制度の果たす役割は大きい。たとえば揖保乃糸は，バブル期の後半までは，流通業者との一箱（18kg）当たりの取引価格を順調に引き上げていき，バブル崩壊の直前2年間では一気に1,000円を引き上げることにも成功した。しかしバブル崩壊を機に，こうした価格政策は通用しなくなった。巷では消費低迷が叫ばれ，揖保乃糸の売れ行きも伸び悩んでいた。この間は，ひたすら品質管理を徹底し，消費者からのクレームを極力出さないという消極的な施策と，蓄えてあった資金力を活かしテレビCMや試食イベントを中心とする積極的なプロモーション施策と

を両輪とする施策によって，厳しい時代を乗り切ってきたのである。

　しかし，2006年あたりから，使用していた原材料小麦の主要生産地であるオーストラリアで干ばつが続き，穀物価格が高騰し始めた。この年は気候変動の影響からか世界的な原材料高騰が相次ぎ，このままでは原材料価格の高騰を吸収しきれないことから，2007年には日本の食品メーカーは相次いで製品価格の値上げに踏み切った。大半の食品メーカーが，販売数量の確保よりも値上げの徹底を優先した。

　しかし，輸出主導の景気回復により内需の持ち直しがなされないままでの値上げは流通各社にことのほか受け入れられず，結果的に値上げを行ったメーカーの大半が流通の圧力に押し切られる形で，販売価格の再値下げという元鞘に戻らざるを得なくなった。その間に落とした販売数量は回復できず，業績の低迷を辿ることとなったのである。そんな状況の中，2006年，揖保乃糸も原料小麦高騰への対応を迫られていた。ここで販売価格を上げなければ，組合で原料価格の上昇幅を吸収できるほどの余裕はないと考えられた。

　揖保乃糸では，原料価格が高騰し始めた当初，今後の原料先物価格高騰幅の予測から，2006年時点で10年先の販売価格がどうあるべきかを検討し，2007年と2008年の2段階に分けて価格を引き上げる戦略を採ることにした。

　揖保乃糸では，例年3月にその年の1箱（18kg）当たりの取引価格を発表し，その価格を基準に特約店100社とそれぞれ販売数量を決定していく共販制度を採用している。共販の機会は年4回あり，通常，後になればなるほど取引価格は上昇するため，特約店各社がその年の需要量を見据え最初の取引量を申請する仕組みとなっている。

　まず2007年3月時点での特約店との価格交渉においては，1箱当たりの価格を100円引き上げる交渉を行った。折しも原料価格が高騰し始めた時期であり，前年の販売量も例年の基準をクリアしていた。このため，この時点での小幅な価格上昇を小売へ強硬に転嫁することは特約店側にとってはデメリットが大きいため，特約店側の利益で吸収されることを想定した値上げ幅を設定していた。2007年3月時点での小幅な価格引き上げは，2008年の大幅

な価格引き上げに向けて，まさに特約店側の反応をみるための施策であった。大方の予想通り，すべての特約店が100円の価格引き上げを了承し，自社利益から100円を投じた。

　これを受けて2008年の価格交渉では，当初からの予定通り400円の大幅な価格引き上げを目論んで，例年価格交渉の始まる3月よりも，半年以上早い2007年9月から，組合の理事長をはじめ営業部員がすべての特約店を回って，原料高への対処のために引き続き販売価格を引き上げる交渉を継続的に行った。

　400円の価格上昇は特約店では吸収しきれないほど大きなものであるため，2008年3月共販での価格発表前に大方の予想価格を見据えた特約店各社が小売各社と次年度の交渉を入念に行えるだけの準備期間を設ける必要があった。そのため，組合は半年以上も前から事前交渉を行ってきたのだ。

　結局，2008年3月共販で400円の価格引き上げの発表を行った際も，大きな反発の声は上がらず，また特約店側も比較的スムーズに小売側へ価格転嫁を要請できた。さらに現理事長の井上氏からは，2006年時点より現場の営業部員へ「来年，再来年と，価格は大幅に上げるが，販売数量も絶対に落とすな」と檄が飛んでいた。

　大手食品メーカーと比べ揖保乃糸のような小さな組織では，価格引き上げによる大幅な需要減にはすぐに対応できず致命傷になりかねない。実際，バブル崩壊後はなかなか価格の引き上げができず長い停滞期に陥った経緯がある。このため，10年20年先を見据えた入念な価格交渉が行われていた。結果として，2008年度には過去最高益を記録した。揖保乃糸の2008年3月の価格発表を待って，他の産地がこぞって価格の引き上げを真似ようとしたが，原材料高の波に飲み込まれた他産地はすべて，値上げできないまま業績悪化に見舞われた。

5　組合はなぜ必要なのか

(1)　組合の組織と機能

　最後に，これまで述べてきた取り組みを支えてきた，揖保乃糸ブランドの母体となる兵庫県手延素麺協同組合の構造（図表10-3）と，組合と組合員との関係，さらに歴代理事長のリーダーシップについてみていこう。

　兵庫県手延素麺協同組合は，組合員（生産者）470軒と組合職員170人から構成（2011年現在）されている。組合員5人に1人の割合で総代が選出され，総代102人により，兵庫県内の広範な地域に分布する組合員のうちから市郡部ごとに代表となる理事10人が投票により選出され，理事会を構成している。理事の中から，株式会社で言うところの代表取締役にあたる理事長が選出され，組合内のすべての最終決定権を有する。

　理事会の下には，組合職員の中から実質的な組合の運営を任される参事が理事会の承認のもと1名選出（現在は不在）され，参事の下には，総務部，営業部，業務部，品質管理部といった組合の経営戦略の策定機能を任された各部が配置され，組合職員が所属している。組合職員の人事はすべて理事長に一任されており，直接生産に従事したことのない者ばかりで構成され，組合の運営における客観的な視点を重視した採用が行われている。

　組合の経営戦略の策定は，理事会の下部組織である組合職員で構成された4つの部で行われ，理事会で最終承認される。また，生産に関する意見は，現場の組合員からその代表である総代を通して理事会に上げられ，組合に吸い上げられる。つまり，組合職員による経営の執行機能と，理事を筆頭とした組合員による生産機能が明確に分離している点が特徴だ。長谷川氏はこの点について次のように語っている。

　「組合が消費者の変化の兆しを先読みし，売れ残りをなくすこと，価格を維持し続けることで，消費者と組合員からの信頼を高め，組合の方針への組合員の反発をなくし，時代の変化への対応を速めることに成功してき

ました。変わらぬ味と品質を守るために，組合は絶えず変わっていく。組合が変われば組合員も変わる。これが揖保乃糸の進化の真髄だと思っています。」

なぜこうした機能の分離が有利なのだろうか。このような組織にすることによって，組合は組合員からの出資に見合った見返りを組合員に還元する義務を負う。また，組合員は組合の運営が円滑に運ぶように出資金や生産活動によって組合活動を支援しなければならない。

機能の分離の結果，組合は次の3つの機能を有するようになった。生産者が作った商品をいかに高値ですべて売り切ることができるかという卓越した「マーケティング機能」，生産者によりよい商品を製造させるための「技術指導機能」，さらに，組合は，万が一品質に関するトラブルが発生した場合，組合が矢面に立って責任を負う。つまり，組合員が生産したすべての商品の品質を保証するという「保証機能」をもつ。組合はこのような3つの機能をもつことで，組合員の出資に見合ったベネフィットを与えるのである。

(2) 理事長のリーダーシップ

こうした仕組みを支え維持するうえで，トップによるリーダーシップは欠かせない。揖保乃糸においては，歴代理事長が500軒以上もの個人事業主からなる組合員をまとめ，時代に合わせた方策により，強い揖保乃糸ブランドの創造に向けてその手腕を発揮してきた。

たとえば，前理事長の塩谷重喜氏の代には，バブル期とその崩壊の両方を経由する中で，バブルの波に乗って生産量を一気に拡大する方策が採られた。組合員が高齢化により減少していく中でも，機械設備の近代化に組合を挙げて取り組み，販売量を大幅に伸ばすとともに品質の底上げに成功したのである。

一方で，バブル崩壊の直後からは，販売量の低下を抑えるために，今までにない思い切ったプロモーション政策を採用し，不況期の中での取引価格の

低下や販売量の落ち込みに歯止めをかけた。タレントを起用したテレビCM展開や，冬場の煮麺(にゅうめん)の新需要創造に着手した。

　また，2011年現在の理事長である井上猛氏は，バブル後の不況真っ只中に急病で倒れた塩谷氏に代わり，44歳の若さで理事長となった。井上氏は，食品に強く安全が求められる時代の空気をいち早く感じ取り，品質管理の徹底とトレーサビリティ体制の構築に着手した。この戦略が功を奏し，内部に営業人員をほとんど抱えずに流通との取引を優位に運び，揖保乃糸の販売の好調を維持している。

　それに加えて，井上氏は人材活用の重要性を説き，教育に力を入れてきた。自身の権限ですべての組合職員を適材適所に配置し直し，経営の効率化を図るとともに，食品に携わる者としての姿勢や気概を重視することで，組合員や職員の揖保乃糸ブランドのあり方に対する目的意識の共有を促すことにも力を入れている。井上理事長の人材活用について長谷川氏は，次のように述べる。

> 「簡単なことです。たとえば，食品を扱っているんだから昼の弁当や宴会での食事を全部残さず食べろだとか，給与配布時に末端の職員にまで自分が今考えていることを喋らせるだとか，とにかく身近なところから自分のやっている仕事に求められる姿勢がどういうものかを学んでもらい，一人ひとりの性格や特性をできる限りみてあげて，その人に合った場所で仕事をしてもらうことが大切だ，と理事長は考えているのでしょう。」

この事例からの学び

　兵庫県手延素麺協同組合は組合組織でありながら，なぜ強力な揖保乃糸ブランドを形成し，かつ時代や市場環境の変化に対抗できたのだろうか。その理由を以下の3つにまとめてみよう。

① 組合と組合員の機能の分離

揖保乃糸では，組合の経営執行機能と組合員の生産機能とを分離してきた。このため，組合全体の向かうべき方向へのスムーズな舵取りを後押しし，変化への対応を早めることができた。この経営と生産の棲み分けは，協同組合組織特有の経営手法であるといえよう。

② 柔軟な組織文化

伝統的な商品のつくり方は一切変えずに，品質管理の在り方を時代とともに進化させていく柔軟な組織文化が形成されている点。消費者・流通業者の意見の取り込み，食品への不安解消に向けた早期のトレーサビリティ体制の確立，小売との積極的なクロスMD体制の構築，売り過ぎない・売れ残りをつくらない需給調整の仕組みづくり，組合職員はすべて生産に従事していない外部の者を積極採用するなど，時代時代に求められる品質管理の考え方を組合外部から柔軟に取り入れてきた。

③ 歴代理事長のリーダーシップ

生産者個人がそれぞれ事業主である協同組合の組織構造の中で，それを全体として取りまとめていくためには，そのトップである理事長の権限が，株式会社以上に絶対的なものでなければならない。ひとたび理事長が舵取りを誤れば，組合全体の失墜は免れない。そのような役割を担う中で，歴代理事長就任者は，その時代に合った手腕を発揮してきた。とくに，組合員と組合職員からの人望が厚く，ブランド経営（ブランドへの強い誇り）とチャレンジ精神に長けている点は，歴代理事長に共通する。

協同組合のブランド化においては，このようなカリスマ的な魅力をもつリーダー，ブランドに誇りをもつリーダー，常に新しいことへ挑戦する気概をもつリーダーの存在が欠かせない。組合員一人ひとりが公平な立場にあることが思想の根底にある協同組合組織におけるブランドマネジメントにおいては特に，頂点に立つ者の権限と指導力，そして挑戦的なビジョンが求めら

れるのだ。

〈謝辞〉
本ケースを執筆するにあたり，兵庫県手延素麵協同組合営業部部長　長谷川邦男氏にご協力いただいた。氏には感謝の意を表する（役職は2009年7月21日取材当時のもの）。

【参考文献】
兵庫県手延素麵協同組合「百年史」,「百十年史」,「百二十年史」。
兵庫県手延素麵協同組合HP＜http://www.ibonoito.or.jp/＞（2009.7.21）
兵庫県手延素麵協同組合提供資料。

（井川　真輔）

第Ⅲ部 エピローグ編
―ブランドはなぜ成功し，失敗するのか―

第7章
ブランド戦略とは何か

第1節 ブランド戦略の定義

　本書の第Ⅰ部では，ブランドはどのようなものか，ブランドをどう理解するか，また強いブランドをつくるには，などの点について考察してきました。
　ここではブランド戦略とはどのようなものか，これをあらためて定義しながら，そのあり方を整理してみたいと思います。ブランド戦略とは，強いブランドをつくるために企業や組織が行うアクションのことですが，これだけではやや具体性に欠けます。ここではブランド戦略を次のように定義してみたいと思います。

　　「ブランド戦略とは，ブランド価値を高めるために企業・組織が意図的に行う経営・マーケティング・コミュニケーション上の行為である。」

　この定義はどのようなことを意味しているでしょうか。企業は日々経営を行い，マーケティングやコミュニケーションを行っています。ここではこうした企業の毎日の営為のすべてではなく，そのうちで，ブランド価値を高めるために行われる意図的な行為のことだけをブランド戦略と呼んでみたいのです。行動ではなく行為という言葉を使ったのは，行動（behavior）という言葉が無意識に，あるいは，無目的に行われるふるまいを含むのに対して，行為（action）とは目的や意図が伴い，計画的になされるふるまいのことを

指しています。

第2節 ブランド戦略の在り様とは

　私の考えでは，ブランド戦略といっても，ブランドそのものだけを対象として行う仕事というのはむしろ少ないのです。知財でブランドを登録商標として扱う場合は，明らかにブランドの仕事をしていることになります。しかしブランド戦略の多くの部分は，一見すると，単なる日常的に行われる経営戦略であり，マーケティング戦略であり，コミュニケーション戦略なのです。

　つまり，ブランド戦略が通常の経営・マーケティング・コミュニケーション戦略と異なるのは，ブランド価値を高めることを意図するかどうか，という点においてなのです。たとえば，あるメーカーの販促担当者が営業部門から依頼されて，店頭に置くためのリーフレットを作ることを依頼されたとします。普通でいえば，そのリーフレット作成作業は売上を増大させる目的で作成されますので，そうした目的にかなうように作業すればいいだけです。しかしこうしたリーフレットを作成するという仕事においても，ブランド価値を向上させる，という意図をもって作業したならば，単に売れることだけを目的としたリーフレットとは異なるものが出てくるかもしれません。

　たとえば，ブラザー工業の米国法人であるBICはアメリカで知名度が低いにも関わらず十分な広告費がありませんでした。このため，商品パッケージであるカートンやカタログを利用して店頭で知名度を上げる工夫を行いました。「カートンにブラザーのロゴを大きく入れて店頭に陳列したり，カタログの表紙に常識以上に大きくブラザーのロゴを必ず刷り込んだりして，ブラザーブランドを顧客に印象付けるなどの工夫を10年以上にわたり継続的に行ってきた。[1]」これは単にパッケージやカタログを作ったのではなく，ブランド戦略としてのパッケージ戦略であり，販促戦略であると捉えることがで

きます。

第3節　ブランド価値を高めるとは

　ブランド価値を高めるとは，消費者や顧客にとって，そのブランド（名前やシンボル）に触れたとき，あるいはブランドを用いるとき，企業や組織にとってそのブランドの購買や使用につながるようなポジティブな反応を呼び起こすことを意味しています。

　では，ブランド価値が高いとはどのようなことでしょうか。そのブランド名を聞いて，「そのブランドがついている製品ならば買いたい（買っても良い）」という気持ちが生じたとしたら，そのブランドの価値は，こうした気持ちを起こさないブランドよりも高いといえます。あるいは，何か商品を買いたいと考えたとき，ブランド名Aが他のブランド名Bよりも早く想起された場合，ブランドAのほうがブランドBよりも，ブランド価値が高いと考えられます。このようにブランド名とそのシンボル体系の価値をより高めようとすることがブランド価値を高めることであり，ブランド戦略の本質的な意味なのです。

　では一見すると，ブランドからは遠いと思われるような経営行為，たとえば工場の新設，というような行為はブランド戦略なのでしょうか。経営行為には多くの種類の行為が含まれます。経営方針，人事・組織，生産に関する意思決定と実行などです。こうした企業のアクションはブランドとはあまり関係がないと思われるかもしれません。しかしブランド価値を高めることを意図した経営行為というものがあります。

　たとえば，サントリーは緑茶ブランドである「伊右衛門」を2004年に発売したとき，石臼挽き緑茶の味を実現するために，工場に新しい製造ラインを

1　田中［2004］41頁。

新設しました。クリーンルームを用いて，非加熱・低温で無菌充填を実現し，より良質なおいしい茶葉を用いて製造するためです。これは，より品質の高い製品を製造するために相当な金額を生産に投資した例ですが，これはそれまでに緑茶分野で劣勢だったサントリーが反転のきっかけをつかむために必要な投資であり，ブランド価値を高めるために必要だった企業行為と考えられるのです。

　次に，種々あるマーケティング戦略はどうでしょうか。同じマーケティング戦略であっても，ブランド価値を高めるために行われる戦略部分と，そうでない戦略部分とがあります。同じ価格戦略でも，価格を引き下げる行為は多くの場合，より多くの量が売れるとしても，ブランド価値を高めることにはならずむしろ価値を下げることが多いのです。一方で高価格を維持することは，一時的にシェアを失ったとしても，ブランド価値を守ることにつながります。プライシングだけでなく，商品戦略や流通戦略においても，ブランド価値を高めるためのマーケティング・アクションはブランド戦略とみなすことができます。マーケティングのアクションはその多くがブランド価値を下げるか上げるかに直接結びつくことが多いのです。

第4節　ブランド戦略は何を目指すのか

　言葉を変えていえば，ブランド戦略とは，その場ですぐ売れることよりも，ブランド価値を高めることを優先する考え方を意味します。ブランドは長期的かつ安定的にそのブランドが売れる事を目指す戦略ですので，短期的な販売量増大を目的とする販売促進とは意味を異にします。

　米国で「パッカード」という車ブランドは20世紀前半，とくに1920年代に，「アメリカのロールス・ロイス」という評判を取ったほどの高級車ブランドでした。しかし1929年の大恐慌を境にしてプレミアムカー市場が縮小したため，エコノミー・カーを発売することにしました。当初，パッカードの

低価格モデルは大きく販売を伸ばしましたが，戦後になりそのブランド価値は失われ，結局1958年に消滅しました。

　コミュニケーション戦略も同様にブランド価値の増大に大きく関係します。宣伝広告，販売促進が主な手段ですが，広報戦略もその１つです。アップル社は広報に関してさまざまなテクニックを用いて，ブランド価値を高めようとしています。2000年代にアップル社をリードしてきた故スティーブ・ジョブスは，新製品の記者発表のときにたくみなプレゼンテーションで記者たちの関心を引き付け，さらには消費者の強い興味を喚起しました。

　またそれだけでなく，他社の新製品発売時に自社のプレス発表をぶつけることで，他社の勢いを削ぐことを行ったと報道されています。2011年３月のiPad 2 発表時のことです。世界的なゲームのコンフェレンス（GDS）の基調講演を任天堂の岩田聡社長が務めることになっていました。アメリカで３月末発売のニンテンドー 3 DSを直前に控えた講演で注目が集まっていたのです。しかしそのスケジュール発表後，アップルは独自の記者会見を行うと発表しました。その結果任天堂岩田社長のプレゼン時間にかぶせて，その勢いを削ごうとした，というのです。これも他の会社の新製品の価値を減らすことによって，自社ブランドの価値を高めようとしたブランド戦略としてのコミュニケーション戦略として考えることができます。

第５節　ま と め

　ここまでのことをまとめれば，次のようになるでしょう。ブランド戦略とは，ブランド価値を高めることを意図して行われる企業や組織の意思決定と実行のプロセスのことです。そこには経営戦略レベル，マーケティング戦略

　2　ソーベル（鈴木訳）[2001]。
　3　新清士「アップルが仕掛ける情報戦」〈http://blogos.com/article/33590/〉（2012.3.9）。

レベル，コミュニケーション戦略レベルの主に３つの水準が含まれます。これ以外に，知財活動のレベルを別に考えることができます。

これを図式化すると図表E-1のようになります。

ブランドの成功と失敗要因を探るためには，この３つの種類の戦略に分けて考えれば，どこが正しく，どこが間違っていたかを考えることができ，これはブランド戦略の成功要因と失敗要因を明らかにするために有用だと考えられます。

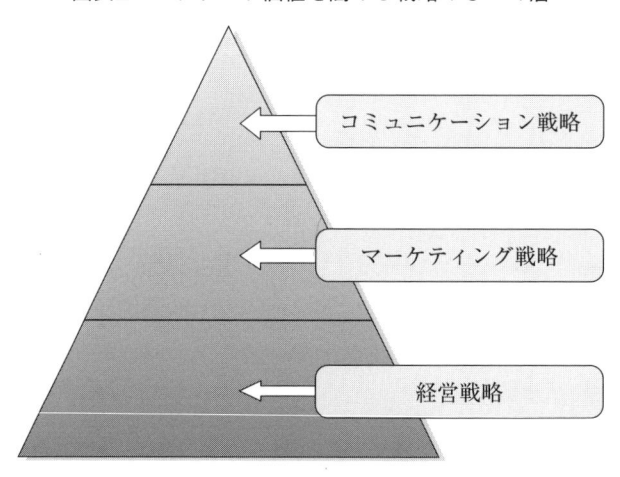

図表E-1　ブランド価値を高める戦略の３つの層

- コミュニケーション戦略
- マーケティング戦略
- 経営戦略

第8章
ブランドはなぜ失敗するのか

　それではなぜブランドが成功し失敗するのかを本書に収められたケースをもとに考察してみましょう。

第1節　パイオニア事例のふりかえり

　まず，失敗の事例から考察します。本書には事例としてパイオニア「KURO」が収められています。この事例はパイオニアがKUROという高級テレビをグローバル市場で開発し発売したという，2008年当時の非常にチャレンジングなケースです。現在日本企業はグローバル化をふたたび迫られていますが，なぜパイオニアはこのような先駆的な試みにおいて失敗してしまったのでしょうか。

　2006年当時，パイオニアの薄型テレビ事業は赤字を記録していました。韓国企業を始めとした低価格化が当時から市場で進行していたのです。そこで決断されたのは，自動車のBMWのようなプレミアム価格帯でブランドを確立するという戦略でした。BMWはシェアこそ低いものの，他社にない個性をもったブランドとしてプレミアム車史上に君臨し続けています。

　パイオニアが失敗した1つの大きな要因は，市場の低価格化という要因もさることながら，テレビという大きな市場においてパイオニアという企業が余りにも小規模であったという事実が挙げられます。ソニーやシャープのような大企業ならばテレビ事業で一時的な赤字を出したとしても，踏みとどま

245

ることができます。しかしパイオニアのような比較的小規模な企業の体力では，赤字に耐えながら市場の低価格化の流れについていくことは難しかったのです。

　パイオニアがディスプレイ事業から完全に撤退する2010年3月より前の2009年度の同社の営業収入は5,580億円でした（同社中期経営計画，2009年4月28日）。一方，ソニー株式会社の営業収入は2010年度で約7兆1,800億円です（平成23年3月期決算短信）。ソニーはパイオニアの約13倍大きいことになり，経営規模の大きさの違いは歴然としています。これは経営戦略レベルのブランドの失敗です。つまり経営資源として十分なものが無かったために，競争の厳しい市場でブランド価値を育成できる資源上の余裕が失われたことを意味しています。

　しかもテレビパネル事業には大きな投資が必要とされます。ブラウン管時代の設備投資は数百億円単位でしたが，シャープが三重県の亀山第2工場に2005年から6年にかけて投資した金額は3,500億円でした[1]。薄型テレビ事業を継続させ，そこでブランドを形成するためには，まず大きな投資が可能であることが前提となります。

　パイオニアのもう1つの誤算は，車市場でBMWがもっているようなポジションがテレビ市場でも可能だ，と考えた点にあります。そのようなプレミアムポジションを維持するためには，プレミアム・ブランドが形成できる商品カテゴリーかどうかがまず問われます。あらゆる商品カテゴリーでプレミアム・ブランドが形成できるとは限りません。情緒よりも機能的な特性が優先されるカテゴリー商品ではプレミアム性は確立しにくいのです。

　たとえば，冷蔵庫・洗濯機・掃除機という白物家電市場において，プレミアム・ブランドはまったく無いわけではありませんが，BMWのような差異的な価格プレミアムを要求できる余地はほとんどありません（もちろん一部の輸入品のような比較的高価格商品というものは存在します）。テレビもプ

---

[1]「家電，『博打の時代』の終わり」『日経ビジネス』2012年3月26日号，10-11頁。

ラズマの時代から液晶ディスプレイに移行する中で，コモディティ化が進行しプレミアム・ブランドが存在する余地が無くなってしまったのです。

こうしたテレビ市場においてもプレミアム・ブランドが確立できるはずだ，とする見込み違いはパイオニアのマーケティング戦略レベルでの間違いだったと考えられます。

KUROをグローバル・ブランドにするプロセスでは，本文にあるようなさまざまなコミュニケーション戦略は一定程度の成功をおさめました。しかしこうしたコミュニケーション面での成功も，その基盤である，経営戦略とマーケティング戦略の誤算によって，灰燼に帰してしまったのです。

第2節　失敗の隠された要因

もう1つパイオニアの失敗の隠された要因を指摘しておきたいと思います。それはパイオニアが過去にAV機器メーカーとして成功を収めてきた事実です。同社はレーザーディスクやカーナビゲーションなどの分野でまさに社名のような「先駆者」として成功を収めてきた過去をもっていたのです。ソーベル［2001］は消滅してしまったオズボーン・コンピュータ，RCA，パッカード，シュリッツビールなど15の大企業の失敗の軌跡を分析して，次のように語っています。

「（失敗した）15社のすべてに共通する要素をあげるとすれば，いずれも成功をおさめたあと，大失敗をしている事実だろう。[2]」

いったん成功を収めた企業ほど，その成功の罠にはまってしまいがちです。自社を成功に導いた要因そのものが，そのつぎには失敗を招来する原因になったということを意味しているのです。大企業を相手にして，AV分野でユニークな成功を収めてきたパイオニアにとって，薄型テレビ市場でも成

2　ソーベル（鈴木訳）［2001］514頁。

功することができると考えたのもある意味で無理はありません。

　つまり,ブランドの一時的な成功が,次のステージでの失敗の原因をつくりだすのです。オズボーン・コンピュータというブランド名を知っている人はごく少ないでしょう。オズボーン・コンピュータはパーソナル・コンピュータとして一時的にではあれ,1981年当時市場第1位を誇っていました。[3] 創始者のアダム・オズボーンはPCアーキテクチャーの業界標準化を主張してIBMに規格の公開を迫り実現させました。またPCの低価格化を唱えたこの業界におけるビジョナリーでもありました。しかし1981年に華々しい成功を収めたすぐ後,他社がより優れた機能のPCを投入したことで1983年に倒産しました。

　ブランドの失敗とは,このように経営・マーケティング・コミュニケーションの3つの次元にわたって,過去の成功体験が一転してブランドの失敗の条件に転化することが多いと考えられるのです。

---

　[3] Sobert（邦訳）[2001]。

第9章
ブランドはなぜ成功するのか

　それでは本書に収められた成功事例を振り返りながら，ブランドが成功する要因を探ってみましょう。ここでもやはり経営戦略・マーケティング戦略・コミュニケーション戦略の各レベルで，どのようにブランド価値を高めることが行われたかを見ていきたいと思います。

　それぞれのブランドを，①経営戦略に重点を置いて成功したブランド，②マーケティング戦略に重点を置いて成功したブランド，③コミュニケーション戦略に重点を置いて成功したブランド，の3種類に分けて考察してみます。それぞれのブランドは，各戦略レベルで均等に力をかけて成功してきたというよりは，どこか1つの戦略レベルにより重点を置き，競争的優位性を築くことで，ブランド価値を高めてきたからです。むろんこの3つのレベルを厳密に分類することは不可能です。しかし限られた企業資源をどのレベルに注力して，どのようにブランド価値を高めるか，そこが勝敗を分けたポイントなのです。

第1節　経営戦略レベルでの成功

　ここに分類されるブランドは，経営戦略に注力することによってブランドをつくってきたブランド，つまりブランド価値を高めるための経営の仕組みやシステムをつくりだしてきたブランドが含まれます。

　「セブン銀行」の場合，まず自社で銀行を設立するという意思決定がブラ

ンド価値創造の第一歩でした。次に，全国のセブン―イレブンやイトーヨーカドー店舗内にATMを設置することによって，24時間365日キャッシュを出し入れする体制を可能にしたこと。また現金の流れを効率的にマネジメントしたことも成功要因でした。さらに都市銀行だけでなく地域の金融機関のカードでも引き出せるよう提携金融機関を増やすという，顧客重視のサービスを提供したのです。こうした経営戦略レベルとマーケティング戦略レベルでの成功が，顧客に対して「いつでも現金を引き出せる」という安心感と利便性を感じさせることに最終的につながっていたと考えられます。

「フラット35」のケースでは，住宅金融支援機構が証券化支援事業という仕組みをつくりだし，顧客に利便性のある住宅ローンの仕組みを編み出したポイントが第一に成功の要因として挙げられます。コミュニケーション戦略レベルでもフラット35ブランドは成功してきました。住宅ローンに「フラット35」という中身を表しわかりやすいネーミングを打ち出しこれを訴求することで，理解と知名度を促進させブランド価値を高めたのです。

「揖保の糸」は，テレビ広告などのコミュニケーション戦略レベルの成功も重要です。しかし，やはり地域の協同組合組織をマネジメントすることを通じて，品質管理を徹底し，贈答用という市場でプレミアム価格の素麺ブランドを確立したことが特筆されます。また組合組織の利点を活かして生産調整を行っていることで，ブランド価値を維持し高めることに成功しているのです。これらは経営戦略レベルでのブランド強化につながりました。

「由比桜えび」の場合も，漁業組合という組織のマネジメントを通じて，希少な海洋資源を食品ブランドとして確立することに成功しています。商品である桜えびの収穫現場では，「プール制度」というユニークな仕組みを漁業協同組合で徹底し，また品質管理を守らせることでブランド価値を創造してきた事例なのです。これもやはり経営戦略レベルで桜えびのブランド価値を高める仕組みづくりがあったからだと考えられます。

第2節　マーケティング戦略レベルでの成功

　いくつかのブランドはマーケティング活動に注力することで，そのブランド価値を高めてきました。

　「R25」は，ペーパーポータルというリクルート社のマーケティング発想に基づいて計画されたフリーマガジンでした。そのコンテンツも，ターゲットインサイトに基づいて計画され，ターゲット世代から共感されるブランドを構築することができました。そして全国広告主が使えるような広告雑誌媒体として成長しました。

　「三ツ矢サイダー」の例では，いったん古くなってしまったとみえた既存ブランドを立て直すために，原点回帰を打ち出しました。もともと三ツ矢サイダーがもっていた価値を活性化させ，かつ現代の消費者にふさわしい商品戦略，コミュニケーション戦略の両面で，ブランドへの評価を大きく改善させています。

　「熱海」のケースでは，行政が熱海の地域ブランドとしての価値を高める活動を行っているものの，まだ大きな成果は上がっていません。しかし地域住民，とりわけNPOの市民活動家たちがイベントなどの活動を通じて，より広範な市民層の理解と協力を得る活動として広がっています。これはマーケティング的な水準での努力とみることができます。

　「BMW」は「駆け抜ける喜び」という明快なブランド・パーソナリティを規定したうえで，機能的独自性を追求し，ブランド体系を整備しています。その結果，ブランドのアイデンティティを強化しています。マーケティング戦略・コミュニケーション戦略の両面で一貫した優れた活動を行い，ブランド価値を高めている好例です。

　これらのブランドは主に，顧客との接点をどう管理するかを考え，また顧客の潜在的なニーズをくみ上げて商品づくりに反映させ，結果としてブランドを構築し，その価値を高めてきたと考えることができます。

第Ⅲ部　エピローグ編

第3節　コミュニケーション戦略レベルでの成功

　ブランドの中には，すでにある程度確立したブランド力をもちながらも，十分にそのブランドが理解されていないことで，まだ発展の余地を残しているブランドがあります。このような場合，コミュニケーション戦略に注力することで，ブランドを成長させることができる場合があります。

　「花キューピット」はすでに組織化されて50年以上経つ協同組合のブランドです。花を遠方の家族や友人にお花屋さんを通じて贈ることができる，このこと自体は消費者に知られるようになりました。しかし，花キューピットの存在について，ブランド・アイデンティティが薄れる傾向があったのです。そこで花を贈ることの感動という情緒的価値を自分たちのブランドに見出し，それを訴求することにしたのです。「花を贈る」とは単なるモノを贈るのではなく「心を贈る」ことです。花キューピットのもつ「コト」の価値を訴求し，強調することで，花キューピットというブランド価値を高めることに成功しました。

第4節　まとめ

　このように成功と失敗のブランド事例をあらためて検討すると，経営戦略・マーケティング戦略・コミュニケーション戦略のどのレベルを強化すれば，ブランド価値向上に貢献してきたか，が明らかになってきました。こうした事例を通して，ブランドの成功と失敗に関して，次の3つのことがわかります。

　(1)　**強化すべき戦略レベルの選択**：ブランド価値を高めるために，業界の構造，競争状況，企業の資源などによってどの戦略レベルを強化すべきであるかがおおよそ決まってきます。たとえば，「セブン銀行」の例にあるよ

うに，銀行業界の場合，金融機関であるために種々の制限や規制があります。このため，まず経営戦略レベルですべきことに集中しないと，どのような銀行ブランドをつくるのか，そのブランドデザインを設計できなくなります。逆に「花キューピッド」のように，すでにブランドがあるにも関わらず，そのブランド価値が市場に伝達されていないという問題があるならば，コミュニケーション戦略を強化することが必要となります。ブランド価値を高めるためには，経営・マーケティング・コミュニケーション，どのレベルに集中すべきか，自社の資源配分をまず考えなければなりません。

（2）各戦略レベルでの課題を明らかにする：注力すべき戦略レベルを定めることができたら，次にはそれぞれの戦略レベルで何をすべきか，その戦略課題を明らかにする必要があります。つまり経営戦略としては何をすべきか，マーケティング戦略では…という具合です。本書では，「花キューピット」，「揖保の糸」，「由比桜えび」のように協同組合組織でのブランド戦略を取り上げていますが，こうした「寄り合い」組織においては，ブランドを構築するためにまずその組合組織をブランド価値向上に向けてマネジメントすることが必要でした。また，消費財ブランドの場合，ターゲット消費者グループが何を求めているかを探り，その潜在的必要性に対応することが基本的に重要です。コンシューマーインサイトなどの方法を通じて，彼らの潜在的ニーズを開発してブランド価値を高める必要があります。「R25」というフリーマガジンが若い消費者世代に受け入れられたのは，彼らが活字媒体に対して期待している知識欲求を明らかにしたからです。このように，各戦略レベルで何をすべきかを明らかにして，その戦略課題を解決するよう，明確な目標を立てて実行したことが成功したブランドのもう1つの秘密なのです。

（3）ブランド価値をどこに見出すか：すでに書いてきたようにブランド戦略とはブランド価値を高める活動なのですが，ブランドのどのような価値を高めるかを考えなければなりません。たとえば，知名度を高めることで十分なのか，あるいは，ブランド連想（イメージ）を高めることが重要なの

か，さらには，ブランドの評価が課題なのか，などです。さらに，ブランドがすでにもっている資源をどのように活用するか，どこを捨てて，どこを伸ばすか，そのような検討も求められます。端的にいえば，どのようなブランドにしたいのか，どのようなブランドとして顧客に知覚してもらったらいいのか，を決めることが重要なのです。BMWは「駆け抜ける喜び」をブランド・パーソナリティとして定め，それをあらゆるコミュニケーション活動に貫徹させています。

重ねていえば，どのようなブランドであれ，ブランド価値を高めるためには，経営戦略・マーケティング戦略・コミュニケーション戦略の3つが調和と連携をもって実行されることが必要です。強いブランドをつくりだすためには，日々行われる経営やマーケティング，あるいはコミュニケーションのひとつひとつの営為の中で，いかにしてブランド価値を高めるかを，トップマネジメントだけではなく，中堅管理職，一般スタッフも強く意識する必要があります。ブランド戦略とは日々行われる企業と組織のアクションであり，意思決定と実行の過程にほかなりません。企業全体として，ブランド価値向上を意識的に実行できる組織体制が求められるのです。

【参考文献】
Sobert, Robert［1999］*When giants stumble*, Prentice Hall Direct.（鈴木主税訳［2001］『大企業の絶滅：経営責任者たちの敗北の歴史』ピアソン・エデュケーション）。
田中洋［2004］「ブラザー・インターナショナル・コーポレーション（BIC）」『NTT東日本Business』（非公開社内誌）（2004年8月号）pp.37-42.

あとがき

　この本は，最新のブランドのケーススタディを紹介する本であると同時に，田中洋教授の還暦記念としての意義ももっている。
　本書に協力した執筆者はいずれも，現役の社会人や経営者，大学非常勤講師などさまざまであるが，全てが田中教授のビジネススクール時代の教え子である。
　田中教授が株式会社電通で21年間の勤務の後，初めて大学の教壇に立ったのは1996年の城西大学であった。その後，法政大学ビジネススクール（大学院経営学研究科）で2年間のサバティカル期間を除いて8年間指導を行い，2008年度以降は中央大学ビジネススクール（専門職大学院戦略経営研究科）に移られ，社会人相手に教鞭をとられている。
　田中教授の学問的なフィールドはかなり広く，広告論，マーケティング論，ブランド論，消費者行動論の各分野で精力的に研究をされ，それぞれの分野で書籍を出されている。
　また社会人ビジネススクールでは，何よりも実務に役立つ議論を重視することが特徴である。これは長年実務をご経験されたことにより，ブランディングを机上の学問で終わらせず，実社会で活かして初めて意味があることを強く認識されているからと思われる。
　そのため，ビジネススクールでの論文指導は非常に細やかで，アカデミックな専門知識と，実務での応用アイデアが同時に非常に高いレベルで求められる。だからこそ，社会人学生にも非常に有意義な場であり，修了時には誰もが味わったことのない，充実感を満喫するのだと思う。
　田中教授との学びの場で培われた絆は非常に深く，現在でもメンバーで勉強会を開いたり，情報交換で集まる機会をもっている。実際に田中教授との

出会いで，自らのやるべきことをみつけ，転職などを決断し人生を充実したものにしているOB，OGが多く存在している。そんな集まりを称して「人生を変える田中ゼミ」という標語まで生まれている。

　田中教授に人生を変えてもらった弟子たちが，その師の還暦を祝おうと力を入れ，このケースブックを執筆したのはいうまでもないことである。

　最後に，田中教授の益々のご活躍と，ブランディングという学問の発展を祈りたい。そしてブランドを学んだ我々が書いたこのケースブックが，ブランド研究において僅かながらでも貢献できるのであれば，この上ない歓びであることをお伝えしたいと思う。

　　2012年5月

執筆者を代表して

長崎　秀俊

執筆者紹介（*執筆順：所属・肩書は執筆当時）〈◎は編者〉

◎田中　洋（たなか・ひろし）
　　中央大学ビジネススクール（大学院戦略経営研究科）教授。博士（経済学）（京都大学）。
　　㈱電通マーケティングディレクター，法政大学経営学部教授，コロンビア大学ビジネススクール客員研究員などを経て現職。主著に『消費者行動論体系』，『大逆転のブランディング』，『企業を高めるブランド戦略』など。第Ⅰ部，第Ⅲ部担当。

田中二三夫（たなか・ふみお）
　　フリーマーケッター。いわき明星大学人文学部非常勤講師。
　　青山学院大学法学部卒業。法政大学大学院社会科学研究科修了。修士（経営学）。株式会社ジェイアール東日本企画，ジェイ・ウォルター・トンプソン・ジャパン株式会社など広告会社マーケティングディレクター勤務を経て現職。第Ⅱ部，CASE 1 担当。

長崎秀俊（ながさき・ひでとし）
　　インターブランドジャパン　Strategy Director。昭和女子大学非常勤講師。
　　法政大学大学院社会科学研究科博士後期課程満期修了。修士（経営学）。大手事業会社を経て現職。分担執筆（2003）「ブランド管理におけるパッケージ戦略」『ブランド・リレーションシップ』（小川孔輔編著，同文舘出版）。第Ⅱ部，CASE 2，CASE 4 担当。

山本俊哉（やまもと・としや）
　　ニチコン（株）営業本部　セールスマーケティングマネージャー。
　　関西大学社会学部卒業。法政大学大学院社会科学研究科修了。修士（経営学）。パイオニア（株）　商品企画課長・ヨーロッパ駐在・ホームAVマーケティング部部長，（株）ジャパネットたかた　総合顧客コンタクト本部部長などを経て現職。第Ⅱ部，CASE 3 担当。

京ヶ島弥生(きょうがしま・やよい)
　有限会社フロスヴィータ代表取締役。上智大学経済学部非常勤講師。
　早稲田大学第一文学部卒業。法政大学大学院社会科学研究科修了。修士(経営学)。(株)リクルート宣伝部,東京大学広報室特任専門員などを経て現職。第Ⅱ部,CASE 5 担当。

舟橋豊子(ふなはし・とよこ)
　明治大学経営学部助手,明治大学大学院経営学研究科博士後期課程在学中。
　法政大学大学院経営学研究科修了。修士(経営学)。電機メーカー勤務などを経て現職。
　分担執筆(2009)「第5章　A社ビジネスホン」『日本企業の国際化：グローバルマーケティングへの道』(大石芳裕編著,文眞堂)。第Ⅱ部,CASE 6 担当。

竹石祐也(たけいし・ゆうや)
　金融機関勤務。ネット業務推進部長。
　法政大学法学部卒業。法政大学大学院社会科学研究科修了。中央大学大学院ビジネス科学研究科博士後期課程在学中。修士(経営学)。(株)横浜銀行リテール企画部,(株)浜銀総合研究所(出向),楽天(株)金融事業統括部,(株)角川グループホールディングス経営企画室などを経て現職。第Ⅱ部,CASE 7 担当。

千葉孝仁(ちば・たかひと)
　農業・食品産業技術総合研究機構本部。
　岡山大学大学院修了。修士(農学)。中央大学大学院戦略経営研究科修了。経営修士(専門職)。農林水産省入省後生産局,農林水産技術会議事務局等を経て現職。第Ⅱ部,CASE 8 担当。

松田[加藤]智恵子(まつだ[かとう]・ちえこ)
　マーケティングリサーチャー・フリーランス。
　法政大学大学院社会科学研究科修了。修士(経営学)。国内市場調査会社数社に勤務後,ニールセン定性部門マネージャーを経て現職。分担執筆(2003)「日本的ブランドパーソナリティ」『ブランド・リレーションシップ』(小川孔輔編著,同文舘出

版)。第Ⅱ部, CASE 9 担当。

井川真輔（いかわ・しんすけ）
株式会社イカワ 取締役。
中央大学大学院戦略経営研究科修了。経営修士（専門職）。大学卒業後 広告会社勤務を経て現職。実家の家業素麺「揖保乃糸」の製造に携わる。第Ⅱ部, CASE10担当。

平成 24 年 6 月 25 日　初 版 発 行		《検印省略》
令和 2 年 9 月 30 日　初版 8 刷発行		略称：ブランドケース

ブランド戦略・ケースブック
―ブランドはなぜ成功し，失敗するのか―

編著者	Ⓒ 田　　中　　　　洋
発行者	中　島　治　久

発行所　同 文 舘 出 版 株 式 会 社
　　　　東京都千代田区神田神保町 1-41　〒 101-0051
　　　　電話 営業(03)3294-1801 編集(03)3294-1803
　　　　振替 00100-8-42935
　　　　http://www.dobunkan.co.jp

Printed in Japan 2012　　　印刷：三美印刷
　　　　　　　　　　　　　製本：三美印刷
ISBN 978-4-495-64521-2

JCOPY 〈出版者著作権管理機構 委託出版物〉
本書の無断複製は著作権法上での例外を除き禁じられています。複製される場合は，そのつど事前に，出版者著作権管理機構（電話 03-5244-5088，FAX 03-5244-5089，e-mail: info@jcopy.or.jp）の許諾を得てください。